Die Völker der Erde

Menschen, Kulturen, Lebenswelten

Die Völker der Erde

Menschen, Kulturen, Lebenswelten

Vorwort

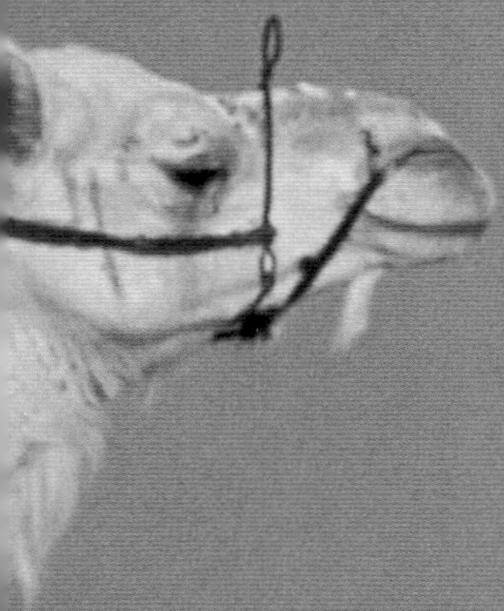

Nie war es so einfach, ferne Länder zu bereisen und fremden Völkern und Kulturen zu begegnen, von denen manche bis vor einigen Jahrzehnten noch unbekannt waren. Dabei sehen wir die Welt oft nur in Kategorien von Ländern und Staaten. Wer jedoch einen Blick hinter die Kulissen wirft, wird feststellen, dass sich unabhängig von äußeren Staatsgrenzen, die sich im Verlauf der Geschichte geändert haben und oftmals willkürlich gezogen wurden, eigenständige und unverwechselbare Völker und Kulturen herausgebildet haben. Dies gilt für viele traditionelle asiatische Gesellschaften genauso wie für die zahlreichen Ethnien Afrikas oder die indigene Bevölkerung des nord- und südamerikanischen Doppelkontinents. Und wer auch in Europa genauer hinsieht, wird regionale Vielfalt entdecken – Bretonen und Korsen, Sarden und Sizilianer, Basken und Katalanen, Schotten und Waliser, Friesen und Sorben sind eben nicht »nur« Franzosen, Italiener, Spanier, Briten oder Deutsche, sondern sie haben eine eigene Geschichte, Kultur und Sprache, die den Menschen das Gefühl einer ethnischen und regionalen Identität geben.

Dieses Buch stellt bekanntere und unbekanntere Völker aus Europa, Afrika, Asien, Amerika sowie Australien und Ozeanien vor und liefert grundlegende Informationen über Herkunft, Verbreitung, Sprache, religiöse Bräuche, typische kulturelle Merkmale und aktuelle Lebensbedingungen. Dabei fällt auf, dass allen äußeren Unterschieden zum Trotz die Menschen einander ähnlicher sind, als es auf den ersten Blick erscheint. Auch diejenigen ethnischen Gruppen und Minderheiten, die einen geringeren Grad an Naturbeherrschung aufweisen als die Industrienationen – seien es Indianer im Amazonas-Regenwald oder Nomaden in der Sahel-Zone – leben in Systemen, die in sozialer, politischer und religiöser Hinsicht höchst komplex und differenziert sind und ihre eigene Form von Zivilisation ausgeprägt haben. Dies im Zeitalter der Globalisierung bewusst zu machen, ist ein Anliegen dieses Buches

Inhalt

Mit fantastischen Schminkmasken und prächtigen Kostümen treten die Tänzer beim balinesischen Kecak-Tanz auf. Eine der zentralen Figuren ist der Dämonenkönig Rahwana, der Sita, die Frau des Prinzen Rama, gefangen hält.

Bei den Xikrin, einer Gruppe der Kayapó-Indianer, die in Zentralbrasilien leben, bemalen die Frauen mit Hingabe sich und ihre Kinder mit Pflanzenfarben. Die Bemalung ist nicht nur Schmuck, sondern gibt auch Auskunft über den sozialen Status.

Der Karneval bietet die Möglichkeit, in fremde Masken zu schlüpfen. Diese junge Frau aus Trinidad trägt ein fantastisches Kostüm aus goldfarbenen Blättern. Der Karneval auf Trinidad ist eines der wichtigsten und größten Feste der Karibikinsel.

Ein Wailaki-Indianer mit imposanter Federhaube und weißer Gesichtsbemalung bei einem Powwow in Oregon. Die Rückbesinnung auf alte Traditionen ist ein wesentliches Element eines neuen Selbstbewusstseins der nordamerikanischen Indianer.

Bei den Nuba im Süden der Republik Sudan bemalen sich die jungen Männer äußerst farbenprächtig. Mädchen und junge Frauen schmücken ihren Körper dagegen täglich mit Öl und Ocker. Zum Körperschmuck der Frauen gehören auch Narbenverzierungen.

Kostüme, Schminkmasken, bestimmte Accessoires und eine definierte Mimik und Gestik dienen in der traditionellen chinesischen Oper dazu, Charakter, Eigenschaften und Schicksal einer Person auszudrücken – hier ein Darsteller einer Frauenrolle

Zeremonielle Körperbemalung ist bei den Aborigines in Australien nach wie vor ein wesentlicher Bestandteil bei Übergangs-riten, die den Eintritt in eine neue Lebensphase begleiten. Zwei Jungen vertreiben sich die Zeit bei einem Initiationsritus

Aufwendig geschminkt und geschmückt treten die jungen Männer der Woodabe in der Republik Niger beim »Gerewol-Fest« an, um mit verführerischem Mienenspiel vor den jungen Frauen zu tanzen, die anschließend den Sieger küren

Bei den Kota, die im tropischen Regenwald im Nordosten von Gabun und in angrenzenden Regionen der Republik Kongo leben, hat die Farbe Blau magische Bedeutung und wird vor allem bei Übergangsriten verwendet.

Auf Neuguinea wurde die Kunst der Verwandlung durch Schminke, Schmuck und Kostümierung zu höchster Perfektion gebracht: ein Mann aus dem Hochland von Papua-Neuguinea mit prächtigem Kopfputz und ausladendem Nasenschmuck

In der Oldoway-Schlucht am Rand der tansanischen Serengeti entdeckte Mary Leakey 1959 das erste frühmenschliche Fossil Ostafrikas, einen 1,8 Mio. Jahre alten Schädel eines Australopithecinen.

Die Wiege der Menschheit

Immerhin etwa zwei Millionen Jahre hat die Evolution gebraucht – vom Homo habilis, dem »geschickten Menschen«, der zum ersten Mal primitive Steinwerkzeuge benutzte, über den Homo erectus, den »aufrechten Menschen«,

In Malawi wurden bedeutende Hominidenfunde gemacht.

der sich vor 500 000 Jahren das Feuer zunutze machte, bis hin zu unserem direkten Vorfahr, dem Homo sapiens oder »vernunftbegabten Menschen«, der vor etwa 400 000 Jahren zum ersten Mal im südlichen Afrika auftauchte. Von da an ging es mit der Entwicklung der Menschheit in rasantem Tempo weiter: Der moderne Homo sapiens sapiens, von dem sämtliche heutigen Menschen abstammen, machte in vergleichsweise kurzer Zeit so erhebliche Fortschritte, dass er sich innerhalb von nur einigen zehntausend Jahren auf allen fünf Kontinenten ausbreitete und dabei mit Hilfe besserer Überlebensstrategien alle anderen Hominiden einschließlich der Neandertaler verdrängte.

Die Wiege der Menschheit

*Europa und Asien wurden mindestens seit Beginn der letzten Zwischeneiszeit vor rund 125 000 Jahren vom **Neandertaler** besiedelt. Der Neandertaler wird als eine den eiszeitlichen Lebensbedingungen angepasste Art der archaischen Gattung Mensch angesehen, dessen Schädelentwicklung der des modernen Menschen sehr ähnlich war. Aus bisher ungeklärten Ursachen verschwand der Neandertaler jedoch vor rund 30 000 Jahren wieder.*

Aufrecht in die Zukunft

Man vermutet, dass die Trennung in der Entwicklung von Affe und Mensch vor ungefähr 7 bis 5 Millionen Jahren stattgefunden hat. Allerdings dauerte es dann noch einige Zeit, bis vor etwa 4 Millionen Jahren in **Ost- und Südafrika** der erste Urmensch, **Australopithecus africanus** (»Südaffe«), erschien, der jedoch außer einem aufrechten Gang kaum menschliche Züge aufwies, noch keine Werkzeuge benutzte und sich vermutlich überwiegend von Pflanzen ernährte. Dann tauchte vor rund 2,5 Millionen Jahren der **Homo habilis** auf. Er besaß schon ein etwas größeres Gehirn als sein hominider Vorgänger und verwendete zum ersten Mal primitives Steinwerkzeug.

Mit Faustkeil und Feuer

Afrika war die Heimat des **Homo erectus**, der vor etwa 1,8 Millionen Jahren seine ersten Spuren hinterließ und vor rund 1 Million Jahren auch in Europa und Asien erschien (»**Java**-« und »**Peking-Mensch**«). Mit der systematischen Verwendung des steinernen Faustkeils gelang ihm der nächste wichtige Schritt auf dem langen Weg der Evolution, und als er vor rund 500 000 Jahren auch noch den Gebrauch des Feuers erlernte, das nicht nur für die Nahrungszubereitung wichtig war, sondern auch Schutz vor Raubtieren und Kälte bot, war sein Überleben gesichert. Dies ermöglichte ihm die Anpassung an die ungewohnten Umweltbedingungen in Europa und Asien, die damals großen Klimaschwankungen unterworfen waren. Dort überlebte er bis vor 180 000 Jahren, in manchen Regionen bis vor 70 000 Jahren.

Der Cro-Magnon-Mensch

Als Nächstes erschien der **Homo sapiens**, dessen früheste Ursprünge vor etwa 400 000 Jahren ebenfalls in **Afrika** lagen. Daraus entwickelte sich schließlich vor etwa 200 000 Jahren in **Süd- und Ostafrika** der moderne **Homo sapiens sapiens**, von dem alle heutigen Menschen abstammen. Dieser wurde nach den ersten, 1828 in Südfrankreich gefundenen Fossilien **Cro-Magnon-Mensch** genannt und besaß im Vergleich zum archaischen Homo sapiens ein größeres Gehirnvolumen mit bis zu 1600 ccm (das des heutigen Menschen beträgt etwa 1350 ccm), ein feineres Skelett, einen abgerundeten Schädel mit weniger hervorstehenden Augenbrauen, eine höhere Stirn und ein ausgeprägtes Kinn.
Mit dem Erscheinen des modernen **Homo sapiens** begann eine Epoche revolutionärer Entwicklungsschritte und bahnbrechender Erfindungen, die sich durch den rasch wachsenden Kontakt zwischen den unterschiedlichen Gruppierungen schnell ausbreiten konnten: Steinwerkzeuge wurden jetzt in Massenproduktion hergestellt, Geräte aus Knochen und Horn gewannen immer mehr an Bedeutung, und durch die Erfindung von Fernwaffen wie Speerschleuder, Harpune, Pfeil und Bogen wurde nun auch die Jagd so effizient, dass die Nahrungsmittelversorgung und damit das Überleben der Sippenmitglieder dauerhaft gesichert war.

Der Neandertaler

Parallel zum **Homo sapiens** entwickelte sich vor 600 000 Jahren aus einer hominiden Seitenlinie der **Neandertaler**, der ein relativ großes Gehirn besaß und viel intelligenter war, als man lange annahm. Vor etwa 125 000 Jahren besiedelte er weite Teile **Europas**, und neueste Funde belegen, dass er rund 10 000 Jahre neben dem modernen **Homo sapiens** gelebt haben muss, als dieser vor etwa 40 000 Jahren erstmals in **Europa** auftauchte, bis er aus ungeklärten Gründen wieder verschwand. **Homo neanderthalensis** hatte einen niedrigen Schädel und einen stämmigen Körper mit relativ kurzen Beinen und mächtigem Brustkasten. Ob er so intelligent war wie **Homo sapiens**, weiß man nicht. Belegt ist aber, dass er die Werkzeugproduktion seit Homo erectus verfeinerte, Kleidung und Hütten fertigte, die Treibjagd auf Wildpferde, Mammuts und andere Großtiere beherrschte, verletzte oder kranke Gefährten versorgte und die Toten mit Grabbeigaben bestattete.

Eindrucksvolle Felsmalereien aus der Kalahari-Wüste in Südafrika.

Die Eroberung der Erde

Dank seiner ausgefeilteren Überlebensstrategien konnte sich der moderne **Homo sapiens sapiens** immer weiter über die Grenzen seines ursprünglichen Lebensraumes hinauswagen, und so begann er von **Afrika** aus nach und nach alle anderen Kontinente zu erobern: Vor etwa 45 000 Jahren tauchte er zum ersten Mal in **Australien** auf, dann besiedelte er vor rund 40 000 Jahren **Europa** und nach weiteren 5 000 Jahren auch **Nordostsibirien**. Von dort gelangte er vor etwa 30 000 Jahren über die **Beringstraße** als Verbindungsbrücke nach **Alaska** und schließlich über **Nordamerika** bis nach **Südamerika**.

Entdeckung der Sprache

Der **Cro-Magnon-Mensch** war etwas kleiner als der moderne Europäer, hatte aber einen größeren Kopf als dieser, mit hoher Stirn und hervorstehendem Kinn, einer Adlernase und kleinen, regelmäßigen Zähnen. Außerdem besaß er wahrscheinlich schon die gleiche Hautfarbe und Behaarung wie die heutigen Europäer. Der frühe **Cro-Magnon-Mensch** unterschied sich jedoch nicht nur äußerlich von seinen Vorgängern, sondern besaß auch als erstes menschliches Wesen das geistige Potenzial, sich mit seinen Gruppenmitgliedern über die Sprache zu verständigen. Dieser Fortschritt brachte weitere umwälzende Veränderungen mit sich, denn erst die Sprache ermöglichte den Ausbau und die Verfeinerung von Kommunikation und Kultur innerhalb der menschlichen Gemeinschaft.

Technische Intelligenz

Die **Cro-Magnon-Menschen** waren vermutlich auch die ersten Lebewesen mit einem ausgeprägten technischen Verständnis. Sie stellten Gefäße und andere Gegenstände aus Ton her, erfanden die ersten Keramik-Brennöfen, heizten zum ersten Mal mit Kohle und verfeinerten Werkzeuge, Waffen und tägliche Gebrauchsgegenstände wie etwa Nähnadeln oder Kämme aus Knochen, Elfenbein, Horn und Holz. Außerdem kleideten sie sich besser, legten ausgeklügeltere Feuerstellen an, bauten größere Wohnstätten und ernährten sich abwechslungsreicher als alle ihre Vorgänger.

Künstler der Steinzeit

Durch die zunehmende Arbeitsteilung mussten nun auch nicht mehr alle Menschen zum Lebensunterhalt der Gruppe beitragen, und so konnten die ersten echten Kunstwerke entstehen. Zu den wohl beeindruckendsten Spuren der kreativen **Cro-Magnon-Menschen** gehören die monumentalen Malereien auf den Wänden und Decken der Höhlen von **Lascaux** und **Chauvet** in Frankreich oder im spanischen **Altamira**, die vor etwa 30 000 Jahren entstanden. Aber auch Kunstgegenstände aus Stein, Holz, Knochen und Ton wie die berühmte Venus von Willendorf und andere Skulpturen von Tieren und Menschen, deren Alter auf 10 000 bis 30 000 Jahre geschätzt wird, zeugen von der erstaunlichen kulturellen Entwicklung unserer Vorfahren.

Das Zeitalter der Metalle

Mit der Verwendung von Kupfer vor etwa 9000 Jahren gelang der nächste wichtige Schritt auf dem Weg zur Beherrschung der Umwelt, und die alten Steinwerkzeuge verloren rasch an Bedeutung. Die ersten gehämmerten Kupfergegenstände wurden vor etwa 7000 Jahren auf dem **Balkan** hergestellt, doch schon etwa 1000 Jahre später entstand in **Westasien** durch das Legieren von Zinn und Kupfer die viel härtere Bronze, die sich bald über ganz **Asien** und bis nach **Europa** und **Nordafrika** ausbreitete. Sie wurde zunächst nur zur Herstellung von Schmuck und Waffen genutzt, später auch von landwirtschaftlichen Geräten. Somit wurden die Ernteerträge gesteigert, denn zu dieser Zeit, also vor etwa 6000 Jahren, begannen sich bereits Ackerbau und Viehzucht als Wirtschaftsgrundlage für die ständig wachsende Bevölkerung durchzusetzen.
Eine weitere umwälzende Veränderung fand vor etwa 4000 Jahren statt, als im westlichen **Asien** erstmals der Gebrauch von Eisen

*Dank neuer Überlebenstechniken konnte der moderne **Homo sapiens** neue Lebensräume erobern. Dazu gehörte vor allem die Jagd mit wirksamen Waffen. Um die Kräfte der Natur und das Jagdglück zu beschwören und Dankbarkeit gegenüber den höheren Gewalten auszudrücken, schufen Angehörige der frühen Kulturen Felszeichnungen mit mythischem Inhalt, wie die Jagdszenen im schwedischen Tanumshede belegen, ein Zeugnis bronzezeitlichen Lebens.*

aufkam, das bald auch nach **Europa**, Nordafrika und ins übrige **Asien** gelangte. Etwa 1500 Jahre später wurde das neuartige Metall dann schon in ganz Europa verwendet und verdrängte die Bronze, die bald nur noch zur Schmuckherstellung diente.
Durch diese Neuerungen erweiterte sich auch der Handel, denn Regionen ohne eigene Metallvorkommen begannen ihre Produkte gegen die wertvollen Rohstoffe zu tauschen. Das wiederum förderte den Seeverkehr, sodass es in der Folge auch zu einem wachsenden Austausch zwischen bis dahin isolierten Gruppen kam.

Die ersten Hochkulturen

Im Verlauf der enger werdenden Beziehungen zwischen einzelnen Volksstämmen entstanden auch die ersten Hochkulturen: um etwa 3500 v. Chr. in **Mesopotamien** (heutiger Irak), ab 3200 v. Chr. in **Ägypten**, um 2500 v. Chr. im **Industal** (Indien) und auf **Kreta** und um etwa 1800 v. Chr. in **China**.
Die wichtigste Voraussetzung für diese neuen Gesellschaftsformen war zum einen eine reibungslos funktionierende Landwirtschaft, um die Ernährung der jetzt vermehrt in Dörfern und Städten lebenden Menschen zu sichern, weshalb die neuen »Großstädte« mit Zehntausenden von Einwohnern auch meistens in fruchtbaren Flussebenen lagen. Zum anderen erforderten die neuen Ballungsräume gut organisierte Verwaltungsstrukturen und eine zentralisierte Führung, wie sie sich unter den **Pharaonen** in **Ägypten** herausbildeten. Durch ihren wachsenden Bedarf an Luxusgütern förderten diese Herrscher Handwerk, Kunst und Handel, wobei in der Folge nicht nur ganz neue Berufe entstanden, sondern auch weit verzweigte Handelsniederlassungen gegründet wurden, die bis zu 1500 km entfernt lagen. Die Organisation solch komplizierter Staatengebilde war allerdings nur durch einen weiteren großen Entwicklungsschritt auf dem Weg zu einer Zivilisation möglich: die Erfindung der Schrift, deren früheste Spuren in Form von Tontafeln in **Mesopotamien** bis auf die Zeit um 3200 v. Chr. zurückreichen.

Geniale Erfindungen

Neben der Entwicklung der ersten Schrift gab es im Verlauf der Evolution weitere umwälzende Entdeckungen, die das Leben der Menschen nach und nach verändern sollten: Vor etwa 6000 Jahren wurde im **Mittelmeerraum** bereits das Rad verwendet, rund 1000 Jahre später kannte man in **Indien** und **China** schon die Sonnenuhr, in **Ägypten** wurden die ersten Hieroglyphen auf Papyrus geschrieben und um 1500 v. Chr. entstanden auch die ersten ägyptischen Glasmacherwerkstätten. Um 1000 v. Chr. gab es in **Jerusalem** bereits ein Wasserleitungssystem, und um 700 v. Chr. wurden in **Assyrien** erste Wasseruhren eingesetzt. Gleichzeitig entstand in **Griechenland** eine frühe Notenschrift und 550 v. Chr. erkannten die **Pythagoräer**, dass die Erde keine Scheibe, sondern eine Kugel ist. Fünf Jahre später stellte der Grieche **Anaximenes** den Unterschied zwischen Planeten und Fixsternen fest und 440 v. Chr. definierte **Demokrit** erstmals den Begriff des Atoms. 350 v. Chr. erfanden die Athener die Kurzschrift und verwendeten zum ersten Mal einen Flaschenzug.
Um 300 v. Chr. gelangte die erste Seide über die Seidenstraße von **China** nach **Europa**, Wachs und Blei bildeten jetzt die Grundlage zur Herstellung von Schreibtafeln, und die ersten Geräte mit Wasserantrieb wurden gebaut. Etwa 250 v. Chr. verwendete man die Archimedische Schraube, 230 v. Chr. wurde der Erdumfang mit Hilfe der Gradmessung ermittelt, und um 200 v. Chr. wurden in **Byzanz** die ersten pneumatisch betriebenen Maschinen und Wurfgeschütze gefertigt. Bereits um 100 v. Chr. wurde das erste Papier in **China** hergestellt, wo weitere 350 Jahre später auch der erste Kompass entwickelt wurde und etwa 600 mit Hilfe von Holztafeln eine frühe Drucktechnik sowie das erste Porzellan entstanden.

1 Im Chobe-Nationalpark von Botswana wurden bis zu 4000 Jahre alte Felsmalereien der San entdeckt.

2 Die Felsbilder im libyschen Akakus-Gebirge in der Sahara spiegeln die Klimageschichte, den Wandel der Pflanzen und Tierwelt sowie die kulturellen Veränderungen während der letzten 15 000 Jahre wider.

3 Felsgravuren aus der Jungsteinzeit wurden im algerischen Tassili n'Ajjer freigelegt.

4 Die Felsmalereien am Nourlangie Rock in Australien sind bis zu 25 000 Jahre alt.

Gemessen an seiner Größe hat Europa im Verlauf seiner bewegten Geschichte eine enorme kulturelle Vielfalt hervorgebracht, wie etwa die lebendige Tradition des Venezianischen Karnevals.

Europa

Obwohl flächenmäßig nur zweitkleinster Kontinent, hat Europa mit rund 725 Mio. Einwohnern, verteilt auf 44 Länder (einschließlich Russlands), nach Asien die zweithöchste Bevölkerungszahl unter den Kontinenten. Entsprechend hoch ist die Bevölkerungsdichte, die in

Europa und Asien spiegeln sich im Gesicht dieser jungen Russin.

der Vergangenheit mit Ursache für Kriege um Land und Rohstoffe war. Die ethnische Vielfalt Europas begann sich vor 5000 Jahren mit den ersten größeren Einwanderungswellen von indoeuropäischen Völkern aus Zentralasien auszubilden, etwas später ließen sich auch Einwanderer aus Ägypten und dem Nahen Osten auf Kreta nieder. Von dort aus verbreitete sich die erste europäische Hochkultur, die der Minoer, im ganzen Mittelmeerraum einschließlich Griechenlands, das ab etwa 1500 v. Chr. zum kulturellen Zentrum wurde und dessen Errungenschaften im Zuge der Ausbreitung des römischen Imperiums vor 2000 Jahren das gesamte Abendland prägten.

Nordeuropa

Die freundlichen und stets gelassenen ***Isländer*** *verfügen über einen ähnlich hohen Lebensstandard wie die Einwohner der skandinavischen Länder. Sie leben auf einer heute noch überaus aktiven Vulkaninsel, was sich an den unzähligen kleinen und großen Geysiren zeigt, die sich über die ganze Insel verteilen. Aus dem Erdinneren schießen immer wieder kochend heiße Fontänen ins Freie, um sich dann in dampfenden Wasserbecken zu sammeln.*

Isländer

Mit Beginn des 9. Jh.s wurde **Island** von **Wikingern** aus Norwegen und **Kelten aus Schottland** besiedelt, aus deren Vermischung die Isländer hervorgingen.
Diese gehörten jahrhundertelang zu verschiedenen skandinavischen Königreichen, bis sie im Jahr 1944 ihre politische und wirtschaftliche Unabhängigkeit erlangten. Heute hat die Insel etwa 280 000 Bewohner, von denen die meisten in der Hauptstadt **Reykjavik** leben.
Ab dem 8. Jh. entstand mit dem großen Mythenwerk der Edda eine eigenständige isländische **Literatur**, die zur Grundlage der gesamten nordischen Literatur wurde. Die Edda ist eine Sammlung von verschiedenen altnordischen Gedichten und Liedern mit größtenteils unbekannten Verfassern, sie beinhaltet Sinnsprüche, Zauberformeln und Weisheitslehren von der Entstehung der Welt und berichtet von den Taten der Götter, Riesen, Zwerge sowie weiterer mythischer Wesen.
Traditionelle isländische Volksinstrumente sind das **Langspil**, das der norwegischen Streichzither **Langeleik** ähnelt, und die **Fidla**, die wie das Langspil mit dem Bogen gestrichen wird. Island gilt als das Land mit den prozentual meisten Schriftstellern.

Färöer

Ebenso wie **Island** wurden auch die **Färöer-Inseln** (färöisch: Schafinseln) im Verlauf des 9. Jh.s von skandinavischen **Wikingern** besiedelt, möglicherweise sind aber auch schon im 7. Jh. irische Mönche auf die Inseln gekommen, die ab 1380 zu **Dänemark** gehörten und seit 1948 autonom sind.
Durch ihre isolierte Lage ist das Leben der etwa 50 000 **Färöer** noch stark von alten Traditionen geprägt. Dazu gehören neben zahlreichen alten Sagen und Mythen vor allem die bis auf das Mittelalter zurückgehenden **Kettentänze** und 70 000 mündlich überlieferte gesungene Tanzballaden. Neben dem **Färöischen**, das auf altnorwegischen Wurzeln beruht, ist **Dänisch** die zweite Landessprache.

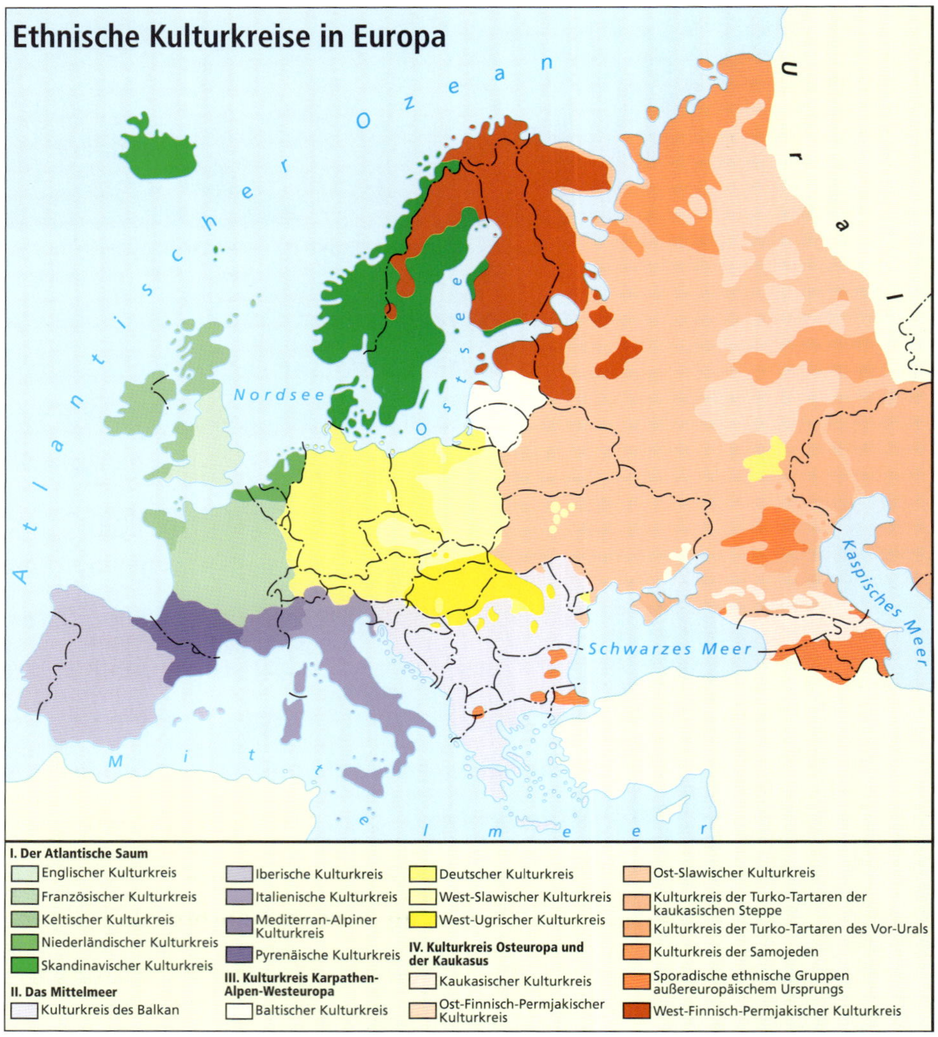

Eine nach Kulturkreisen und Ethnien gezeichnete Europakarte sähe anders aus als die herkömmlichen Karten, die auf der Staatenaufteilung beruhen. Die oft willkürlich gezogenen Staatsgrenzen nehmen oft keine Rücksicht auf die ethnische Zusammensetzung eines Landstrichs. Zahlreiche Konflikte waren und sind die Folge.

Lappen (Samen)

Als ursprünglich **sibirisches Volk**, das sich lange vor den Wikingern in den nordischen Ländern Europas niederließ, erstreckt sich das Siedlungsgebiet der heute etwa 65 000 **Samen** (die Bezeichnung »**Lappe**« gilt als diskriminierend) über den Norden **Norwegens** (40 000), **Schwedens** (6000), **Finnlands** (17 000) sowie der russischen Halbinsel **Kola** (2000).
Entsprechend ihres Lebensraums und ihrer traditionellen Lebensweise unterscheidet man zwischen den in **Nordnorwegen** beheimateten **Meersamen**, die von der Meeresfischerei und der Landwirtschaft leben, den vorwiegend in **Schweden** und **Finnland** angesiedelten **Flusssamen**, die Jagd, Flussfischerei und Landwirtschaft betreiben, und den überwiegend in **Nordschweden** angesiedelten **Waldsamen**, die von der Jagd und dem Fischfang leben. Darüber hinaus gibt es noch etwa 10% **Bergsamen**, die als saisonale Nomaden mit ihren Rentierherden zwischen zwei bis drei festen Weideplätzen umherziehen.
Inzwischen sind die Grenzen zwischen den **Samen** und der übrigen Bevölkerung allerdings fließend, sodass heute nur noch eine kleine Minderheit die alte samische Lebensweise weiterführt; selbst bei den traditionell nomadisch lebenden Rentierzüchtern, die noch in den **Gammen** (Zelten) leben, gehören der Motorschlitten und das Handy längst zum Alltag.
Die Sprache der Samen, die zur finno-ugrischen Sprachfamilie gehört, hat Gemeinsamkeiten nur mit der finnischen Sprache. Darüber hinaus sind die neun samischen Dialekte teilweise so unterschiedlich, dass sich Nord- und Südsamen nur über die jeweilige Landessprache verständigen können.
Eng mit der samischen Tradition verbunden sind die bunten Trachten, die heute jedoch meist nur noch bei den Volksfesten getragen werden. Eine samische Tradition ist auch das Handwerk, vor allem kunstvoll geschnitzte Gebrauchsgegenstände aus Holz und Rentierhorn sowie die Silberschmiedekunst. Die typische Musik der Samen ist der **Joik**, ein ungewöhnlicher Obertongesang, dessen Wurzeln bis in unbekannte Vorzeit zurückreichen. Zu den alten samischen Überlieferungen gehört auch der Glaube an die heilenden Kräfte der Schamanen, die heute jedoch nur noch in weit abgelegenen Regionen eine gewisse Rolle spielen.

Norweger

Die etwa 4,5 Mio. **Norweger** gehören wie alle Skandinavier als direkte Nachkommen der Wikinger zur Gruppe der altgermanischen Völker. Durch die jahrhundertelange enge Verbindung zu den anderen skandinavischen Ländern – Norwegen war ab dem 15. Jh. zuerst mit **Dänemark**, von 1814 bis zu seiner Unabhängigkeit im Jahr 1915 mit **Schweden** verbunden – kam es auch zu einem intensiven kulturellen Austausch zwischen den Norwegern und ihren Nachbarn.
Die norwegische Literatur beruht auf zahlreichen altnordischen Sagen, deren Überlieferungen mit der **Edda** auf das 8. Jh. zurückgehen und vom Göttervater **Odin** und seiner Frau **Frigga**, **Midgard**, dem Reich der Menschen, und dem mythischen Baum **Yggdrasil** erzählen. Außerdem besitzen die Norweger ein sehr großes Volksmusikrepertoire, und jede Region hat eine eigene Volkstracht, die an Festtagen getragen wird und die lokale Identität zum Ausdruck bringt.

Schweden

Ihren Namen haben die knapp 9 Mio. **Schweden** vermutlich vom Volksstamm der **Svear**, die seit etwa 300 in Mittelschweden lebten und deren Kultstätten und Grabhügel aus dem 5./6. Jh. bei **Uppsala** liegen, dem einstigen Zentrum der **Svear. Diese brachten** bis zum 10. Jh. auch das Gebiet der nordgermanischen **Gauten** sowie **Gotland**

*Zur traditionellen Lebensweise der nomadisierenden **Samen** gehört die Nutzung auch einfachster Mittel aus der Natur. Ein Beleg dafür sind die samischen Trachten mit ihren reich gestickten Filzmützen. Wie bei vielen Nomadenvölkern ist auch bei den Samen das Filzen eine alte Tradition. Das kompakte Wollflies ist Wetterschutz und ornamentaler Werkstoff in einem. Die Stickmuster geben Auskunft darüber, zu welcher Untergruppe der Samen sein Träger gehört.*

und **Öland** unter ihre Herrschaft. Daraus entstand um 1100 **Sverige**, das heutige Schweden. Zwischen dem 9. und 11. Jh. gelangten schwedische **Wikinger (Waräger)** mit ihren Schiffen über die Ostsee ins **Baltikum** bis zur **Wolga** und weiter nach **Ungarn**, **Byzanz** und bis nach **Bagdad**. Ende des 14. Jh.s kam Schweden unter die Herrschaft der norwegisch-dänischen Krone, wurde aber 1523 wieder selbstständig. 1814 entstand die Union **Schweden-Norwegen**, die bis 1905 andauerte. Den in Nordschweden lebenden **Samen** wurde eine Reihe von Sonderrechten eingeräumt, um die Erhaltung ihrer Kultur zu sichern.

Zu den alten schwedischen Bräuchen gehört vor allem das **Julfest**, das altgermanische Geburtsfest der Sonne zu Ehren des Gottes **Odin**. Man glaubte, dass Odin zwischen dem 25. Dezember und dem 6. Januar auf seinem achtbeinigen Ross durch die Lüfte brauste, sodass man früher in den »Zwölfnächten« den **Julklotz** aus Eichenholz im Kamin verkohlen ließ, um das Haus vor bösen Verwünschungen zu schützen. Außerdem stellten die Bauern Getreidegarben für die Vögel auf, woraus in den skandinavischen Ländern die Sitte entstand, einen Strohkranz über dem Weihnachtstisch aufzuhängen. Eine weitere altschwedische Tradition ist das **Lichterfest** der **hl. Lucia** am 13. Dezember, der bis zum 16. Jh. als der kürzeste Tag des Jahres galt. Nach altem Brauch trägt an diesem Tag in jeder Familie ein weiß gekleidetes Mädchen, die **Lussibrud** (Lucienbraut), einen Kranz mit brennenden Kerzen auf dem Kopf und weckt die Familie mit Gebäck.

Finnen

Etwa um 1300 v. Chr. besiedelten finnisch-ugrische Völker den Süden Finnlands und verdrängten dabei die einheimischen **Samen** immer weiter nach Norden. Gegen Ende des 13. Jh.s hatten sich drei finnische Stämme entwickelt: im Südwesten lebten die eigentlichen **Finnen (Suomi)**, in den Seengebieten im Landesinneren die **Tavasten** und im Osten die **Karelier**. Seit dem 13. Jh. gehörte **Finnland** zu **Schweden**, von 1809 bis 1917 zu **Russland**. Die etwa 5,2 Mio. Finnen unterscheiden sich von den Skandinaviern vor allem durch ihre Sprache, die wie das Estnische und Ungarische zur finnisch-ugrischen Sprachfamilie gehört, aber auch durch eine ganz eigenständige Kultur. Dazu gehört vor allem die traditionelle Volksmusik, die eng mit dem finnischen Nationalinstrument, der Kantele, verbunden ist. Das wichtigste Epos der Finnen ist die Kalevala, die etwa 3000 Jahre alt ist und heute noch an Feiertagen aufgeführt wird.

Dänen

Die ursprüngliche Heimat der **Dänen**, deren früheste Spuren aus dem 6. Jh. v. Chr. stammen, war vermutlich **Südschweden**, von wo sie sich über die Inseln südlich des Kattegat bis nach **Jütland** ausbreiteten.

Der erste Zusammenschluss verschiedener Volksgruppen zu einem eigenen Staat erfolgte im 10. Jh. Im 11. Jh. eroberten dänische **Wikinger** den **Nordseeraum**, besetzten **England** – und es entstand kurzzeitig ein dänisches Nordseereich, zu dem außerdem **Norwegen**, **England** und **Schottland** gehörten. Im 13. Jh. folgte das dänische Ostseereich, das u.a. **Holstein**, **Hamburg**, **Lübeck**, **Mecklenburg**, **Pommern**, **Rügen** und **Estland** umfasste.

In Dänemark, wo heute ungefähr 5,3 Mio. Menschen leben, sind noch zahlreiche kunsthandwerkliche Gegenstände aus der Zeit der **Wikinger** erhalten. Zeugnisse einer alten dänischen Kultur sind auch die frühen **Holzkirchen**, von denen allerdings bis auf wenige Überreste nichts mehr erhalten ist. Wie in Schweden und Norwegen geht die traditionelle dänische Volksliteratur größtenteils auf die altnordische **Edda** zurück.

1 Die isländischen Fischer sind ein entbehrungsreiches Leben gewöhnt. Fischfang und Fischverarbeitung sind die Wirtschaftsgrundlage der Isländer.

2 Zum Mittsommernachtsfest in Schweden schmücken sich die Mädchen und jungen Frauen mit bunten Blumenkränzen.

3 Ein uralter Brauch beim Mittsommernachtsfest, dem längsten Tag des Jahres, an dem die Sonne nicht untergeht, ist der traditionelle Reigentanz.

4 Noch heute präparieren die Samen Gras, um daraus die Sohlen ihrer Schuhe herzustellen.

***Irland**, etwa so groß wie Bayern, ist eines der kinderreichsten Länder Europas. Irland ist auch das Land mit den meisten rothaarigen Menschen auf der Welt, ein Kuriosum insofern, da weltweit die Anzahl der Rothaarigen rapide abnimmt. Ein immer noch nicht gelöstes Problem sind die Konflikte zwischen Katholiken und Protestanten in Nordirland. Oft können die konfessionell getrennten Schüler dort nur unter Polizeischutz zur Schule gehen.*

Iren

Um 500 v. Chr. wurde **Irland** von **Kelten (Gälen)** besiedelt, die bis zum 5. Jh. n. Chr. die einheimischen Volksstämme unterworfen und fünf Reiche gegründet hatten, in denen neben den Rittern vor allem die Priester (**Druiden**) eine große Rolle spielten.
Ab 795 ließen sich **Wikinger** auf der Insel nieder, um Handelsniederlassungen und Häfen zu gründen, wurden 1014 aber wieder verdrängt. 1169 eroberten **Anglo-Normannen** weite Teile Irlands, das 1601 unter englische Herrschaft kam.
1801 erfolgte die Gründung des Vereinigten Königreichs **Großbritannien** und **Irland**. Nach der Abtretung **Nordirlands** an Großbritannien wurde **Irland** 1949 unabhängig. Heute leben rund 3,8 Mio. Menschen in der Republik Irland und 1,7 Mio. in Nordirland, dazu kommen noch etwa 10 Mio. Iren im Ausland (vor allem in den **USA**, in **Kanada**, **Australien** und **Neuseeland**). Die Mehrheit der überwiegend katholischen Bevölkerung spricht heute noch das auf keltische Wurzeln zurückgehende Gälisch. Zahlreiche irische Bräuche und Feste gehen auf uralte Überlieferungen zurück, wie etwa **Samhain**, Vorläufer des heutigen **Halloween**, das in **Irland** schon vor 5000 Jahren gefeiert wurde und damit wohl zu den ältesten Festen der Menschheit gehört.
Samhain soll sich von »**sam-fuin**« ableiten, was so viel wie »**Sommerende**« heißt und das Jahresende markierte, da das keltische Jahr lediglich in Sommer und Winter unterteilt wurde. Bis Samhain mussten alle landwirtschaftlichen Tätigkeiten abgeschlossen sein, damit die Familie am Abend zusammenkommen konnte, um zu feiern und das Orakel für das folgende Jahr zu befragen. Sechs Monate später wurde dann mit dem Frühjahrsfest **Beltane** das Erwachen der Natur begrüßt.
Bis heute spielt außerdem die traditionelle Volksmusik eine wichtige Rolle, zu der typisch irische Instrumente wie die **Fiddle**, eine schnell gespielte Geige, der **Pfeifendudelsack**, verschiedene Querflöten und die keltische Harfe gehören sowie zahlreiche, oft leicht melancholisch klingende Volkslieder, von denen viele Hunderte von Jahre alt sind.

Schotten

Im 5. Jh. v. Chr. breitete sich der Stamm der **Pikten** in **Schottland** aus, um etwa 450 n. Chr. landeten wahrscheinlich die ersten irischen **Kelten** in Schottland, die von den Römern »**Scoti**« genannt wurden.
Nach jahrhundertelangen Kämpfen zwischen **Pikten** und **Gälen** kam es 843 zur Gründung eines geeinten »**Alba**«, wie Schottland noch heute auf **Gälisch** bezeichnet wird. In der Folge wurde das Land von der gälischen Kultur geprägt und **Gälisch** zur Hauptsprache.
Um etwa 800 ließen sich skandinavische **Wikinger** an der schottischen Westküste und auf den **Hebriden** nieder, 1707 entstand die **englisch-schottische Union**, die jedoch von vielen der rund 5,1 Mio. **Schotten** noch heute abgelehnt wird.
Die Blütezeit der schottisch-gälischen Kultur dauerte von etwa 1000 bis 1500: An den Höfen sangen die **Barden** nach alter keltischer Tradition zur Begleitung von Harfe und Geige, und die Gesellschaft profitierte vom Können der Ärzte, Wissenschaftler, Rechtsgelehrten, Kunstschmiede und Steinmetze. Heute sind Dudelsack und Whisky typische Wahrzeichen der Schotten, denen alte Traditionen nach wie vor sehr wichtig sind, wie auch zahlreiche Burgen und Schlösser vom einstigen Ruhm der großen Klans zeugen, von denen jeder sein eigenes **Kiltmuster** besaß. Auch der keltische Dialekt wird heute noch von einem Teil der Schotten gesprochen. Berühmtheit erlangten die Sportfeste der **Highlander**, bei denen sich die stärksten Männer im Tauziehen, Baumstammstoßen und Hammerwerfen messen.

Waliser

Die im Westen Großbritanniens gelegene Halbinsel **Wales** (Cymru), die zur Römerzeit von keltischen Stämmen besiedelt war und in die im 5. Jh. germanische **Angeln** und **Sachsen** einwanderten, gehört seit 1542 zu England und hat seit 1998 eingeschränktes Selbstverwaltungsrecht.
Knapp 500 000 der rund 3 Mio. **Waliser**, von denen sich die meisten zur **Anglikanischen Kirche** bekennen, sprechen heute noch das auf keltische Wurzeln zurückgehende **Welsh** (Kymrisch). Der Name »Wales« stammt allerdings vom angelsächsischen »**wœl**« ab, was so viel wie »Sklave« oder »Fremder« bedeutet.
In Wales zeugen zahlreiche alte Burgen und Schlösser von einer reichen kulturellen Tradition, die bei den Walisern auch heute noch eine wichtige Rolle spielt. Einer der Höhepunkte ist das alljährlich in der ersten Augustwoche stattfindende **Eisteddfodau-Festival**, bei dem neben einheimischem Kunsthandwerk Musik-, Tanz- und Theaterdarbietungen zu sehen sind. Wie bei den keltischen Festen in alten Zeiten werden dabei die besten Dichter und Sänger gekürt, die in walisischer Sprache gegeneinander antreten.

Engländer

Um 500 v. Chr. besetzten keltische Volksstämme das Gebiet des heutigen England, das 85 n. Chr. zur römischen Provinz wurde. Nach dem Abzug der Römer kämpften die keltischen **Briten** ab 450 gegen die **Pikten** und **Scoten** zusammen mit germanischen **Angeln** und **Sachsen**, die die **Kelten** jedoch bald verdrängten. Anfang des 11. Jh.s unterwarf Dänemark die **Angelsachsen**, 1066 unterlag **Britannien** in der Schlacht von **Hastings** den skandinavischen **Normannen**. Ab 1588 wurde England zu einer beherrschenden Seemacht und im Verlauf der folgenden Jahrhunderte durch den Reichtum aus seinen weltweiten Kolonien zu einer der führenden Handels- und Wirtschaftsmächte. Im 20. Jh. begann das riesige britische Empire zu bröckeln, und es

Wikinger

Die Wikinger, auch Normannen genannt, lebten im Gebiet des heutigen Dänemark, Norwegen und Schweden. Als überragende Seefahrer – sie bauten Langboote, die von 60 Mann gerudert wurden – und grausame Krieger, die überall Angst und Schrecken verbreiteten, gingen sie mit ihren großen Schiffen zwischen dem 8. und 11. Jh. auf ausgedehnte Raubzüge, bei denen sie bis nach Russland, Norddeutschland und England gelangten bzw. im Nordwesten vorbei an Island und Grönland bis nach Nordamerika, das bereits 500 Jahre vor Kolumbus von dem Wikinger Leif Erikson »entdeckt« wurde.

Der Dudelsack ist ein Wahrzeichen der Schotten.

Flamen und Wallonen

Seit Gründung des belgischen Staats 1830/31 entwickelte sich die Flämische Bewegung als Gegengewicht zur wirtschaftlichen und kulturellen Übermacht der Französisch sprechenden Wallonen. Niederländisch wurde zweite Staatssprache, Flandern Wirtschaftszentrum. Daraufhin entstand im 20. Jh. die Wallonische Bewegung. Kollaboration mit den Deutschen im 2. Weltkrieg schwächte die Flämische Bewegung, die dann in den 60er Jahren den flämisch-wallonischen Konflikt (»Sprachenstreit«) heraufbeschwor, der eine Lösung in der Umwandlung Belgiens zum Bundesstaat fand.

Bretonen

Die Bretagne, zur Römerzeit Armorica genannt, gehört erst seit 1532 zu Frankreich. Die Bretonen sind Nachkommen keltischer Briten, die im 5./6. Jh. vor den Angelsachsen an die französische Atlantikküste geflohen waren. Etwa die Hälfte der Bretonen, meist Fischer, Seeleute und Bauern, spricht noch das keltische Bretonisch (»Brezhoneg«), viele Bretonen sind stolz auf ihre Traditionen. Berühmt sind die Trachten mit den hohen weißen Hauben, die Heiligenfeste mit Prozessionen, Tanz und Musik (»Pardons«) und die »Calvaires« – aus Granit gehauene Steinkreuze mit Passionsszenen.

Wie in einigen anderen europäischen Ländern ist auch in ***England*** *das Tragen einer einheitlichen Schuluniform für alle Kinder Pflicht, um damit Zugehörigkeit und Einheit zum Ausdruck zu bringen. Eine ähnlich strenge Kleiderordnung herrscht auch an den altehrwürdigen Universitäten von Oxford und Cambrigde, wo bereits seit dem 10./11. Jh. an den zahlreichen Fakultäten und Instituten die Ausbildung der akademischen Elite des Landes erfolgt.*

entstand der **Commonwealth**, ein lockerer Verbund Großbritanniens mit seinen ehemaligen Kolonien.
Neben den heute knapp 50 Mio. Engländern, von denen die meisten zur Anglikanischen Staatskirche gehören, leben rund 2,5 Mio. Einwanderer in Großbritannien, von denen die meisten aus Commonwealth-Staaten kommen.
Spuren einer frühen **Megalithkultur** reichen mit den legendären Steinkreisen von **Stonehenge** und **Avebury** bis auf etwa 2000 v. Chr. zurück, später wurde sie durch unterschiedliche keltische und normannische Einflüsse geprägt. Dazu gehören neben traditionellen Tänzen wie dem auf keltische Wurzeln zurückgehenden **Morris-Tanz** vor allem zahlreiche Legenden und Sagen wie die von **König Artus**, den **Rittern der Tafelrunde** und dem Zauberer **Merlin**.

Franzosen

Der Kultur- und Sprachreichtum der heute knapp 60 Mio. **Franzosen** liegt in ihrer wechselvollen Geschichte begründet: Ab etwa 900 v. Chr. siedelten sich keltische Völker aus Südost- und Mitteleuropa im Gebiet des heutigen Frankreich an, ab 58 v. Chr. standen die **Gallier**, wie die **Kelten** von den **Römern** genannt wurden, mehr als 500 Jahre unter römischer Herrschaft, bis diese im 5. Jh. durch den Einfall germanischer Stämme (**Franken, Sachsen, Burgunder, Westgoten**) beendet wurde.
Im 9. Jh. besiedelten skandinavische **Wikinger** die heutige Normandie, und im 12. Jh. wurde Westfrankreich von den Engländern besetzt, die erst Mitte des 15. Jh.s wieder verdrängt wurden. Daraus entstand ein neues Nationalgefühl, das im 17. Jh. im Absolutismus des **»Sonnenkönigs« Ludwig XIV.** gipfelte. Die Macht des Adels wurde 1789 durch die **Französische Revolution** beendet, deren Motto **»Freiheit, Gleichheit, Brüderlichkeit«** zum Maßstab der modernen Demokratien wurde.
Mit der Verschmelzung von keltischen, normannisch-angelsächsischen, romanischen und christlichen Einflüssen wurde Frankreich im Mittelalter neben Italien zum kulturellen Zentrum der westlichen Welt, seine Gelehrten, Baumeister und Künstler setzten Maßstäbe fü die kulturelle Entwicklung fast ganz Europas.
In einigen Gebieten Frankreichs haben sich stark ausgeprägte Regionalkulturen entwickelt: im Osten bei den 1,2 Mio. einstmals deutschsprachigen **Elsässern und Lothringern,** im Süden bei den 300 000 **Katalanen** und 60 000 **Basken.** Der Süden Frankreichs wird dem Sprachraum des Okzitanischen zugeordnet, die Zahl der aktiven Sprecher wird auf 2 Mio. geschätzt. Dazu kommen knapp 1 Mio. **Bretonen** in der **Bretagne**.

Belgier

Das überwiegend katholische Belgien, im Mittelalter eines der wichtigsten Handelszentren Europas, ist durch eine südlich von Brüssel verlaufende Sprachgrenze geteilt: **Flandern**, das nördliche flämische (niederländischsprachige) Gebiet mit heute etwa 5,6 Mio. Einwohnern, wurde von germanischen Stämmen geprägt, die sich hier im 5. Jh. ansiedelten, der südliche Landesteil mit heute etwa 3,4 Mio. **Wallonen** ist sprachlich und kulturell dagegen eng mit seinem Nachbarn Frankreich verbunden, während im Ostteil des Landes eine deutschsprachige Minderheit lebt.
Das zweisprachige **Brüssel**, im 10. Jh. als **»Bruoscella«** (»Stadt am Bach«) gegründet, wurde nach wechselnder burgundischer, spanischer, französischer und niederländischer Herrschaft 1830 zur belgischen Hauptstadt.
Vom früheren Reichtum **Flanderns** zeugt das mittelalterliche Stadtbild der einstigen Hansestädte **Gent** und **Brügge** mit ihren imposanten Kirchen und Giebelhäusern sowie ihren malerischen Grachten, Straßen und Gassen. Darüber hinaus haben sich in beiden Landesteilen noch zahlreiche alte Feste und Bräuche erhalten. Dazu gehören etwa das mittelalterliche **Ducasse-Festival** vom Kampf der Riesen, das alljährlich im wallonischen **Ath** stattfindet, oder das bis auf das Jahr 1502 zurückgehende **Laetare-Festival** im wallonischen Stavelot, das alljährlich am dritten Sonntag vor Ostern gefeiert wird. Und der berühmte Wettkampf in Walloniens Hauptstadt **Namur**, bei dem jedes Jahr im August zwei Mannschaften auf Stelzen gegeneinander antreten, reicht sogar bis weit in das 14. Jh. zurück, wie historische Aufzeichnungen belegen.

1 **Die lebensfrohen Iren genießen es, in aller Ruhe über die großen und kleinen Dinge des Lebens zu philosophieren.**

2 **Viele Bauern des Périgord östlich von Bordeaux kultivieren auch Tabakpflanzen, die in dieser Region optimal gedeihen.**

3 **Im französischen Burgund leben die Weinbauern seit Menschengedenken vom Anbau erstklassiger Trauben und deren Verarbeitung zu Spitzenweinen.**

4 **Szene auf dem Pferdemarkt in Brüssel: Die belgische Hauptstadt ist seit alters eine lebhafte Handelsstadt.**

82

Wettkampf im Kilt: die Highland Games

Seit Jahrhunderten messen sich die Schotten bei Wettkämpfen in Disziplinen wie Tauziehen, Steinestoßen und Baumstammwerfen und ermitteln die Besten im Dudelsackspiel und beim Tanz.

Ursprünglich fanden die Wettkämpfe nur im schottischen Hochland statt. Heute gibt es alljährlich von Mai bis September rund 100 Hochlandspiele in ganz Schottland. Die Highland Games entstanden einst aus Dorffesten an Feiertagen sowie Zusammenkünften der Hochland-Clans, bei denen man sich austauschte und Geschäfte tätigte, zuweilen jedoch auch feindliche Übergriffe plante. Bei diesen Treffen besann man sich auf keltische Traditionen, spielte die »Bagpipe«, sang, tanzte und übte sich in Wettkämpfen, um körperliche Kraft und Stärke zu beweisen. Im 11. Jh. soll König Malcolm III. seine Untertanen bei Braemar versammelt haben, um die stärksten Kämpfer und schnellsten Läufer zu ermitteln. Im 19. Jh. setzte eine Romantisierung der Hochlandkultur ein, und 1832 wurden die ersten offiziellen Highland Games in Braemar veranstaltet. 1848 besuchte Königin Viktoria die Highland Games, und fortan waren sie fester Bestandteil des schottischen Festkalenders. Verschiedene Handlungsformen der Spiele lassen auch heute noch die bäuerlichen und kriegerischen Ursprünge erkennen. Bei den Wettkämpfen unterscheidet man drei Kategorien: die »heavy events« mit Hammerwerfen, Steinestoßen, Gewichttragen und Baumstammwerfen, die »light events« mit Laufwettbewerben und die »cultural events« mit Konkurrenzen in Tanz, Musik und Literatur.

Links: Traditionelle Wettbewerbsdisziplinen sind volkstümliche Tänze, die einst aus Siegestänzen nach einer Schlacht entstanden.

1 Dudelsackspieler (»Bagpipers«) rahmen die Spiele, treten aber auch zu Wettbewerben an.

2 Ähnelt dem Hammerwerfen: »The Scottish Hammer«

3 »Tossing the Caber« – hier wird ein 5–7 m langer Holzstamm hoch geworfen.

4 Parade der »Bagpipers«

5 Die Tänze werden von Dudelsack oder Geige begleitet.

Spätestens seit Johanna Spyris Roman »Heidi« ist die ***Schweizer Berglandschaft*** *für die meisten Menschen der Inbegriff einer heilen Welt in unberührter Natur. In Wirklichkeit war das Leben der Bergbauern früher alles andere als leicht.*

Auch der Schweizer Nationalheld Wilhelm Tell, der um das Jahr 1300 mit der Armbrust einen Apfel vom Kopf seines Sohnes geschossen haben soll, um dessen Leben zu retten, war nur ein einfacher Bauer aus dem Kanton Uri.

Niederländer

Das Gebiet der heutigen **Niederlande**, das bis zum 5. Jh. n. Chr. von germanischen **Friesen** und **Sachsen** besiedelt wurde, fiel 843 durch Teilung des Frankenreichs an das fränkische Zwischenreich. Ab 1363 gehörte **Holland** weitgehend zu **Burgund**, ab 1477 zu den **Habsburgern**. Im 16. Jh. kamen dann **Friesland, Flandern, Overijssel, Geldern** und **Utrecht** hinzu, ab 1555 gehörten die Niederlande zur spanischen Linie der Habsburger. Als See-, Handels- und Kolonialmacht erlangten die Niederländer im 17. Jh. eine Vormachtstellung in Europa, die jedoch im 18. Jh. auf England überging. Heute leben 16 Mio. Menschen in den Niederlanden. Eine Minderheit bilden die etwa 350 000 **Friesen** mit eigenem westfriesischen Dialekt, die bis zum Einfall der **Wikinger** bzw. bis zur Gründung der Hanse als das wichtigste Handelsvolk rund um Nord- und Ostsee galten.
Bereits im 9. Jh. waren die hochwertigen friesischen Wollstoffe sehr begehrte Handelsartikel, die bis nach Bagdad exportiert und als »**Fries**« sogar zu einem anerkannten Zahlungsmittel wurden. Die freiheitsliebenden Friesen sind auch heute noch stolz auf ihre jahrhundertealten Bräuche, zu denen etwa das **Fierljeppen** gehört, der Stabweitsprung über einen Wassergraben, und das **Skûtsjesilen**, ein Wettkampfsegeln mit alten Segelbooten.

Friesen

Ursprünglich ein germanischer Stamm an der Nordseeküste, gerieten die Friesen unter römische Herrschaft und wurden bereits 750 christianisiert. Seitdem wurde Friesland, das sich in West-, Mittel- und Ostfriesland – vom Ijsselmeer bis zur Weser – teilt, mehrmals unterworfen. Alle drei Gebiete entwickelten eigene friesische (nordseegermanische) Sprachen, die teilweise heute noch gesprochen werden.

Deutsche

Während des 1. Jahrtsd.s v. Chr. wurde das Gebiet zwischen **Donau**, **Weichsel** und **Rhein** von germanischen Volksstämmen aus **Dänemark**, **Südschweden** und **Schleswig** besiedelt. Ende des 8. Jh.s n. Chr. entstand durch den Zusammenschluss von **Alemannen**, **Thüringern**, **Friesen**, **Franken** und **Sachsen** unter **Karl dem Großen** das »Heilige Römische Reich deutscher Nation«. Heute leben 82 Mio. Menschen in Deutschland, darunter neben Zuwanderern aus zahlreichen Ländern als ethnische Minderheiten etwa 50 000 **Dänen** in **Schleswig-Holstein**, ungefähr 15 000 **Friesen** in Nord- und Ostfriesland und etwa 60 000 **Sorben** in **Brandenburg** und **Sachsen**.
Durch die großen regionalen Unterschiede haben sich vor allem in den ländlichen Gebieten sehr unterschiedliche kulturelle Traditionen und Bräuche entwickelt, die nicht selten auf vorchristliche Wurzeln zurückgehen und vom Lauf der Jahreszeiten geprägt sind: So wurde etwa im **Schwarzwald** der Beginn des Frühjahrs symbolisch durch das **Ertränken des Winterbärs** gefeiert, und vielerorts feiert man auch heute noch in der Nacht zum 1. Mai mit **Hexenfeuern** die **Walpurgisnacht** und stellt am folgenden Tag Maibäume auf. Im Sommer gibt es in vielen Regionen noch das **Sonnwendfeuer**, im Herbst das **Erntedankfest** und im Winter die zwölf **Raunächte**.

Zum Almauftrieb im Allgäu wird Tracht getragen.

Schweizer

Das Gebiet der heutigen **Schweiz** wurde im 1. Jahrtsd. v. Chr. von keltischen **Helvetiern** besiedelt, um 58 v. Chr. von den **Römern** erobert und 200 Jahre später im Westen von **Burgundern**, im Osten von **Alemannen** besetzt. Nach der Teilung des Frankenreichs im 9. Jh. bildete die Grenze zwischen **Burgund** und den **Alemannen** zugleich die Trennlinie zwischen den französischen West- und den deutschen Ostfranken. 1281 formierte sich eine erste Eidgenossenschaft, 1815 wurde das Land zum neutralen Staatenbund mit 22 **Kantonen** und seinen heutigen Grenzen erklärt. Seit dem Zweiten Weltkrieg ist die Schweiz mit heute etwa 7,2 Mio. Einwohnern politisch und wirtschaftlich eng mit Liechtenstein verbunden.
Aufgrund ihrer Lage zwischen den angrenzenden Ländern Italien, Österreich, Deutschland und Frankreich gibt es in der Schweiz neben einer **rätoromanischen** Minderheit im südöstlich gelegenen Kanton **Graubünden** nicht nur eine sprachliche Dreiteilung, sondern auch sehr unterschiedlich geprägte Kulturen mit **romanischen** und **germanischen** Einflüssen. In diesem kleinen Land, das stets auf seine Eigenständigkeit bedacht war, haben sich noch zahlreiche ländliche Traditionen erhalten, etwa das berühmte **Alphornblasen** oder das **Rütlischießen** in Uri sowie das größte Volksfest der Schweizer, die **Basler Fasnacht**.

Österreicher

Das Gebiet des heutigen **Österreich**, in dem etwa 8,1 Mio. Menschen leben, gehörte ab 60 v. Chr. als Provinz **Noricum** zum römischen Imperium und wurde nach dessen Auflösung ab dem 6. Jh. mit von Norden kommenden Germanen besiedelt. Aus dem Osten kamen neben **Slowenen**, **Awaren** und **Franken** auch **Bajuwaren**, die bald die Herrschaft übernahmen.
Im 9. Jh. wurde das bajuwarische Gebiet in das Frankenreich integriert, nach 955 entstand die bairische Ostmark **Ostarrîchi**. Ab 1278 wurde Österreich von den **Habsburgern** regiert, die bis 1526 **Böhmen** und **Ungarn** hinzugewannen, durch Heiratspolitik zudem die spanischen Niederlande sowie den größten Teil von **Burgund**. Zwischen 1866 und 1918 formierte sich die k. u. k.-Doppelmonarchie **Österreich-Ungarn**. 1919 fiel Südtirol an Italien, während das westungarische **Burgenland** zu Österreich kam.
Aufgrund der jahrhundertelangen politischen Verflechtung und der gleichen Sprache gibt es bis heute eine enge Verbindung zwischen österreichischer und deutscher Kultur.
Ähnlich verhält es sich daher auch mit vielen alten Bräuchen wie dem **Funkensonntag**, dem **Scheibenschlagen** oder dem **Leonhardi-Ritt**, die in beiden Ländern vertreten sind, oder den Trachten, die sich eher durch regionale als durch nationale Traditionen unterscheiden.

Sorben

Seit 631 ist die westslawische Stammesgruppe der Sorben im Gebiet der Ober- und Niederlausitz (Sachsen und Brandenburg) nachweisbar. Nachdem die Sorben die deutsche Ostsiedlung überdauert haben, leben etwa 60 000 Nachfahren mit ihrer eigenen Sprache und Kultur noch heute dort.
Seit 1991 wird das sprachliche und kulturelle Erbe der überwiegend katholischen Sorben staatlich gefördert.

Tschechen

Böhmen, das neben **Mähren** und Teilen **Schlesiens** zum heutigen **Tschechien** mit etwa 10,2 Mio. Einwohnern gehört, bekam seinen Namen von den **keltischen Bojern**, die um 400 v. Chr. zuwanderten und später von den germanischen **Markomannen** vertrieben wurden. Im 6./7. Jh. folgten slawische Stämme, unter anderem die **Cechi**. Mit Beginn des 13. Jh.s wurden zahlreiche Städte gegründet, in denen sich auch viele Deutsche ansiedelten. Bis 1278 reichte **Böhmen** weit nach **Österreich**, im 14. Jh. kamen **Schlesien** und die **Lausitz** dazu. Im 15. Jh. begann die fast 400-jährige Herrschaft der **Habsburger**, ab 1867 gehörten Böhmen und Mähren zu Österreichs k.-u.-k.-Monarchie. Nach dem Ersten Weltkrieg wurde die **Tschechoslowakei** gegründet, nach dem Ende des Zweiten Weltkriegs wurden etwa 3 Mio. Deutsche (»**Sudetendeutsche**«) aus Böhmen vertrieben. Tschechien wurde im Zweiten Weltkrieg kaum zerstört, sodass zahlreiche alte Bauwerke wie das in Südböhmen gelegene Dorf **Holasovive** erhalten geblieben sind. Besonders im mährischen Raum erhielt sich Volksbrauchtum, wie auch bei den **Walachen**, die im nördlichen Teil der Westkarpaten leben. In **Prag**, das jahrhundertelang bis zum Holocaust eines der wichtigsten Zentren der **osteuropäischen Juden** war, sind bis heute Spuren alten jüdischen Lebens zu bewundern.

Rätoromanen

Als Nachkommen der früh romanisierten Räter – verwandt mit den Etruskern – leben die ca. 1 Mio. Rätoromanen auch heute noch im Alpengebiet: die Bündnerromanen im Schweizer Graubünden, die Ladiner in Südtirol und die Friauler in Friaul. Ihre romanischen Sprachen sind in mehrere Dialekte unterteilt. Die Verwandtschaft der räumlich getrennten Gruppen wurde erst im 19. Jh. erkannt.

Alltag in Europa: Jüdischer Junge vor der Synagoge in Berlin (oben), Diamantenbörse in Brüssel (mitte), Laden im jüdischen Viertel von Paris (unten).

Juden – in Europa zu Hause

Die wechselvolle Geschichte der europäischen Juden war seit dem frühen Mittelalter geprägt von gesellschaftlicher Integration und kultureller Blüte wie auch von Intoleranz, Ausgrenzung und Verfolgung, die schließlich während des Dritten Reichs im Holocaust und seinen unvorstellbaren Greueltaten gipfelte.

Mitte des 10. Jh.s befand sich das Zentrum des weltlichen und religiösen jüdischen Lebens im islamisch-maurischen Spanien, wo Juden als Staatsmänner, Bankiers, Gelehrte und Ärzte großen Einfluss auf das öffentliche Leben hatten. 1215 verurteilte das von Papst Innozenz III. einberufene Konzil die Juden zu einem Ghettoleben und zwang sie, sich in der Öffentlichkeit kenntlich zu machen. Als im 14. Jh. die Pest in Europa wütete, mussten viele Juden ihr Leben lassen oder wurden vertrieben, weil man sie als Urheber der Seuche ansah. 1492 mussten die Juden Spaniens emigrieren und 1497 diejenigen Portugals. Die meisten aus England, Frankreich und Deutschland vertriebenen Juden ließen sich in Polen und Russland nieder (Ashkenasim). Bis 1648 lebten mehr als 500 000 mitteleuropäische Juden in Polen, während die Mehrheit der spanischen und portugiesischen Juden (Sephardim) nach Konstantinopel ging, wo bis zum 16. Jh. die größte jüdische Gemeinde Europas entstand. Ab 1648 kam es in der Ukraine zu ersten Verfolgungen, dann wurde auch die Existenz der polnischen Juden bedroht. Etwa zur gleichen Zeit entstand in Westeuropa durch die Reformation ein Klima zunehmender politischer und gesellschaftlicher Freiheit, in dem auch die Juden wieder ihren Platz fanden. Bis Mitte des 19. Jh.s wurden die Juden zusehends besser integriert. Dagegen sorgten in Osteuropa Pogrome und Verfolgungen für eine untragbare Situation. Ab 1890 wanderten rund 2 Mio. Juden nach Nord- und Südamerika sowie Palästina aus. Ende des 19. Jh.s führten die politischen Ereignisse in Mitteleuropa zu einem wachsenden Antisemitismus, der sich auch auf die angeblich typischen Rassenmerkmale der zu den Semitenvölkern gehörenden Juden bezog. Politische Gruppierungen formierten sich mit dem Ziel, Juden von hochrangigen Positionen auszuschließen. Diese Haltung wurde nach dem Ersten Weltkrieg vor allem in Deutschland stärker und gipfelte schließlich im Nationalsozialismus. Zwischen 1933 und 1945 ermordeten die Nationalsozialisten 6 Mio. Juden – die meisten kamen in Konzentrationslagern oder in den von Deutschen besetzten Gebieten ums Leben. In der früheren Sowjetunion blieb der Antisemitismus aus der Zarenzeit bis weit nach dem Zweiten Weltkrieg virulent, und eine Emigration wurde für die meisten Juden erst mit der Auflösung des Ostblocks Ende der achtziger Jahre möglich.

Brauchtum im Alpenland

Von Fastnacht bis zur Weihnachtszeit – der Jahreslauf im Alpenland ist dicht bestückt mit Brauchtumsfesten, wie man sie in dieser Vielfalt in Mitteleuropa sonst nicht mehr findet.

Das Brauchtumsjahr gründet sich vor allem auf das Kirchenjahr mit seinen Festen und Feiertagen. Im Festkreis um Weihnachten, anderswo eher als »stille Zeit« bekannt, treiben im Alpenland lärmende Gestalten ihr Unwesen: Krampus, Knecht Ruprecht, Habergeiß oder Buttenmandl heißen die unheimlichen Begleiter des hl. Nikolaus, die im Advent etwa beim Salzburger Krampuslauf nicht nur die Kinder erschrecken. Ganz ähnlich die wild kostümierten Perchten, die in den zwölf Raunächten zwischen Weihnachten und Dreikönig mit ihren Teufelsmasken, Schellen, Hörnern und Glocken die Furcht vor dem Bösen lehren. Ihren Höhepunkt erreichen die Lärm- und Maskenbräuche in der alemannischen Fasnacht und im bayerisch-österreichischen Fasching. Für ein paar Tage steht die Welt Kopf, kennt das Vergnügen keine Grenzen, bevor die vorösterliche Fastenzeit beginnt.

Auch das Bauernjahr, in dem die Natur das Leben der Menschen bestimmt, setzt Zeichen im Brauchtumskalender. Mit Prozessionen und Umritten in der Pfingstzeit und dann wieder am 6. November, dem Tag des Bauernheiligen Leonhard, erbittet man himmlische Hilfe und sagt Dank. Das Ende des Bergsommers wird mit dem Almabtrieb oder Viehscheid gefeiert. Weitere alljährlich wiederkehrende Bräuche haben ihren Ursprung in der Geschichte: das Maibaum-Aufstellen in Oberbayern beispielsweise, mit dem einst bürgerliche Freiheiten demonstriert wurden.

Links: Teuflische Gestalten treiben jedes Jahr im Dezember beim Krampuslauf im Salzburger Land ihr Unwesen.

1 Alphornbläser auf dem Fellhorn im Allgäu

2 Unverzichtbar bei alpenländischen Festen: die Blaskapelle

3 Dankfest der Bauern, Senner und Hirten: Almabtrieb in den bayerischen Alpen

4 Dem Bauernheiligen Leonhard zu Ehren: festlicher Umzug im oberbayerischen Murnau

5 Fasching in Oberbayern

*Seit der Öffnung des Eisernen Vorhangs ist **Prag**, die »Goldene Stadt«, mit ihren prächtigen Bauwerken und verwinkelten Gassen zu einem beliebten Anziehungspunkt für Touristen und Künstler aus aller Welt geworden. Das liegt auch an dem besonderen Flair der Stadt und ihrer Einwohner, das an Paris erinnert, und ihrer abwechslungsreichen Geschichte, in der bis zum Zweiten Weltkrieg auch die jüdische Bevölkerung und Literaten wie Franz Kafka eine wichtige Rolle spielten.*

Polen

Der Name **Polska** für Polen leitet sich ab von den slawischstämmigen **Polanen** (»Feldbewohner«), die sich ab dem 6. Jh. zusammen mit den slawischen Stämmen der **Lachen**, **Kujawen**, **Masowiern** und **Jazygen** im Gebiet zwischen Oder und **Weichsel** ansiedelten. Mitte des 9. Jh.s kam es erstmals zu einem geeinten Polen, das im 10. Jh. **Schlesien**, **Krakau** und **Böhmen** hinzugewann. Nach dem Verlust der Eigenstaatlichkeit 1795 entstand 1918 die Republik **Polen** mit heute etwa 39 Mio. Einwohnern, darunter 100 000 Deutsche. In Nordpolen lebt außerdem die Volksgruppe der **Kaschuben**. Im katholischen Polen spielen christliche Traditionen immer noch eine wichtige Rolle, wobei Ostern das höchste Fest ist, das mit **Osterfeuern** und **Pisanki** (gefärbten Eiern) zelebriert wird. Am Ostermontag wird **Smigus Dyngus gefeiert**, der Tag des Wassergießens, der auf das Jahr 966 zurückgeht. Die polnische Volkskultur in der Tatra im Süden des Landes spiegelt ungarische und slowakische Einflüsse wider, was sich in den Trachten, der reichen Volksmusik und der Glasmalerei zeigt. Auch hier sind traditionelle Bräuche und Feste wichtig, wie etwa der jährlich in **Zakopane** stattfindende goralische Hochzeitszug mit dekorierten Pferdedroschken. Ein alter polnischer Brauch sind auch **Wycinanki**, kunstvoll bemalte Scherenschnitte, mit denen die Häuser geschmückt wurden.

Slowaken

In der heutigen **Slowakei** mit ihren etwa 5,5 Mio. Einwohnern lebten ursprünglich **Kelten**, die ab 300 v. Chr von **Sueben**, **Vandalen**, **Quaden**, **Markomannen** und **Langobarden** verdrängt wurden. Im 6. Jh. folgte der slawische Stamm der **Slowaken**, deren Gebiet im 9. Jh. Teil des großmährischen Reichs wurde. Von 907 bis 1918 gehörte die Slowakei als Oberungarn zu Ungarn, von 1918 bis 1993 war sie Bestandteil der Tschechoslowakei.

Im Gegensatz zu den **Tschechen** spielen christliche Traditionen bei den überwiegend katholischen **Slowaken**, von denen viele auch **Ungarisch** und **Tschechisch** sprechen, nach wie vor eine wichtige Rolle. Auf Volksfesten und bei Hochzeiten werden häufig noch die alten Trachten getragen; bei den Männern sind das dunkle Wollanzüge und gestrickte Mützen, bei den Frauen reich bestickte Röcke, Blusen und farbenfrohe Schals. Auch die Volksmusik und die traditionellen Tänze sind bis heute lebendig geblieben.

Russen

Das Gebiet rund um den **Dnjepr** in **Russland**, dessen europäischer Teil mit etwa 120 Mio. Einwohnern im Osten durch das Uralgebirge begrenzt wird, wurde im Verlauf des 1. Jahrtsd.s v. Chr. von Urslawen aus den Karpaten besiedelt. Im 9. Jh. entstand das **Kiewer Reich** als geographisch größter Staat Europas, in dem nach dem großen **Mongolensturm** 1240 Ukrainer, Russen und Weißrussen lebten. Ab 1547 wurden die Wolgagebiete bis zum **Kaspischen Meer**, die östlichen Gebiete jenseits des **Ural** sowie das Gebiet der heutigen **Ukraine** erobert. Im 18. Jh. vergrößerte sich das Reich bis zur **Don-Mündung** und nach **Südostfinnland**, etwas später erfolgte die Annexion der **Krim**, Teile von **Polen** und **Georgien** wurden erobert und schließlich das restliche **Finnland** und **Bessarabien**, sodass Russland sich schließlich im 19. Jh. bis an seine heutigen Grenzen zu **China** und **Persien** ausdehnte. 1922 wurde nach der Oktoberrevolution die **Union der Sozialistischen Sowjetrepubliken** (UdSSR) gegründet. 1991 entstand mit **Russland**, **Weißrussland** und der **Ukraine** der Staatenbund der **GUS**, dem sich bis auf die baltischen Staaten alle übrigen ehemaligen Sowjetrepubliken anschlossen.

Die russische Volkskultur entstand in einem jahrhundertelangen Verschmelzungsprozess von ostslawischen Stämmen mit germanischen, finnischen, mongolischen und turkstämmigen Volksgruppen, wurde aber auch durch westeuropäische und orientalische Einflüsse geprägt. Die überwiegende Mehrheit der Russen gehört zur russisch-orthodoxen Kirche, die sich am **Julianischen Kalender** orientiert. Die russische Weihnacht (**Roschdestwo**), in der Zeit der Sowjetunion lange verboten, wird daher erst am 7. Januar mit Gottesdiensten und Volksfesten gefeiert, wozu auch Wahrsagen anhand von Wachsgießen und Kaffeesatzlesen gehören. Höchstes russisches Familienfest ist der Jahreswechsel am 31. Dezember, an dem Tannenbäume aufgestellt werden und **Väterchen Frost** mit seiner Begleiterin **Schneeflöckchen** (Snegurutschka) Geschenke verteilt. Wichtigstes Element der russischen Volkskultur ist die Musik mit traditionellen Instrumenten wie **Balalaika**, **Kaljakas**, **Schalejkas**, **Gusli** oder **Radlyre**.

Nicht nur Tradition, sondern Notwendigkeit: Eisfischen in Kiew.

Ukrainer

Das Gebiet der heutigen **Ukraine** war jahrhundertelang das Durchzugsgebiet nomadisierender Völker wie **Hunnen**, **Bulgaren**, **Ungarn** und **Mongolen**. Vom 9. bis 12. Jh. bildeten die Nord- und **Westukraine** das Kerngebiet des Kiewer Reichs, nach dessen Verfall die Ukraine abwechselnd zu **Polen**, **Litauen**, **Österreich** und **Russland** gehörte. 1922 wurde das Land Bestandteil der neu gegründeten **UdSSR**. Nach dem Zerfall der UdSSR erlangte die Ukraine 1991 ihre Unabhängigkeit und bildete mit Russland und anderen ehemaligen Sowjetrepubliken den Staatenbund der **GUS**. Von den rund 45 Mio. Ukrainern, früher auch **Kleinrussen** und **Ruthenen** (Rusyny) genannt, leben etwa 36 Mio. in der Ukraine, die anderen in **Polen**, in der Slowakei, in **Rumänien**, **Serbien** sowie in **Nord-** und **Südamerika**. Die Ukrainer, die mehrheitlich zur **russisch-orthodoxen Kirche** gehören, sind wie die Weissrussen aus den **altrussischen Völkern** hervorgegangen.

In der Ukraine lagen seit jeher wichtige Handelswege nach Nord- und Westeuropa, sodass es schon sehr früh zu einem **kulturellen Austausch** zwischen **christlichen Slawen** und **nomadischen Gruppen** aus dem Osten kam. Bekanntestes ukrainisches Kunsthandwerk sind die Stickereien aus der **Kiew-**, **Tschernigiew-** sowie **Poltawa-Region**, mit denen vielfach Stoffe und Hemden verziert werden. Sie zeigen meist naturhafte oder mythologische Motive bzw. Ornamente, die sich auf alte ukrainische Bräuche beziehen.

Balten

Mit dem Begriff **Balten** werden heute **Litauer, Letten und Esten** bezeichnet; früher umfasste er auch Pruzzen, Liven, Kuren und andere Völker der **baltischen Sprachfamilie**. Während Lettisch und Litauisch **indogermanische** Sprachen sind, gehört Estnisch zur **finno-ugrischen** Sprachfamilie.

Litauer

Seit dem 11. Jh. siedelten **litauische Stämme** ziwschen **Memel** und **Düna**. Der größte und südlichste der drei Baltenstaaten, Litauen, setzt sich heute ethnisch relativ homogen aus über 80% **Litauern**, 8% **Russen**, 7% **Polen** und 1% **Weißrussen** zusammen. Fast die gesamte Bevölkerung bekennt sich zum **römisch-katholischen Glauben**. Seit der Loslösung von der UdSSR 1991 wurde in allen baltischen Staaten das Kunsthandwerk wiederbelebt, wie die in Litauen seit über 400 Jahren gepflegte **Kunstschnitzerei** (Stogastulpis, Koplystulpis).

Letten

Im Gebiet des heutigen Lettland siedelten im 9. Jh. **ostbaltische Stämme** (Lettgallen, Selonen, Semgallen, Kuren, Liven). Heute besteht der mittlere der drei baltischen Staaten, Lettland, zu zwei Dritteln aus **Letten**, das andere Drittel setzt sich überwiegend aus **Russen** sowie einer **polnischen** und einer **ukrainischen Minderheit** zusammen. Die größten Religionsgemeinschaften sind **lutherische, römisch-katholische und russisch-orthodoxe Kirche**. Über alle politischen Gegebenheiten hinweg haben sich die Letten ihre über 100 Jahre alten, mündlich überlieferten **Volkslieder** (Daina) mit über 1 Mio. Texten und rund 30 000 Melodien bewahrt.

*Heute trägt man stolz wieder Tracht in »Mütterchen Russland«, wie die liebevolle Bezeichnung der **Russen** für ihre Heimat lautet, wo die Menschen gerade im 20. Jh. immer wieder umwälzende Veränderungen erlebt haben. Die alten Trachten, ob Kasacks, Pelz- und Filzmützen, Stickhemden oder Plisseeröcke, werden nach alten Mustern gefertigt und anlässlich von Festen von den wieder erstarkten Volksmusik- und Volkstanzgruppen getragen.*

Esten

Finnische Volksgruppen siedelten einst im Gebiet des heutigen Estland, das heute zu zwei Dritteln von **Esten**, zu einem Viertel von **Russen sowie von ukrainischen, weißrussischen und finnischen Minderheiten** bewohnt wird. Der Großteil der stark rückläufigen Bevölkerung ist **evangelisch-lutherisch**. Die estnische Kultur ist seit Jahrhunderten von **schwedischen** und **deutschen Einflüssen** geprägt.

Slowenen

Die meisten der 2,2 Mio. **Slowenen** leben in Slowenien, eine Minderheit verteilt sich auf die **Steiermark**, **Kärnten**, **Kroatien** und **Italien**. Die Ursprünge dieses **südslawischen Volkes** gehen auf das 6. Jh. zurück, als Völker vom oberen **Dnjepr** an die untere **Donau** und nach **Pannonien** sowie in den **Ostalpenraum** zogen. Dort wurden sie von den Baiern aufgehalten, die sie kulturell stark beeinflussen sollten. Die heutigen Slowenen sind vorwiegend **katholisch**, haben eine reiche **Sakralkunst** und sind in der weltlichen Kunst stark von Österreich beeinflusst. Für das zu den **südslawischen Sprachen** zählende Slowenisch gibt es bis ins Mittelalter reichende literarische Zeugnisse.

Kroaten

Das Gebiet des heutigen **Kroatien**, um 1000 v. Chr. von **Illyrern** und Thrakern, im 7. Jh. n. Chr. von südslawischen **Kroaten** besiedelt, wurde ab 1098 von den **Ungarn** und von 1526 bis 1699 von den **Türken** beherrscht. 1918 wurde **Kroatien** Bestandteil von Jugoslawien, 1991 erfolgte die Unabhängigkeit. Von den etwa 6,5 Mio. **Kroaten** lebt heute rund ein Drittel in anderen Ländern.
Die kroatische Kultur wird weitgehend von katholischen Feiertagen wie Weihnachten, Fastenzeit und Ostern bestimmt, aus vorchristlicher Zeit stammt dagegen das **Badjnak-Fest** oder das **Wintersonnwendfest**. In ländlichen Gebieten werden bei Festen mitunter auch noch die alten **Reigentänze** (Kolos) aufgeführt, zu denen die traditionellen schwarzweißen Trachten gehören.

Serben

Von den 8,5 Mio. **Serben**, die mehrheitlich serbisch-orthodox sind, lebt heute ein Viertel außerhalb der Bundesrepublik **Serbien** und **Montenegro**, zu der auch das **Kosovo** im Süden gehört.
Das Gebiet des heutigen **Serbien**, in vorchristlicher Zeit von norditalienischen Illyrern besiedelt, gehörte ab 44 n. Chr. als Provinz Moesia zum Römischen Reich, ab 395 zum Byzantinischen Reich. Im 7. Jh. wurde das Gebiet westlich der **Morava** von dem slawischen Volksstamm der Serben übernommen, die um 1168 das erste serbische Königreich (Raszien) gründeten und bis 1355 einen Großteil von Serbien und Montenegro sowie Albanien und Griechenland beherrschten. Von 1459 bis 1817 stand Serbien unter osmanischer Herrschaft. 1991 erfolgte die Gründung der **Föderativen Republik Jugoslawien** mit **Serbien** und **Montenegro** (heute: Bundesrepublik Serbien und Montenegro), in der 600 000 Montenegriner mit eigener Sprache beheimatet sind. Im Kosovo leben heute 2 Mio. muslimische Albaner, in der nördlichen Vojvodina 350 000 Ungarn.
In Serbien, wo heute noch mehr als ein Drittel der Gesamtbevölkerung in ländlichen Gebieten siedelt, ist teilweise noch die **Zadruga** üblich, der Zusammenschluss mehrerer männlicher Familienmitglieder und ihrer Angehörigen zu einem Wirtschaftsverbund. Eine andere soziale Einheit ist die **Vamilija**, ein Familienklan mit gemeinsamem männlichen Vorfahr und gleichem Schutzheiligen. Zu einem solchen Klan können nur wenige

1 Im Freilichtmuseum von Nowgorod kann sich der Besucher über das Leben der russischen Bauern informieren.

2 Im polnischen Masuren hat sich das Leben der ländlichen Bevölkerung, wo im Dorf noch jeder jeden kennt, bis heute nur wenig verändert.

3 Auch in den ländlichen Gebieten der Slowakei leben die Menschen vor allem von dem, was der eigene Hof hergibt.

4 Weit weg von den überfüllten Touristenzentren am Schwarzen Meer zieht diese Schafhirtin mit ihren Tieren über das Weideland der Krim.

Sinti und Roma in Europa

Von den weltweit geschätzten rund 12 Mio. Sinti, Roma und verwandten Gruppen lebt etwa die Hälfte in Europa, vor allem in den ost- und südosteuropäischen Ländern Serbien-Montenegro, Ungarn, Rumänien und Bulgarien. In Südwesteuropa bilden die spanischen Calé mit 500 000 Angehörigen eine bedeutende Minderheit.

Roma (Romani: rom, »Mann«, »Mensch«) ist heute der Oberbegriff und die weltweite Selbstbezeichnung für eine Reihe ethnisch miteinander verwandter Bevölkerungsgruppen, die im deutschen Sprachraum lange mit dem von den Roma selbst als abwertend empfundenen Begriff »Zigeuner« benannt wurden. Sinti bezeichnet in Deutschland heute eine Untergruppe der Roma, die schon seit dem ausgehenden Mittelalter in Mitteleuropa leben. Rund 1 Mio. Roma sprechen noch das so genannte Romani, jene indogermanische Sprache, auf der u.a. die kulturelle Identität der ethnischen Minderheit gründet. Die Sprache ist auch ein Hinweis darauf, dass der Ursprung der Roma in Indien zu suchen ist. Im 9. und 10. Jh. begannen dort Völker aufgrund arabischer Eroberungszüge abzuwandern, später wurden sie zur Auswanderung gezwungen. Die Mehrheit ließ sich zwischen dem 14. und 17. Jh. auf dem Balkan, im Nahen Osten und in Osteuropa nieder. Doch auch in den Aufnahmeländern waren sie nach kurzer Zeit wieder zum Abzug genötigt.

In Europa lassen sich grundsätzlich drei Gruppen unterscheiden: osteuropäische Roma, mitteleuropäische Sinti und Manusch sowie die südwesteuropäische Calé. Viele Roma ließen sich in Spanien, Ungarn und Rumänien nieder und bereicherten dort die Volkskunst, was die jeweiligen Länder nicht abhielt, sie zu unterdrücken. So wurde das im Eisenhandwerk erfahrene Wandervolk in Spanien und Ungarn zur Herstellung von Waffen und Folterinstrumenten gezwungen, ungarische und rumänische Fürsten hielten Roma gar als Arbeitssklaven. Auch die Kirche beteiligte sich an der Diskriminierung: So brachte sie die Roma wegen ihrer Eisenkunst mit dem Teufel in Verbindung.

Doch dies war nur das Fanal zu den Grausamkeiten des Naziregimes im Zweiten Weltkrieg, dem europaweit etwa 500 000 Sinti und Roma zum Opfer fielen. Danach wurden vor allem in den kommunistisch regierten Ländern Osteuropas die Roma zwangsassimiliert. Doch hat dieses Volk nie seine eigene Kultur vergessen. Neben Sprache und Kultur der »Gastländer« haben sich Sinti und Roma vor allem einen eigenen Schatz an Geschichten und Liedern bewahrt. Auch heute sind Sinti und Roma immer noch Diskriminierungen ausgesetzt. Ende der 1970er Jahre gründeten sie Interessenverbände, die für Anerkennung auf Staatenlosigkeit sowie Freizügigkeit und Bleiberecht in den Ländern Europas kämpfen.

Oben: Eines der wichtigsten Elemente im Überlebenskampf der Sinti und Roma in einer von Ablehnung und Ausgrenzung geprägten Umwelt war seit jeher der Zusammenhalt innerhalb der Großfamilie, was oft Misstrauen gegenüber den »Zigeunersippen« nährte.

Unten: Für viele Sinti und Roma war ihre mitreißende Musik oft die einzige Möglichkeit, Anerkennung in der bürgerlichen Welt zu finden.

*Auf **Kreta**, das erst seit 1912 zu **Griechenland** gehört, trifft man nur noch selten auf alte Männer in traditionellen schwarzen Pumphosen (Wraka), die seit dem 16. Jh. getragen werden und von nordafrikanischen Piraten stammen sollen. Dazu gehören hohe Schaftstiefel (Stivania) und das um den Kopf gewundene schwarze Fransentuch (Sariki). Allgegenwärtig ist dagegen immer noch die kretische Musik mit ihren klassischen Instrumenten Lyra, Laouto und Tamburas.*

Familien, aber auch bis zu 50 Familien mit mehr als 300 Mitgliedern gehören.

Ungarn

Im 9. Jh. besiedelten die **Magyaren** (»Söhne der Erde«) aus dem Gebiet zwischen **Wolga** und **Ural** das heutige Ungarn. Im 14. Jh. war Ungarn mit Polen in Personalunion vereint bzw. wurde von den Luxemburgern beherrscht. 1526 fiel **Ungarn** an die **Türken**, wurde aber 1699 von den Habsburgern befreit und in die Donaumonarchie eingegliedert, in deren Folge sich deutschstämmige **Donauschwaben** in Ungarn niederließen. 1867 entstand die Doppelmonarchie Österreich-Ungarn, 1918 erfolgte die Unabhängigkeit. 1920 verlor Ungarn zwei Drittel seines Gebiets an Jugoslawien, die Tschechoslowakei, Rumänien und Österreich. 1946 wurde die **Republik Ungarn** gegründet.
Die etwa 10 Mio. Ungarn unterscheiden sich von ihren slawischen Nachbarn vor allem durch ihre Sprache, die entfernt mit dem Estnischen und dem Finnischen verwandt ist und zum ugrischen Zweig der **finno-ugrischen Sprachfamilie** gehört. Zahlreiche kirchliche und weltliche Feste spielen bei den überwiegend katholischen Ungarn eine wichtige Rolle – eine **Palóczenhochzeit** etwa mit über 300 Gästen kann sich über mehrere Tage hinziehen. Dabei werden häufig noch die farbenprächtigen Trachten getragen, die aus mehreren übereinander liegenden Röcken mit reicher Perlenstickerei und bunten Bändern bestehen.

Rumänen

Von den etwa 23 Mio. Einwohnern Rumäniens sind rund 90% **Rumänen**, dann folgen **Ungarn** (7%), **Roma** (etwa 500 000), **Serben**, **Kroaten**, **Slowaken**, **Türken**, **Ukrainer**, **Bulgaren** und **Tataren**. Eine ethnische Minderheit innerhalb Rumäniens bilden auch die etwa 20 000 **Siebenbürger Sachsen**, Nachkommen der im 12. Jh. in Siebenbürgen angesiedelten **moselfränkischen Bauern** und Handwerker, sowie die deutschsprachige Gruppe der Banater Schwaben, die sich im 18. Jh. im **Banat** niederließen. Neben Rumänisch, das zu den romanischen Sprachen gehört, aber zahlreiche slawische Lehnwörter enthält, wird Ungarisch, Deutsch, Romani, Türkisch, Serbisch und Jiddisch gesprochen. Knapp 90% aller Rumänen sind rumänisch-orthodox, dann folgen Katholiken (Ungarn, Deutsche), Protestanten (Deutsche), Juden und Muslime (Tataren, Türken).
Obwohl stark von ungarischen, slawischen, türkischen und griechischen Einflüssen geprägt, hat sich eine sehr eigenständige rumänische Kultur entwickelt. Dazu gehören vor allem zahlreiche Legenden wie etwa die des Grafen Dracula aus dem siebenbürgischen **Transsilvanien** (»jenseits des Waldes«). Eine wichtige Rolle spielen aber auch Volkstänze und Musik mit typischen Instrumenten wie **Hora** und **Calusari**.

Bulgaren

Von den rund 10 Mio. **Bulgaren**, die aus zugewanderten Slawen, romanisierten Thrakern und einem **altbulgarischen Turkvolk** hervorgegangen sind, leben über eine Mio. in Rumänien, Russland, der Ukraine und der Türkei. Ihre Sprache gehört zur südslawischen Sprachfamilie und verwendet das kyrillische Alphabet. Rund 85% aller Bulgaren gehören zur bulgarisch-orthodoxen Kirche, während die 13% überwiegend in den **Rhodopen** lebenden **Pomaken** Muslime sind. Vor allem in ländlichen Gebieten sind noch zahlreiche alte Bräuche lebendig, die sich vorwiegend an kirchlichen und jahreszeitlichen Festen orientieren. Dazu gehören etwa das traditionelle Rebenfest **Kukerov Den** im Februar, eine feierliche Prozession kurz vor Beginn der Fastenzeit, außerdem das Fruchtbarkeitsfest **Lazaruvane** eine Woche vor Ostern oder das im Juni stattfindende Rosenfest in **Kazanlak**. Alle fünf Jahre feiert man in Bulgarien das große **Koprivshtitsa-Folklorefestival**, bei dem zu traditioneller Volksmusik und Tanz noch die alten Trachten getragen werden.

Griechen

Neben den rund 10 Mio. **Griechen**, 300 000 **Albanern** und 100 000 **Türken**, die in Griechenland beheimatet sind, leben noch rund 700 000 Griechen auf **Zypern** und ca. 2 Mio. im Ausland (**USA**, **Russland**, **Türkei**). Als

1 Nur noch eine Minderheit der ehemals deutschen Siebenbürger Sachsen lebt heute im rumänischen Siebenbürgen.

2 In jedem noch so kleinen griechischen Dorf gibt es mindestens ein Kafenion, in dem sich die Männer bei Kaffee oder Ouzo die Zeit vertreiben.

3 Die Ungarn feiern ebenso oft wie gern, und bei ländlichen Festen wie einer Hochzeit werden noch die alten Trachten getragen. An solchen Tagen kommen alle Freunde und Verwandten zusammen, um dem Brautpaar Glück zu wünschen und das Leben in vollen Zügen zu genießen.

*Einer Legende nach sind die Ureinwohner der **Kanarischen Inseln**, die blonden und blauäugigen Guanchen, die Nachkommen der Bewohner des versunkenen Kontinents Atlantis, die sich erbittert gegen ihre spanischen Eroberer zur Wehr setzten. Ethnologen gehen dagegen davon aus, dass die Guanchen ursprünglich von nordafrikanischen Berbervölkern abstammen, die einst auf die Inseln gelangten und sich dann im Laufe der Zeit mit den Spaniern vermischten.*

Nachkommen von **indogermanischen Völkern** (Ionier, Dorer, Achäer, Äolier) wurden sie über 400 Jahre lang von den Römern beeinflusst, dann ab 395 durch die **byzantinische Herrschaft** und vor allem im 6. Jh. durch eine **slawische Einwanderungswelle**. Nach einem Zustrom von Albanern haben im 13./14. Jh. die venezianische, aber vor allem die 500 Jahre lange **Besetzung der Türken** zu einer starken **Völkervermischung** geführt. 1830 erlangte Griechenland die Unabhängigkeit, 1922 wurden die an der Westküste der Türkei lebenden Griechen (rund 1 Mio.) in ihre Urheimat vertrieben.
Neben zahlreichen frühchristlichen und byzantinischen Denkmälern und Bauwerken, wie die **Meteora-Klöster** oder die Klöster auf dem **Berg Athos**, deren Zutritt von alters her nur Männern vorbehalten ist, sind in Griechenland unzählige Überreste aus der Zeit des klassischen Hellas erhalten, wie etwa die Akropolis oder das **Pantheon in Athen**, die antike Stadt **Epidauros**, das **Orakel von Delphi** oder die Ruinen von **Olympia**. Sie stammen aus einer Zeit, als Griechenland zum geistig-kulturellen Zentrum des damaligen Abendlandes wurde, dessen Errungenschaften in den bildenden Künsten, in Sprache, Architektur, Wissenschaft, Mathematik, Philosophie, Literatur und Theater die gesamte spätere europäische Kultur geprägt haben. Auch die Idee der Demokratie (Herrschaft des Volkes) geht auf das klassische Hellas zurück.

Mazedonier

Von den 2 Mio. Einwohnern Mazedoniens sind knapp zwei Drittel **Mazedonier**, etwa ein Viertel **Albaner**, 5% **Türken** sowie je 2% **Roma** und **Serben**. Amtssprache ist Mazedonisch, das eng mit dem Bulgarischen verwandt ist, die Minderheiten sprechen Albanisch, Türkisch, Romani bzw. Serbisch. Die meisten Mazedonier sind mazedonisch-orthodox, Albaner und Türken muslimisch.
Seit dem 7. Jh. v. Chr. gehörten die Mazedonier zum griechischen Herrschaftsbereich, von 359 bis 323 v. Chr. schuf ihr berühmtester Herrscher, **Alexander der Große**, ein riesiges Reich, das sich bis nach Indien erstreckte. 148 v. Chr. wurde Mazedonien römische Provinz, ab 395 gehörte es zu Byzanz. Im 6./7. Jh. besiedelten südslawische Stämme das Land, das ab dem 11. Jh. von Bulgaren, Serben, Griechen und Byzantinern regiert wurde. Vom 14. bis 19. Jh. folgte die türkische Herrschaft. 1912/13 fiel Mazedonien an Griechenland, Serbien und Bulgarien, ab 1929 gehörte es zum Königreich Jugoslawien, bis es 1991 unabhängig wurde.
Das reiche kulturelle Erbe Mazedoniens zeigt sich in zahlreichen Bauwerken aus griechischer, römischer, byzantinischer und islamischer Zeit, aber auch in den alten Ikonen und Fresken oder den traditionellen Nationaltrachten, die regional unterschiedlich und besonders farbenprächtig sind, wie etwa die reich bestickte **Boljar-Tracht**, die auf byzantinische Zeit zurückgeht.

Bosnier

Etwa 4 Mio. Menschen leben in **Bosnien-Herzegowina**, das bis 1992 als Teilrepublik zum ehemaligen Jugoslawien gehörte.
Das heutige Gebiet der **Bosnier**, das um 800 v. Chr. von Illyrern besiedelt wurde, stand als Provinz Illyricum ab 156 v. Chr. unter römischer Herrschaft und gehörte nach deren Ablösung seit 530 zum Byzantinischen Reich. Vom 7. bis 12. Jh. übernahmen die Slawen die Herrschaft, dann folgten die Ungarn, die auch das Gebiet des heutigen Serbien eroberten und 1377 das Königreich Serbien-Bosnien begründeten. Vom 15. bis 19. Jh. gehörten Bosnien und Herzegowina (»Herzogland«) zum **Osmanischen Reich**; in der Folgezeit bekannten sich zahlreiche Bosnier zum Islam. Ab 1878 war das Land zwischenzeitlich Bestandteil von Österreichs **k.u.k. Monarchie**, seit 1918 gehörte es zu Jugoslawien.
In der stark vom Islam geprägten bosnischen Kultur spielt die Folklore in ländlichen Gebieten auch heute noch eine wichtige Rolle. Dazu gehören typische Instrumente wie das Akkordeon, die Tamburica, eine kleine Gitarre, oder die **Cibuk**, eine türkische Pfeife.

Albaner

Von den etwa 5,5 Mio. Albanern, die zu mehr als 70% muslimisch sind, leben rund 2 Mio. im **Kosovo**, in **Mazedonien**, **Italien** und **Griechenland**. Als Nachfahren der indogermanischen **Illyrer**, die das Land im 5. Jh. besiedelten, gelten sie weltweit als eines der ethnisch homogensten Völker, die sich in die **Gegen** (Norden) und **Tosken** (Süden) unterteilen, deren Kultur und Sprache sich leicht voneinander unterscheiden.
Trotz jahrhundertelanger Fremdherrschaft von Serben, Bulgaren und Türken – während der gut 400-jährigen osmanischen Besetzung wurde die albanische Kultur unterdrückt, der Unterricht in albanischer Sprache war bis zum Ende des 19. Jh.s verboten – haben sich vor allem in Nordalbanien Reste einer eigenständigen Kultur erhalten, zu denen die festungsartigen Häuser oder die alten Fluchttürme (**Kula**) gehören.

Italiener

Italien, dessen Name sich von den »**Italikern**« ableitet, wie die Römer die Apenninvölker nannten, wurde nach dem Ende des Römischen Reichs 476 zunächst von den **Ostgoten** beherrscht, dann folgten im Süden die **Byzantiner**, im Norden die **Langobarden**, die 774 von den **Franken** unter **Karl dem Großen** besiegt wurden, wodurch Norditalien bis 1250 zum römisch-deutschen Reich kam, während Süditalien byzantinisch blieb. Im 9. Jh. wurden **Sizilien** und **Kalabrien** von arabischen **Sarazenen**, im 11. Jh. von den **Normannen** erobert und 1130 zu einem Staat vereinigt. Im 14./15. Jh. erfolgte die Gründung der Republiken Genua und Venedig, während in Florenz die Dynastie der **Medici** entstand, die Italien zu einem Zentrum der europäischen Kultur machten.
Heute leben etwa 58 Mio. Menschen in Italien, zu denen auch die etwa 1,5 Mio. Sarden zählen. Im katholischen Italien spielen religiöse Feste auch heute noch eine wichtige Rolle, etwa die alljährlich im September stattfindende **Festa di San Gennaro** in Neapel, im Juli das Fest des Verzeihens in Assisi oder die traditionelle **Festa de Noantri** zu Ehren der Madonna in Rom. Dazu kommen zahlreiche weltliche Feste wie der **Karneval in Venedig**

Basken

«Euskaldunak» ist die baskische Bezeichnung des vorindogermanischen Volkes am Golf von Biskaya. Im Baskenland leben knapp 1 Mio. Basken, weitere 200 000 in Frankreich. Auch aufgrund ihrer Sprache, der einzig erhaltenen vorindogermanischen in Europa, die Lehngut aus dem Keltischen, Germanischen, Romanischen und Lateinischen enthält, haben die Basken ein ausgeprägtes ethnisches Bewusstsein, das sich nicht nur in der Volkskultur, sondern auch in den teils mit terroristischen Mitteln verfolgten Autonomiebestrebungen (ETA) zeigt.

Portugiesin beim jährlichen Fest der Senhora da Agonia.

Katalanen

Die Katalanen gehören zu den romanischen Völkern. Katalanisch, das sich vom kastilischen Spanisch unterscheidet, wird von ca. 6 Mio. Menschen gesprochen, vorwiegend im nordöstlichen autonomen Katalonien, teilweise in der Provinz Valencia, auf den Balearen (Mallorca, Menorca, Ibiza), im Roussion und in Andorra, wo Katalanisch offizielle Landessprache ist, sowie im sardischen Alghero. Im Kampf um katalanische Identität haben sich viele regionale Bräuche wie der traditionelle Rundtanz, die »Sardana«, erhalten.

Korsen

Knapp 200 000 Korsen leben heute auf der Mittelmeerinsel Korsika, die zu Frankreich gehört. Die korsische Urbevölkerung geht vermutlich auf eingewandete Ligurer und Iberer zurück, die sich im Laufe der Geschichte mit Karthagern, Etruskern, Römern, Mauren, Italienern und Franzosen mischten. Die korsische Sprache, die zu den iberischen gehört, wurde seit dem 11. Jh. durch die Sprachen der jeweiligen Herrscher überlagert. Trotz Autonomiestatut seit 1982 sorgen immer wieder Terroranschläge separatistischer Organisationen für Aufsehen.

*In den Straßen von San Sebastián auf Gomera, neben Teneriffa, La Palma, Hierro, Gran Canaria, Fuerteventura und Lanzarote eine der **Kanarischen Inseln** vor der nordwestafrikanischen Küste, die als autonome Provinzen zu Spanien gehören, wird der Karneval in prächtigen Kostümen und mit Musik und Tänzen gefeiert. Am Aschermittwoch beginnt dann die Fastenzeit – sie dauert bis zur »Semana Santa«, die mit feierlichen Osterprozessionen endet.*

oder der **Palio**, ein mittelalterliches Pferderennen in Siena.
Aufgrund der unterschiedlichen Einflüsse zahlreicher Eroberer – Griechen, Byzantiner, Araber, Normannen, Spanier, Habsburger, Savoyer und Bourbonen – haben die **Sizilianer** eine eigene Kultur entwickelt, die sich vor allem an religiösen Festtagen orientiert.

Sarden

Die Sarden sind Nachfahren eines Hirtenvolks, das auf **römische** und **arabische** Wurzeln zurückgeht. Sardisch, das zahlreiche **vorrömische**, **katalanische** und **spanische** Elemete enthält, wird noch von etwa 80% der sardischen Bevölkerung beherrscht. Vor allem in ländlichen Gebieten, wo jahrhundertelang das Gesetz der Blutrache galt, ist es noch Alltagssprache. Auf **Sardinien** haben sich viele traditionelle weltlichen und kirchlichen Feste und Bräuche erhalten. Dazu gehört neben dem mit farbenprächtigen Umzügen gefeierten **Karneval** das Osterfest, das etwa in **Valledoria** mit feierlichen Prozessionen begangen wird.

Spanier

Spanien, das um 600 v. Chr. von den Kelten besiedelt wurde, kam ab 200 v. Chr. unter römische Herrschaft, um 400 n. Chr. siedelten sich germanische **Alanen**, **Sueben** und **Vandalen** an. Etwas später folgten die Westgoten, die 711 von nordafrikanischen **Mauren** verdrängt wurden, bis diese sich ab 1031 durch die Ausdehnung der nordspanischen Königreiche immer weiter zurückziehen mussten. 1479 entstand das heutige Spanien, das unter den Habsburgern durch seine zahlreichen Kolonien zur Weltmacht aufstieg. Ende des 16. Jh.s begann der Niedergang als Seemacht, ab dem 17./18. Jh. gingen die meisten Besitztümer in Übersee wieder verloren. Die knapp 40 Mio. Spanier gehören unterschiedlichen Gruppierungen an: **Kastilier**, **Katalanen**, **Andalusier**, **Galizier**, **Basken** und **Gitanos**.
Galizisch im Nordwesten Spaniens ähnelt dem Portugiesischen und wird von ca. 2,5 Mio. Menschen gesprochen. Die galizische Kultur hat keltische Wurzeln, was sich auch an einem typischen Instrument, dem Dudelsack, erkennen lässt.

Portugiesen

Das ursprünglich von iberisch-keltischen Stämmen bewohnte Gebiet des heutigen Portugal (**Lusitania**) wurde 72 v. Chr. von den Römern besetzt, im 5./6. Jh. von germanischen **Alanen** und **Sueben** besiedelt und ab 711 von den **Arabern** beherrscht. Mit Beginn des 13. Jh.s fuhren Portugiesen als erste Europäer über die Weltmeere: **Heinrich der Seefahrer** erschloss die **Azoren** und **Madeira**, **Diaz** entdeckte Westafrika, **Vasco da Gama** stieß in den Indischen Ozean vor, und auch der erste Weltumsegler, **Magellan**, war Portugiese. 1494 erfolgte die Aufteilung Lateinamerikas zwischen Portugal und Spanien, wobei Brasilien zur portugiesischen Kolonie wurde. Der Niedergang Portugals als Seemacht begann jedoch schon im 16./17. Jh., 1822 erklärte Brasilien seine Unabhängigkeit.
Die Kultur der knapp 10 Mio. Portugiesen wurde durch spanisch-arabische Einflüsse geprägt, was sich außer an der Architektur an den maurischen Mustern der berühmten Fayencekacheln ablesen lässt. Eine jahrhundertealte Tradition aus dem Mittelalter ist die portugiesische Folklore, die neben Musik, Gesang und Tanz auch alte Trachten mit ihrem reichen Goldschmuck umfasst. Nur in Portugal gibt es außerdem den melancholischen Gesang des **Fado**, der von der **Guitarra portuguesa** begleitet wird und ursprünglich aus den Armenvierteln der Hauptstadt Lissabon stammt. Ende des 19. Jh.s wurde der Fado zur Kunstform erhoben.

1 Auch diese kleinen Portugiesinnen in ihrer reich geschmückten Tracht feiern die Volksfeste mit großer Würde.

2 Der Flamenco entwickelte sich aus der Musik und dem Lebensgefühl der Gitanos, der andalusischen Zigeuner.

3 Im streng katholischen Sizilien hat jede Gemeinde ihren Schutzheiligen, dessen Namenstag in farbenprächtigen Prozessionen gefeiert wird. Dann ist die ganze Stadt auf den Beinen, wie etwa diese jungen Männer, die eine Heiligenstatue durch die Straßen tragen.

CALLE
SAN ANTONIO

Semana Santa

Christliche Mystik und ekstatische Frömmigkeit prägen die Prozessionen und Umzüge der Karwoche, mit denen in Spanien und Süditalien der Passion Christi gedacht wird.

Die Karwoche beginnt am Palmsonntag und führt hin zum Osterfest, das die Auferstehung Christi nach dem Kreuzestod feiert. Sie ist eine heilige Woche (spanisch: Semana Santa, italienisch: Settimana Santa), eine Zeit der Buße und der spirituellen Vorbereitung auf das Mysterium der Erlösung, mit Fasten und Gebet. Darüber hinaus haben sich seit dem Mittelalter aktive Formen der Andacht herausgebildet, in denen Gläubige das Leiden Christi nachvollziehen. Dieser Gedanke der Nachfolge Christi ließ Passionsspiele entstehen, Kalvarienberge, Kreuzwege – und die großen Prozessionen des katholischen Mittelmeerraums in der Karwoche.
Solche Umzüge scheinen nicht in unsere aufgeklärte Zeit zu passen, erinnern an mittelalterliche Phänomene wie die Flagellantenzüge. Dennoch lebt diese alte Tradition katholischer Volksfrömmigkeit in zahlreichen spanischen und süditalienischen Städten ungebrochen fort. Gepflegt wird sie von örtlichen Laienbruderschaften, die als gespenstisch anmutende Kapuzenmänner durch die Straßen ziehen, als Büßer mit dem Kreuz, als Trommler oder als Costaleros. So werden in Spanien die Männer genannt, die auf ihren Schultern die schweren Pasos tragen: Holzgestelle mit der Marienstatue oder Darstellungen der Passion Christi. Weltberühmt ist die Semana Santa von Sevilla mit ihren rund 60 Umzügen, die auch viele Touristen in ihren Bann ziehen.

Links: Semana Santa in Calanda in der spanischen Provinz Teruel

1 Karfreitagsprozession der »Incappucciati« (der »Kapuzenträger«) im italienischen Sorrent an der Amalfiküste

2 Die Tambores von Calanda versammeln sich in der Osterwoche auf dem Marktplatz und trommeln bis zur Erschöpfung und bis die Hände bluten.

3 Drei Stunden dauert der stumme Büßerzug im spanischen Zamora.

4 Seit dem 16. Jh. findet am Gründonnerstag in Palma de Mallorca eine große Prozession statt, bei der alle Bruderschaften der Insel teilnehmen.

1

2

3

4

Ein Kikuyu aus Kenia hat anlässlich einer Zeremonie eine eindrucksvolle Gesichtsbemalung angelegt.

Afrika

In Afrika, nach Asien und Amerika drittgrößter Kontinent, der zu fast 40% mit unwirtlicher Wüste und zu knapp 20% mit tropischem Regenwald bedeckt ist, lebt heute etwa ein Achtel der Weltbevölkerung. Mehr als 3000 Ethnien –

Mit reichem Ohrschmuck präsentiert sich diese Massai-Frau.

von den hellhäutigen Berbern in Nordafrika über die stolzen Massai in Ostafrika bis hin zu den kleinwüchsigen Buschmännern im Süden des Kontinents – verteilen sich auf 54 Staaten, deren Grenzen meist willkürlich auf der Grundlage der von Engländern, Franzosen, Belgiern, Portugiesen, Spaniern, Italienern und Deutschen errichteten kolonialen Ordnung gezogen wurden. Trotz des großen Einflusses der Europäer, durch den sich das Christentum mit Ausnahme der vom Islam geprägten nord- und ostafrikanischen Staaten fast überall ausbreitete, und trotz der massiven Verstädterung – inzwischen lebt fast jeder fünfte Afrikaner in der Stadt – gibt es in Afrika immer noch eine beeindruckende kulturelle Vielfalt.

Nordafrika

*Sesshaftes Leben in der **Sahara** ist seit jeher nur in den wenigen Oasen möglich, wobei die befestigten Dörfer (Ksar) einst zum Schutz der Bewohner vor räuberischen Nomaden dienten. In den wasserreichen Oasen werden Dattelpalmen und Feldfrüchte kultiviert, aber auch Tiere gehalten. In der aus Lehmziegeln erbauten Ksar Ouled bieten die wabenartigen Wohnungen Schutz vor Flugsand, der auch die Brunnen immer wieder zuweht.*

Berber

Die heute etwa 7 Mio. muslimischen **Berber** (Eigenbezeichnung: Amazigh = »freier Mann«) sind die hamitischen Bewohner Nordwestafrikas, zu denen u. a. die Volksgruppen der **Beraber**, **Rifkabylen**, **Kabylen**, **Shluh** sowie **Tekna** gehören. Ihr Siedlungsgebiet erstreckt sich von **Marokko**, wo die Berber knapp die Hälfte der Bevölkerung ausmachen, über ganz **Nordafrika** bis nach **Ägypten**. Als sesshafte Ackerbauern und halbnomadische Viehzüchter leben die Berber vorwiegend in Großfamilien, die dem jeweils ältesten Mann unterstehen und sich häufig zu noch größeren Gemeinschaften zusammenschließen, denen wiederum ein gewähltes Oberhaupt (Amghar) vorsteht. Die Kultur der Berber ist zwar stark vom Islam geprägt, hat aber trotzdem eigenständige Züge entwickelt.
Eine der größten Volksgruppen sind die mehr als 1 Mio. **Shluh** (Shilh) in **Zentral-** und **Südwestmarokko**, die sich in zahlreiche Stämme untergliedern und überwiegend vom Ackerbau leben. Ein weiterer bedeutender Berberstamm sind mit etwa 1 Mio. Angehörigen die **Kabylen** im Osten Algeriens, deren Name sich vom arabischen **Qabila** (»Angehöriger der Stämme«) ableitet. Sie leben vor allem vom Getreideanbau und der Kultivierung von Wein, Oliven und Korkeichen.

Tuareg

Das heutige Siedlungsgebiet der etwa 500 000 **Tuareg** (»Wegelagerer«), die sich selbst Imuhagh nennen und zu den Berbern gehören, erstreckt sich über **Algerien**, **Libyen**, **Niger**, **Burkina Faso** und **Mali**, wobei nur knapp 10% der Tuareg in der algerisch-libyschen Wüste leben, während die übrigen Tuareg in den Oasen und im Sahel-Gebiet zu Hause sind. Die Gesellschaftsordnung der muslimischen Tuareg, bei denen nur die Männer einen Gesichtsschleier (**Litham**) tragen, ist streng hierarchisch gegliedert: An der Spitze steht die mächtige Adelsschicht der kriegerischen **Imuhar**, denen die Kamelzucht vorbehalten ist, dann folgen die **Marabouts** oder **Ineslemen**, Schriftgelehrte und Korankenner, die als Träger des göttlichen Segens (Baraka) ebenfalls großes Ansehen genießen. Zur breiten Schicht gehören die **Kel Ulli** (»Ziegenleute«), von den Imuhar als **Imrad** (»Grobiane«) bezeichnet, die von der Kleintierhaltung und als Karawanenbegleiter leben. Sozial noch tiefer stehen die Abhängigen (**Izzagaren**) und Sklaven (**Iklan**), die oft als Diener, Hirten oder Gärtner für die Oberschicht arbeiten. Eine besondere Berufsgruppe innerhalb der Tuareg sind die Schmiede (**Ineden**) mit einer eigenen Geheimsprache, die nicht nur Silberschmuck und kunsthandwerkliche Gegenstände aus Holz und Metall herstellen, sondern auch als Heilkundige, Musiker und Sänger eine wichtige Rolle spielen.

Toubou (Tibbu, Teda)

Das etwa 1,7 Mio. km² umfassende Siedlungsgebiet der rund 200 000 muslimischen **Toubou**, deren Name sich vom arabischen **Tu-bu** (»Felsenmensch«) ableitet, reicht von der mittleren Sahara bis in den Sudan. Die Toubou, bei denen wie bei den Tuareg nur die Männer einen Schleier tragen, leben als Halbnomaden in mit losen Palmblattmatten bedeckten Holzhütten (Ferrig). In den weit verstreut liegenden Oasen werden Hirse, Weizen, Gerste, Gemüse, Obst (Datteln), Tabak und Baumwolle angebaut, daneben ist Tierhaltung und -handel ein wichtiger Wirtschaftsfaktor. Wie bei den Tuareg nimmt auch bei den Toubou die Berufsgruppe der Schmiede (Assa) eine Sonderstellung als Sänger und Tänzer ein.

Bei den Tuareg tragen nur die Männer einen blauen Gesichtsschleier.

Oromo (Galla)

Die knapp 25 Mio. **Oromo** stellen mit 40% den größten Bevölkerungsanteil Äthiopiens, ihren einstigen Namen **Galla** (»streunende Landsucher«) erhielten sie von den **Amhara**. Die Oromo unterteilen sich in mehr als 200 Stämme, deren Gebiete von **Südäthiopien** bis zum **Sudan** und nach **Kenia** reichen, wobei die nördlichen Stämme koptisch-christlich, die südlichen muslimisch sind. Bei manchen Stämmen ist die Altersklassenordnung (Gadas) üblich, wonach jeder Mann fünf Stufen von je acht Jahren durchläuft, deren Übergangsrituale jeweils von einem Hohepriester geleitet werden. Am Ende jeder Stufe steht eine Mutprobe, wie etwa das Erlegen gefährlicher Tiere oder die Befreiung gefangener Stammesmitglieder, wodurch gesellschaftliches Prestige erlangt wird. Seit ihrer Unterwerfung im 19. Jh. durch die Amhara leben die Oromo überwiegend als Bauern vom Getreide- und Kaffeeanbau bzw. von der Viehzucht.

Amhara

Die vor mehr als 2000 Jahren aus Südarabien nach Äthiopien eingewanderten **Amhara** bilden mit über 12 Mio. Menschen die herrschende Klasse des Landes. Sie gehören zur äthiopisch-orthodoxen Kirche, deren Oberhaupt der **Negus** ist, und sprechen das semitisch-kuschitische **Amharisch** (Amarinya), heute die Amtssprache des Landes. Im Hochland von Äthiopien leben sie vom Anbau von Hirse (Teff), Gerste, Weizen und Hülsenfrüchten sowie von der Viehzucht (Rinder, Schafe, Ziegen). Als stolze Krieger in einem mächtigen Feudalreich – die Linie des früheren amharischen Königs **Menelik II.** soll bis auf Salomo und die Königin von Saba zurückreichen – unterwarfen sie bis Anfang des 20. Jh.s zahlreiche Stämme (Oromo, Hahiya, Sidama und Kaffa) und verfügten über eine einflussreiche Adels- und Priesterelite mit abhängigen Lehnbauern, die bis zur Revolution 1974 die Führungsschicht stellte.

Tigray

Die etwa 6 Mio. **Tigray** (Tigrinya) in Äthiopien und Eritrea sind die Nachkommen von semitischen Einwanderern aus dem Jemen, die vor gut 2000 Jahren Nordostafrika besiedelten und als Vertreter einer Hochkultur neben einem eigenen Schriftsystem auch den Pflug und den Terrassenfeldbau in den höher gelegenen Gebieten einführten. Traditionell leben die Tigray in patrilinear strukturierten Familienverbänden (Enda) mit gemeinsamem Landbesitz; eine sozial niedrig stehende Klasse bilden die Gerber, Töpfer, Schmiede und Weber. Auf dem Land leben die Tigray vor allem vom Anbau von Getreide, Hülsenfrüchten und Gewürzen, in den Städten gehören sie neben den **Amhara** zur Führungsschicht.

Nuba

Als **Nuba** werden die ca. 1 Mio. in den **Nubabergen Südkordofans** (Republik Sudan) lebenden Gruppen **negrider Völker** bezeichnet. Sie leben als **Hirsebauern**, die auch Viehzucht betreiben. Ohne staatliche Einheit haben sich die Nuba ihre Kultur und ihre traditionelle Religion weitgehend bewahrt, obwohl sie sprachlich stark zersplittert sind. Hochgewachsen und elegant in ihren Bewegungen bestreiten sie ihre **Schaukämpfe** und **Tanzfeste**. Berühmt geworden sind sie durch ihre außergewöhnlichen **Körperbemalungen**.

Nubier

Zu den heute etwa 2,5 Mio. **Nubiern** zählen zahlreiche Volksgruppen im Bereich des oberen Nils im **Sudan** und in **Ägypten**, unter anderem die **Kenuzi**, **Mahat**, **Sukkot** und **Danagla** sowie zahlreiche Unterstämme wie die **Nyima**, **Birket**, **Midobit** oder **Dilling**, die eine gemeinsame oder ähnliche Sprache sprechen (Nubisch). Die am Nil ansässigen **Nubier** leben vor allem von Hirse, Gerste, Weizen, Datteln und Feigen, die in einem etwa 2 km breiten Streifen entlang des Flusses angebaut werden; außerhalb der Niloase wird dagegen überwiegend Viehhaltung betrieben.
Die Geschichte der Nubier geht bis auf das 4. Jahrtsd. v. Chr. zurück, als erste Stämme das Niltal besiedelten. Ab etwa 2500 v. Chr. wurde die nubische Kultur zunehmend von ägyptischen Einflüssen geprägt, umgekehrt übernahmen auch die Ägypter vieles von den Nubiern. Im 4. Jh. n. Chr. wurden die Stämme zuerst christianisiert, ab dem 16. Jh. durch beduinische Einflüsse islamisiert.

Somali

Von den insgesamt etwa 8 Mio. **Somali**, die sich in mehrere große Stammesverbände gliedern (darunter Hawiya, Dir, Ishak, Darod), leben heute rund 6,7 Mio. Menschen in dem nach ihnen benannten **Somalia**, etwa 1 Mio. in **Äthiopien**, 300 000 in **Dschibuti** (Issa-Somali) und 100 000 in **Kenia**. Die Somali, die eine kuschitische Sprache sprechen, wurden bereits im 12. Jh. islamisiert, behielten aber auch vorislamische Bräuche bei, wie etwa den Glauben an Naturgeister (Zar), was sich bei Frauen in ekstatischen Zuständen äußert und bei Männern in der Verpflichtung, vor der Heirat eine Mutprobe zu bestehen.
Da das Siedlungsgebiet der Somali weitgehend aus Trockensavanne besteht, leben die meisten als nomadisierende Hirten von der Viehhaltung.

Beduinen – Nomaden der Wüste

Die Beduinen sind keine eigene Volksgruppe. Ihr Name leitet sich ab vom arabischen »Badw« (Wüstenbewohner) und ist die Sammelbezeichnung für alle arabischstämmigen Nomadenvölker in den Wüsten und Steppengebieten Nordafrikas und des Nahen Ostens. Bereits vor 3000 Jahren lebten sie als Nomaden.

Bereits Mitte des 3. Jahrtausends v. Chr. gab es in Vorderasien halbnomadische Stämme wie die Akkader, doch erst die Domestizierung des Kamels ab dem 12. Jh. v. Chr. als Nutz-, Last- und Reittier, das einige Zeit ohne Wasser in der Wüste überleben kann, erlaubte die langen Wanderungen von Beduinenstämmen wie Beni Hilal und Beni Sulaim aus dem heutigen Syrien in die arabischen Länder und von dort ab 1050 durch die ägyptische Wüste bis nach Nordwestafrika. Auf ihrem Weg bemächtigten sich die gefürchteten Nomadenvölker des Ackerlands der Fellachen, der Ackerbau betreibenden, meist muslimischen Landbevölkerung, als Weideland für ihre Tiere, das in der Folge durch Überweidung zur Halbwüste wurde. Gleichzeitig förderten sie als Karawanenführer, Händler und Bewacher der Handelsrouten den wirtschaftlichen und kulturellen Austausch, was ab dem 7. Jh. zur raschen Ausbreitung des Islam in Nordafrika und Vorderasien führte.
Heute sind Schätzungen zufolge nur noch 5 bis 10% der Beduinen echte Nomaden, die in ihren schwarzen Zelten aus Ziegen- oder Kamelhaar leben und sich vor allem von den Fleisch- und Milchprodukten ernähren, die ihnen die Kamele liefern. Die Mehrheit lebt als sesshafte Bauern oder Halbnomaden am Rand der Oasen in mehr oder weniger festen Siedlungen, wobei neben dem Anbau von Getreide und Datteln vor allem die Viehhaltung eine wichtige Rolle spielt.
Das Gesellschaftssystem der Beduinen, die sich in viele Stämme (Qabila) und Unterstämme gliedern, beruht auf der patrilinearen Großfamilie, die dem jeweils ältesten männlichen Familienmitglied untersteht und deren gesellschaftliches Prestige von der Abstammung und den jeweiligen Besitztümern abhängt, wobei die Kamelzüchter das höchste Ansehen genießen. Die Stämme legitimieren sich durch die Abstammung von einem gemeinsamen Vorfahr, was sich auch in der dem Namen des Mannes vorgestellten Bezeichnung Aulad (Nachkomme des ...) oder Ben (Sohn des ...) ausdrückt. An der Spitze des Stammes steht der Scheich, am unteren Ende der sozialen Leiter befinden sich die Sleb oder Sulaba, die als verachtete Handwerker und Jäger leben.

Großes Bild: Kamele sind Transportmittel und Nahrungslieferant der Beduinen.

Mitte: Beduinenfrauen haben hohes Ansehen und leben im Frauenabteil der Zelte.

Unten: Auch Kinder sind schon als Hirten tätig.

1

2

Schmuck der Berber

Berberfrauen schmücken sich nicht nur um der Schönheit willen: Üppiger Silberschmuck steht für Wohlstand, und Amulette dienen der magischen Abwehr von bösem Zauber.

Berber – der Name leitet sich von den Römern her, die alle Nichtrömer als Barbaren bezeichneten – gehören zu den ältesten Völkern Nordafrikas, ihr Hauptsiedlungsgebiet liegt heute in Marokko. Seit den Eroberungszügen der Araber im 7. Jh. wurde die alte Kultur der Berber zwar stark vom Islam und der arabischen Zivilisation beeinflusst; so erfreut sich etwa die »Hand der Fatima«, ein typisch islamisches Schmuckelement mit Amulettcharakter, größter Beliebtheit. In abgelegenen Gebieten aber haben sich die Berber ihre angestammten Sitten und Bräuche bis heute bewahrt.
Vorislamisch ist insbesondere die Stellung der Frau, was sich allein schon daran zeigt, dass Frauen aus Tradition keinen Gesichtsschleier tragen. Außerdem können sie sich auf eigenen Wunsch scheiden lassen und den nächsten Ehemann selbst aussuchen –auf regelrechten Heiratsmärkten, auf denen sich Männer anbieten. Berberfrauen tragen farbenfrohe Gewänder und lieben es, sich zu schmücken, aus ästhetischen, aber auch spirituellen und praktischen Gründen. Zum Körperschmuck gehört das Einfärben von Handflächen und Nägeln oder das Bemalen der Haut mit Henna, dem rotbraunen Pflanzenfarbstoff, dem man segenspendende Wirkung zuschreibt. Weit verbreitet ist die schwarze Umrandung der Augen mit dem aus Kohle und Ölen gewonnenen Kajal, das die Augen vor Infektionen und Insekten schützt. Tätowierungen, meist an Nase, Kinn und Wangen, dienen als Schmuck und gleichzeitig als magischer Schutz.

Rechts: Prächtig geschmückte Berberfrauen singen und tanzen in ihren bunten Gewändern bei einem Fest in der tunesischen Oasenstadt Douz.

1 Eine junge Berberfrau mit üppigem Kopfputz, traditioneller Gesichtsbemalung und Tätowierung am Kinn. Die silbernen Anhänger der Halskette stellen die so genannte »Hand der Fatima« mit dem stilisierten Auge gegen den bösen Blick dar.

2 Zu besonderen Anlässen werden die Hände mit aufwendigen Mustern bemalt. Den rotbraunen Farbstoff, das Henna, liefert eine heimische Pflanze.

Rund 420 000 der Portugiesisch sprechenden ***Kapverdier*** *leben heute auf den neun Inseln der Republik Cabo Verde (Kapverden), rund 600 km entfernt von Westafrika im Atlantik. Sie sind die Nachkommen westafrikanischer Sklaven, die von den Portugiesen ab 1462 auf die einst menschenleeren Inseln gebracht wurden. Sie mischten sich mit europäischen Siedlern, sodass die Bevölkerung heute aus rund 70% Mischlingen, knapp 30% Schwarzen und nur 1% Weißen besteht.*

Wolof

Mit rund 3,5 Mio. Menschen stellen die **Wolof** den größten Bevölkerungsanteil **Senegals**, eine kleine Minderheit lebt außerdem im benachbarten **Gambia**. Die Wolof, die sich zum Islam bekennen, siedeln in kleinen Dorfgemeinschaften in strohgedeckten Hütten, die sich rund um einen zentralen Dorfplatz gruppieren. Ihre Wirtschaftsgrundlage ist neben dem Anbau von Reis, Erdnüssen und Hirse vor allem die Viehhaltung (Pferde, Rinder), wobei sie im Gegensatz zu den meisten anderen westafrikanischen Völkern auch die Milch bzw. die Milchprodukte der Tiere verwenden. Darüber hinaus gelten sie als ausgezeichnete Goldschmiedekünstler.
Die Geschichte der Wolof reicht mit der ersten Reichsgründung in das 14. Jh. zurück, mit einem Gottkönig an der Spitze und einer mächtigen Adels- und Kriegerklasse im Gefolge. Auf der nächsten Stufe der Hierarchie standen Bauern und Handwerker, am unteren Ende die Sklaven. Nachdem es im 15. und 16. Jh. einen regen Sklavenhandel mit den **Portugiesen** gegeben hatte, die die Sklaven in ihren Kolonien benötigten, wurde den Wolof der Küstenzugang durch zugewanderte Stämme abgeschnitten, sodass es zum wirtschaflichen und politischen Niedergang kam.

Bambara

Die **Bambara**, mit rund 3,5 Mio. Menschen die größte Volksgruppe in Mali, gehören kulturell wie sprachlich zur Gruppe der westafrikanischen **Malinke**. Die Wirtschaftsgrundlage der Bambara ist überwiegend Landwirtschaft (Mais, Hirse und Reis), wobei es keinen Privatbesitz gibt, sondern das Land der Dorfgemeinschaft gehört und nur das Nutzungsrecht weitervererbt wird. Daneben leben die Bambara von der Jagd, vom Handel mit Baumwollstoffen, die mit dem heimischen Indigo gefärbt werden, und vom Verkauf ihrer Metall- und Holzschnitzarbeiten (Antilopenmasken), die meist religiöse Motive darstellen.
Die Bambara wohnen in Kleinstädten und Dörfern, denen jeweils ein Erdpriester als Nachkomme des jeweiligen Dorfgründers vorsteht. Sein Einfluss beruht vor allem auf der heute noch praktizierten traditionellen Religion, die trotz aller Islamisierungsversuche erhalten blieb. Dazu gehören neben männlichen Geheimbünden, bei denen die Gruppe der Schmiede eine wichtige Rolle spielt, auch der Ahnenkult und der Geisterglauben.

Dogon

Die Ethnie der **Dogon** (Eigenbezeichnung: Habe), die in **Südmali** und **Burkina Faso** beheimatet sind, umfasst etwa 250 000 Menschen, ihre Sprache gehört zur **Gur-Gruppe**. Sie leben in kleinen Dörfern vorwiegend im Hochland, ihre Lebensgrundlage ist vor allem Terrassenfeldbau (Hirse, Reis, Mais). Kleintierhaltung, Jagd und Fischfang spielen dagegen nur eine geringe Rolle. Außerdem gelten die Dogon als geschickte Holzschnitzkünstler (Masken und Kultfiguren).

Bei den Dogon werden alle wichtigen Entscheidungen vom Ältestenrat und dem Hogon getroffen.

Bei den Dogon wird die Dorfgemeinschaft traditionell von einem Ältestenrat geleitet, an dessen Spitze der **Hogon** steht, der sowohl religiöser Führer als auch Richter ist und dessen Insignien – ein Stab und ein um den Hals getragener Stein – weitervererbt werden. In den Dörfern schließen sich meist mehrere Familien zu einer Wirtschaftsgemeinschaft zusammen, wobei alle wichtigen Entscheidungen dem Familienältesten vorbehalten bleiben.
Im Westen wurden die Dogon vor allem wegen ihrer Zeremonien bekannt, bei denen Hexen und Geister nicht nur im Rahmen der Ahnenverehrung (Nommo) eine wichtige Rolle spielen, sondern auch bei dem nur alle 60 Jahre stattfindenden Maskenfest (Sigi). Dabei werden u.a. Motive aus der Mythologie nachgespielt, wonach die Welt von **Amma**, dem Schöpfergott, erschaffen wurde, während der Schmied der Urzeit den Menschen das Feuer brachte und sie den Feldbau lehrte.

Hausa

Die heute über 20 Mio. **Hausa** leben überwiegend im Nordwesten Nigerias, wo sie den größten Bevölkerungsanteil bilden, sowie im Südwesten von **Niger**. Ihre Sprache (Hausa), die zahlreiche arabische Elemente enthält, wird auch von anderen westafrikanischen Völkern als Handels- und Verkehrssprache genutzt. Die Hausa leben vom Ackerbau (Hirse, Mais, Yams, Tabak, Baumwolle), in den Städten vor allem vom Handwerk (Färberei, Weberei, Metall- und Lederverarbeitung). Aufgrund der günstigen geografischen Lage im Süden der großen **Transsahara-Handelsstraßen** wurden die Hausa zu den wohlhabendsten Kaufleuten Westafrikas, die auf ihren Reisen zum Austausch zahlreicher kultureller Elemente aus nord- und ostafrikanischen Ländern beitrugen, wie etwa von Instrumenten, Waffen oder Kleidung. Obwohl seit dem 14. Jh. überwiegend muslimisch, haben sich bei den Hausa noch einige Elemente aus vorislamischer Zeit erhalten. Dazu gehört beispielsweise der **Bori-Kult** der Frauen, bei dem in rhythmischen Tänzen die Geister der Ahnen beschworen werden.

Ewe

Zum Volk der **Ewe** gehören rund 2 Mio. Menschen, die im Osten von **Ghana** sowie im Süden von **Togo** beheimatet sind und deren Sprache (Gbe) unterschiedliche Dialekte umfasst. Die **Ewe** leben vor allem vom Wechselfeldbau (Yams, Mais, Maniok), danach folgen die Kleintierhaltung, der Fischfang und die Jagd, die jedoch einer bestimmten Gesellschaftsklasse vorbehalten bleibt. Außerdem spielen Handwerk und Handel eine gewisse Rolle.
Die patrilinear strukturierte Gesellschaftsordnung der Ewe, die in zahlreiche Häuptlingsklans unterteilt sind und in der ein Großteil des materiellen Besitzes der Allgemeinheit gehört, hat ein differenziertes Rechtssystem und uralte Stammestraditionen, die in zahlreichen Schriften überliefert sind. Obwohl sich etwa die Hälfte der Ewe zum Christentum bekennt, glauben die meisten an einen eigenen **Schöpfergott** (Mawu) und ein vorherbestimmtes Schicksal (Dzodzome). Wichtig ist außerdem der Ahnen- und Geisterkult, wobei die Ahnen (Togbenoliwo) die hilfreichen Geister repräsentieren, während die aus einer bedrohlichen Umwelt und den Elementen hervorgehenden **Voduwo-** und **Trowo-Geister** unberechenbar sind und in ekstatischen Tanzritualen beschworen werden müssen, bei denen die Tänzer zu Mittlern zwischen der physischen und der unsichtbaren Welt werden.

Ibo

Das Siedlungsgebiet der heute etwa 20 Mio. **Ibo** (Igbo), von denen sich die meisten zum Christentum bekennen, erstreckt sich über die Savannen- und Regenwaldgebiete des südöstlichen **Nigeria**. Ihre Sprache (Igbo) gehört zu den **Kwa-Sprachen**. Lebensgrundlage der **Ibo**, die neben den **Yoruba** und **Hausa** zu den größten Bevölkerungsgruppen Nigerias zählen, sind nach Ackerbau (Yams, Maniok, Taro, Mais) und Fischfang vor allem Handel und Handwerk.
Die traditionelle Gesellschaftsordnung der Ibo, die in von Ältestenräten verwalteten Dörfern und Siedlungen leben, basiert auf der patrilinearen Großfamilie, die dem Familienältesten untersteht.
In der Religion der Ibo gibt es einen höchsten Schöpfergott **Chi**, der zusammen mit der Erdgöttin **Ala** die Fruchtbarkeit der Erde lenkt. Dazu kommen zahlreiche niedrige Götter und Geister, die im Rahmen des traditionellen Ahnenkults verehrt werden.
Die Ibo, deren Zahl im 19. Jh. durch den Sklavenhandel an der westafrikanischen Küste stark dezimiert wurde, erklärten 1960 Ostnigeria nach der Unabhängigkeit Nigerias von der britischen Kolonialverwaltung zum unabhängigen Staat **Biafra**, der jedoch 1970 nach dreijährigem Bürgerkrieg wieder aufgelöst wurde.

*Wie viele Afrikanerinnen legen auch die **Yoruba-Frauen** großen Wert auf ihr Äußeres. Eine Besonderheit dieses westafrikanischen Volkes ist ihre ungewöhnlich hohe Rate an Zwillingsgeburten, die mit 45 pro 1000 Geburten im Durchschnitt viermal höher liegt als in den Industrieländern. Entsprechend der Mythologie der Yoruba werden Zwillinge als »Kinder des Donners« bezeichnet, denn sie gelten als direkte Abkömmlinge des Donnergottes Shango.*

Yoruba

Die rund 22 Mio. **Yoruba**, deren Siedlungsgebiet sich über **Nigeria, Benin und Togo** erstreckt, machen etwa 20% der heutigen Gesamtbevölkerung Nigerias aus. Ihre Sprache (Yoruba) gehört zur großen Gruppe der **Kwa-Sprachen**. Die im Süden lebenden Yoruba sind überwiegend christlich, während die nördlichen Bewohner mehrheitlich Muslime sind.
Die Yoruba leben überwiegend von Yams, Mais, Bananen und Hirse, als Handelsware wird außerdem Kakao angebaut, wobei die Landwirtschaft wie auch die Kontrolle des gesamten Vermarktungssystems traditionell den Frauen vorbehalten sind. Die Männer sind vor allem Händler und Kunsthandwerker, deren Schnitz- und Bronzearbeiten heute auf den internationalen Kunstauktionen hohe Preise erzielen.
Die Yoruba besaßen bereits vor mehr als 1000 Jahren mit der historischen Stadt Ife ein wichtiges Handelszentrum, dessen Verbindungen bis an die Küste und weit ins Landesinnere reichten. Nachdem im 15. Jh. die Bevölkerung durch den portugiesischen Sklavenhandel erheblich dezimiert worden war, entstand im 17. Jh. das mächtige Königreich **Oyo**, das 200 Jahre später in viele kleine Stadtstaaten zerfiel. Diese werden bis heute von Königen (Oba) regiert, denen als Gottkönige früher auch sakrale Aufgaben zufielen.

Ashanti

Das frühere Reich der heute etwa 12 Mio. **Ashanti**, die überwiegend in **Ghana** und **Elfenbeinküste** leben, entstand vermutlich um 1700 durch den Zusammenschluss mehrerer Fürstentümer und wurde von einem König (Asantehene) regiert, dem straff organisierte Krieger und Würdenträger unterstanden. Der wirtschaftliche Erfolg der Ashanti beruhte vor allem auf den reichen Goldvorkommen ihres Siedlungsgebiets, was sich in ihrem Staatssymbol, dem »**Goldenen Hocker**«, ausdrückt, der die Ahnenwelt repräsentiert, aber auch in zahlreichen Schmuckstücken und Ornamenten, die von Goldschmiedekünstlern hergestellt wurden. Berühmt sind auch die aus Gelbguss gefertigten Goldgewichte, kleine Figuren, die gegen Gold eingetauscht wurden und heute begehrte Sammlerstücke sind.
Die meisten Ashanti, deren Gesellschaftsordnung überwiegend matrilinear strukturiert ist, leben heute von Feldwirtschaft. Daneben sind sie als begabte Holzschnitzer, Töpfer und Textilhersteller bekannt, vor allem wegen ihrer farbig bedruckten **Adrinka-Stoffe** oder bunt gewebten **Kente-Stoffe**.

Fulbe

Das Siedlungsgebiet der heute etwa 8 Mio. **Fulbe**, die auch als **Fula, Fulani, Peul** oder **Toucouleur** bekannt sind, erstreckt sich vom **Senegal** über **Mali, Guinea, Togo, Nigeria** und **Kamerun** bis in den Tschad. Ihre Sprache ist das **Ful**, das wie das verwandte Wolof zu den westatlantischen Sprachen gehört, die vor etwa 1000 Jahren im Senegal entstanden.
Die Herkunft der Fulbe lässt sich nicht genau bestimmen, es scheint aber, dass sie infolge des Transsahara-Handels die Nachfahren verschiedener ethnischer Gruppierungen unter Einschluss nordafrikanischer Völker sind. Entsprechend ihrer wirtschaftlichen und kulturellen Unterschiede werden die Fulbe in vier Gruppen unterteilt: die relativ hellhäutigen Nomaden, deren Lebensgrundlage die Viehhaltung ist und die am wenigsten islamisiert sind, die halbsesshaften Hirten, die neben der Rinderzucht auch Feldbau betreiben, die sesshaften Bauern, die ausschließlich vom Ackerbau leben, sowie die dunkelhäutigen Toucouleur, die in den Städten und Dörfern Westafrikas als strenggläubige Muslime die religiösen und politischen Eliten in den jeweiligen Regionen bilden.

1 Szenen aus mythischer und kolonialer Zeit bringen die Dogon aus dem westafrikanischen Mali zur Aufführung.

2 Diese jungen Bororo-Männer haben sich höchst eindrucksvoll geschminkt. Die Bororo sind eine Untergruppe der Fulbe.

3 Anlässlich des Todes eines reichen Ashanti in Kumasi haben die hinterbliebenen weiblichen Familienmitglieder rote Kleider und ihren wertvollsten Goldschmuck angelegt. Schwarz gekleidete Trauernde weisen sich als enge Freunde der Familie aus.

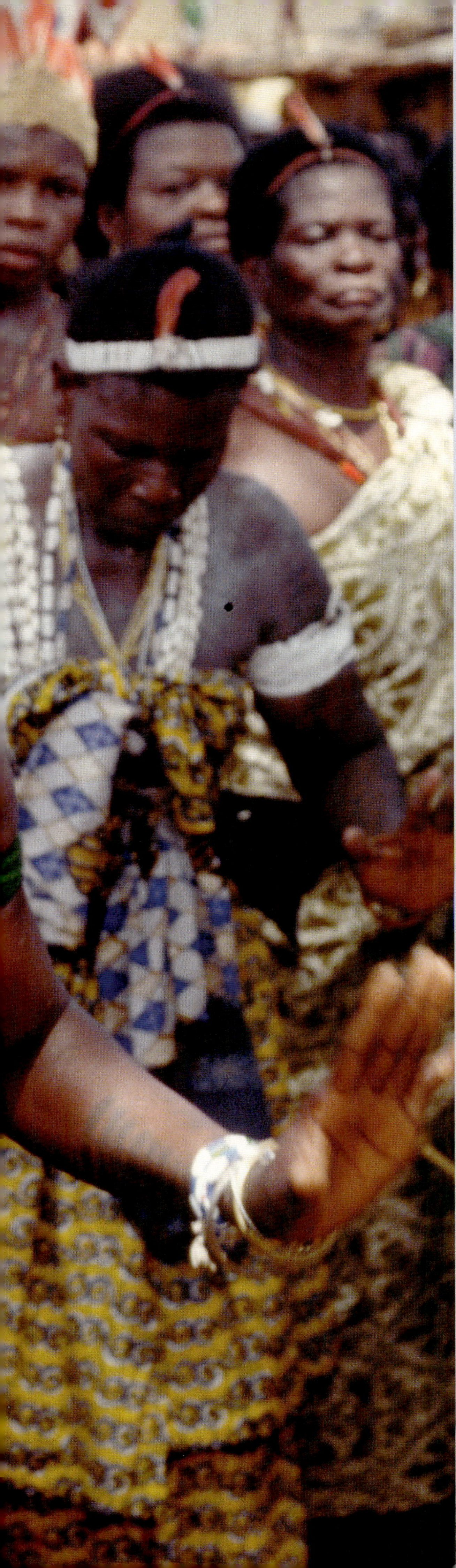

Voodoo in Westafrika

Entgegen landläufigen Vorstellungen von schwarzer Magie und blutigen Tieropfern ist der in Westafrika und in der Karibik verbreitete Voodoo-Kult ein ernsthaftes religiöses Phänomen.

Der Ursprung des Kultes liegt in Westafrika, im heutigen Benin, wo er inzwischen sogar zur Staatsreligion avanciert ist. Der Name »Voodoo« stammt aus der Fon-Sprache und bedeutet so viel wie »Kult«, »Gott« oder »Geist«. Ein ausgeprägter Geister- und Ahnenglaube ist denn auch die Grundlage dieses Kultes. Nach Überzeugung der Voodoo-Anhänger ist jeder Mensch mit Geistern oder Ahnen verbunden, die oft mit bestimmten Objekten der Außerwelt assoziiert werden (Baum, Fluss, Skulptur etc.). Um die negative Macht dieser Geister und Gottheiten (»loas«) zu bannen, um Krankheit, Tod oder Unheil abzuwenden, wird eine Kultweihe durchgeführt. Dabei versucht sich der Adept im Rahmen eines Besessenheitsrituals an den Geist anzugleichen. Im Zustand der Besessenheit wird er von diesem vollständig ergriffen: Der Körper verfällt erst in leichtes Zittern, dann in Schüttelkrämpfe. Begleitet wird die Zeremonie von Trommelklängen und ekstatischen Tänzen. Eine zentrale Rolle bei diesem Ritual spielen auch die den Geistern geweihten Altäre und Heiligtümer. Sie enthalten oft ausgefallene Opfergaben wie Papageienköpfe oder Pferdeschwänze. Aber auch ganz alltägliche Konsumgüter und Accessoires wie Perücken oder Besen, die mit dem jeweiligen Geist in Zusammenhang gebracht werden, haben hier ihren Platz und fügen sich so zu einem bunten und skurrilen Abbild des Lebens.

Links: Frauen im Zustand der Besessenheit beim Voodoo-Festival in Quidah. Die Hafenstadt in Benin, von der einst Zehntausende von Sklaven nach Westindien verschifft wurden, gilt als die Wiege des Voodoo.

1 Der Voodoo-König von Quidah bei einer Zeremonie. Der Voodoo-Kult ist stark hierarchisch organisiert: Ein Voodoo-Priester betreut einen bestimmten Landstrich, der König übt eine Art Oberaufsicht über die Priester aus.

2 Frauen in weißer Ritual-Kleidung mit »Puppen«, die jedoch keinem Schadenzauber dienen, sondern in der Regel der Heilung von Kranken.

1

2

*Stolz und selbstbewusst sind die **Massai-Frauen**, die eine bedeutende Rolle in der traditionellen Wirtschaftsordnung spielen. Sie verkaufen nicht nur Glasperlenschmuck an Touristen, sondern kümmern sich auch um die Errichtung der Hütten und das Vieh. Bei körperlicher Misshandlung durch den Ehemann, der bei der Heirat einen Brautpreis in Form von Rindern entrichten muss, können sie die Scheidung (Kitala) verlangen und in den Kral ihrer Familie zurückkehren.*

Pangwe

Das Siedlungsgebiet der etwa 2 Mio. **Pangwe**, auch **Mpangwe** und **Pahouin** genannt, zu der die Stämme der **Beti**, **Bulu** und **Fang** gehören, erstreckt sich über das nördliche **Gabun**, **Äquatorialguinea** und **Südkamerun**. Ihre gemeinsame Sprache (Fang) gehört zu den **Bantu-Sprachen** und ist heute Verkehrssprache in **Gabun** und **Äquatorialguinea**. Die Pangwe leben in kleinen Dörfern, die jeweils von einem Dorfhäuptling und dem Ältestenrat regiert werden. Sie sind typische Feldbauern des tropischen Regenwaldes und gelten als ausgezeichnete Schmiede, die in vorkolonialer Zeit eine Art Eisen- und Kupferbarrengeld herstellten. Darüber hinaus waren die Pangwe früher für ihre fein geschnitzten Skulpturen und Masken aus Holz und Elfenbein bekannt; besonders wertvoll sind die weißen Masken des berühmten Ngil-Geheimbundes. Begehrte Sammlerstücke stellen heute auch die aus Baumrinde geschnitzten und mit Holzfiguren verzierten Behälter (Bieri) dar, die früher zur Aufbewahrung der Ahnengebeine dienten.

Krieger der Savanne

Die schlanken, hochgewachsenen Massai, die im Westen zum Inbegriff des stolzen afrikanischen Kriegers wurden, beherrschten noch bis zum Ende des 19.Jh.s weite Teile Kenias und Nordtansanias, wurden jedoch im Verlauf der Kolonisierung durch die Europäer (Großbritannien, Deutschland) nach und nach immer weiter in die unfruchtbaren Gebiete abgedrängt, sodass sie heute nur noch über einen Bruchteil ihres einstigen Landes verfügen. Mit ihrer farbenfrohen Kleidung, ihren langen Speeren und ihrem reichen Schmuck sind sie inzwischen zum beliebten Fotomotiv für die Safaritouristen geworden, die das Land alljährlich überschwemmen.

Tutsi/Hutu

Die heute rund 2 Mio. **Tutsi** (Tussi, Watussi), die zu zu den **Bantu-Völkern** gehören und im Durchschnitt als die weltweit größten Menschen gelten, leben als Nomaden mit ihren Rinderherden (Watussi-Rinder) überwiegend in **Ruanda** und **Burundi**, daneben im Osten der Republik **Kongo** und in einem kleinen Teil **Tansanias**. Obwohl sie nur etwa 15% der Gesamtbevölkerung von **Ruanda** und **Burundi** ausmachen, dominieren sie über heute etwa 12 Mio. **Hutu** (Bahutu), die ebenfalls ein Bantu-Volk sind und vor allem vom Feldbau leben. Seit dem 15. Jh. wurden sie von eingewanderten Tutsi verdrängt und schließlich unterworfen, die in der Folge ein feudales Königreich mit strenger ethnischen Trennung errichteten und die Sprache der Hutu (Kinyarwanda) übernahmen. Diese arbeiteten als Lehnbauern und Hirten für die Tutsi bzw. waren zu Steuerabgaben gegenüber dem König verpflichtet, dem das gesamte Land gehörte. Nach der Unabhängigkeit 1962 kam es immer wieder zu heftigen auch ethnisch begründeten Fehden, die 1990 und 1994 in blutigen Bürgerkriegen endeten und über eine Mio. Menschen das Leben kosteten.

Pygmäen

Pygmäen (griech.: Fäustling) ist die Sammelbezeichnung für die kleinwüchsige, meistens unter 1,45 m große Bevölkerung in den tropischen **Regenwäldern Zentralafrikas**, die einer Schätzung zufolge inzwischen nur noch etwa 150 000 Menschen umfasst. Zu den Pygmäenvölkern gehören der Stamm der **Bambuti** im Nordosten der Demokratischen Republik **Kongo**, die aufgrund ihrer kulturellen Merkmale zu den ursprünglichsten Pygmäen zählen, die **Binga** im Westen der **Zentralafrikanischen Republik**, die **Bongo** in **Gabun**, die **Bagielli** in **Kamerun** und die stark mit negriden Völkern vermischten **Twa** (Batwa) im Osten der Republik **Kongo** sowie in **Ruanda**, **Uganda** und **Burundi**, wobei die verschiedenen Stämme die Sprache ihrer jeweiligen Nachbarn übernommen haben. Die Pygmäen leben in den Regenwaldgebieten vor allem als Sammler und Jäger; üblich ist die monogame Kleinfamilie, wobei sich meist mehrere Familien zu kleineren Gruppen zusammenschließen. Daneben bestehen enge wirtschaftliche Beziehungen zu den sesshaften Bauern. Durch die zunehmende Einengung ihres ursprünglichen Lebensraumes, an den sie sich hervorragend angepasst haben, sind inzwischen viele Pygmäen auf die für sie klimatisch und biologisch ungeeigneten Savannengebiete ausgewichen. Dadurch ist die Krankheits- und Sterblichkeitsrate so stark angestiegen, dass die Pygmäenvölker wohl nur noch wenige Jahrzehnte überleben werden.

Ein Krieger der Samburu, ein den Massai verwandtes Volk in Kenia

Swahili

Die heute etwa 600 000 **Swahili** (früher Suaheli, arabisch »sawahili« = »Küstenbewohner«) leben in den ostafrikanischen Küstenregionen von **Somalia**, **Kenia**, **Tansania** und **Mosambik** sowie auf den dem Festland vorgelagerten Inseln. Ihre Sprache, **Kiswahili** (Swahili), ist eine Bantu-Sprache mit zahlreichen arabischen Lehnwörtern und gehört zu den wichtigsten Verkehrssprachen Ostafrikas. Die heutigen Swahili sind die Nachfahren südarabischer und persischer Kaufleute, die sich im 8./9. Jh. an der ostafrikanischen Küste ansiedelten und mit einheimischen Bantu-Völkern mischten. Daraus entstand eine muslimisch geprägte Mischbevölkerung, deren Wirtschaftsgrundlage neben Fischfang, Ackerbau und Handwerk vor allem der Fernhandel mit Indien war, der bereits seit dem 3. Jh. bestand. Wichtigste Handelsgüter waren Elfenbein, Gold, Eisen und Kupfer; ab dem 18. Jh. stand der Handel mit Sklaven im Vordergrund, die gegen Gewürze, Teppiche, Stoffe oder Eisenwaren eingetauscht wurden.

Azande

Die heute etwa 1 Mio. **Azande**, die **Adamaua-Ubangi** sprechen, verteilen sich über die Feuchtsavannen der Demokratischen Republik **Kongo**, der **Zentralafrikanischen Republik** und des **Sudan**, wo sie als Bauern in weit verstreut liegenden Höfen vorwiegend vom Ackerbau (Maniok, Erdnüsse, Reis, Hirse und Süßkartoffeln), daneben auch von der Jagd und Kleintierhaltung leben. In der traditionellen Religion der Azande spielen die Ahnenverehrung und der Geisterglaube eine große Rolle. Häusliche Schwierigkeiten, Unfälle, Krankheit, Missernten oder Tod werden meist auf Hexerei zurückgeführt, wobei der Schuldige mit Hilfe des Orakels ermittelt und durch die entsprechenden Gegenzauber bestraft wird. Bei den **Azande**, die vor allem für ihre musikalischen und kunsthandwerklichen Fähigkeiten bekannt wurden, ist die Polygynie (Vielehe) nur der aristokratischen Oberschicht erlaubt, wobei die Mädchen häufig schon in früher Kindheit verlobt werden.

Massai

Das Siedlungsgebiet der heute etwa 300 000 bis 400 000 **Massai** (»Sprecher der Maa-Sprache«), erstreckt sich über Südkenia und **Nordtansania**. Ihre 12 Stämme unterteilen sich in größere Klans, wie die der **Samburu**, **Laikipia**, **Kiangop**, **Kapiti** oder **Kisongo**, die sich unter der Leitung eines gemeinsamen Oberhaupts zu Zweier- und Dreiergruppen zusammenschließen. Die männlichen Massai gliedern sich in die Altersgruppen der Krieger (Ilmurran), Älteren (Ilmoruak) und Ältesten (Iltasati), wobei die Krieger – junge Männer nach der Beschneidung zwischen 15 und 20 Jahren – in eigenen **Kralen** (Manyatta) mit je 49 Häusern wohnen. Ihre Aufgaben bestehen vor allem in der Verteidigung der Frauen, Siedlungen und Herden gegen feindliche Übergriffe und der Überbringung von Nachrichten; als Waffen dienen Speere, Kurzschwerter, Keulen und Büffellederschilde. Nach etwa sieben Jahren werden die Krieger bei der **Eunoto-Zeremonie** in die Gruppe der Ilmoruak aufgenommen, nach weiteren 14 bis 20 Jahren erfolgt dann bei einer zweiten großen Zeremonie (Olng'gescher) der Eintritt in die Gruppe der Ältesten, deren Kennzeichen der rituelle Hirtenstab ist.
Da die Massai keine Häuptlinge kennen, fällen die Älteren alle

*In Äthiopien, Kenia, Uganda und Tansania sind die unter dem Sammelnamen **Niloten** bekannten Ethnien beheimatet. Die östlichen und südöstlichen Niloten, die so genannten Lotuko-, Bari- und Turkana-Völker (Massai, Nandi, Suk, Kramojo, Tatoga) werden auch als Nilohamiten bezeichnet, da sie einen hamitischen Spracheinschlag haben. Daneben werden noch die Westniloten (Nuer, Shilluk) und die Südniloten (Nandi, Kipsigi) unterschieden.*

Entscheidungen, die das Wohl der Gemeinschaft betreffen. Daneben sind sie Ratgeber, Richter und Organisatoren der Zeremonien und haben erst jetzt die Erlaubnis zu heiraten und eine Familie zu gründen. Aus der Gruppe der Älteren kommt auch der **Laibon** (Führer), der als Wahrsager, Heilkundiger und Zeremonienmeister großes Ansehen genießt. Die Ältesten werden vor allem als Respektpersonen und Ratgeber geschätzt. Entsprechend ihrer Stammesmythologie halten sich die Massai für die rechtmäßigen Besitzer aller Rinder, wobei 50 Tiere nur geringen Wohlstand bedeuten, während reiche Stammesmitglieder bis zu 1000 Rinder besitzen können. Kuhmilch ist das Hauptnahrungsmittel der Massai, und nur bei besonderen Anlässen, wie etwa bei religiösen Zeremonien, wird auch ein Rind geschlachtet. Darüber hinaus werden Schafe und Ziegen als Tausch- sowie Esel als Transportmittel gehalten.
Die Massai verehren den männlich-weiblichen Gott **Engai**, der auf dem Berg **Oldoinyo le Engai** wohnt und sich als Donner und Blitz zeigt. Er wird vor der Jagd von den Kriegern beim Kultfest **Olpul** angerufen, während die Frauen ihre eigenen Kultrituale (Alamal Loonkituak) abhalten.
Eine wichtige Rolle spielen die Mütter, die beim Übergangsritus ihrer Söhne, wenn diese also vom Krieger zum Älteren werden, deren lange Haare als Symbol deren bisherigen ungebundenen Lebens abschneiden. Dazu gehört auch das Schlachten eines Ochsen, dessen Fleisch die Frauen essen als Zeichen dafür, dass die jungen Männer erwachsen sind und ihre Mütter ernähren können.

Kikuyu

Die etwa 5 Mio. **Kikuyu**, die zu den größten Bantu-Völkern gehören, leben überwiegend im Hochland von **Kenia** und erlangten vor rund 50 Jahren als Anführer des **Mau-Mau-Aufstandes** weltweite Berühmtheit.
Wirtschaftliche Grundlage der Kikuyu ist neben dem Ackerbau (Bohnen, Yams, Maniok, Zuckerrohr, Sorghum, Hirse, Kartoffeln, Mais, Bananen) und dem Anbau von Exportgütern (Kaffee, Tee, Tabak) vor allem die Viehhaltung (Rinder, Ziege, Schafe), nach der sich auch das gesellschaftliche Prestige bemisst. Darüber hinaus sind die Kikuyu geschickte Töpfer und Schmiede.
Trotz der Christianisierung spielen in der traditionellen Religion der Kikuyu die herkömmlichen Opferrituale an heiligen Bäumen oder Schreinen zu Ehren der Ahnen heute noch eine große Rolle. Genauso wichtig sind die Medizinmänner (Mundu mugo und Murogi), die außer für die Heilung der Kranken auch für die Durchführung der traditionellen Regenrituale zuständig sind.

Lunda

Das Siedlungsgebiet der heute etwa 3,5 Mio. **Lunda**, auch **Balunda** oder **Kalunda** genannt, erstreckt sich vom Süden der demokratischen Republik Kongo bis in das angrenzende **Sambia** und nach **Angola**, ihre Sprache (Cilunda) gehört zur Gruppe der **Bantu-Sprachen**. Den Lunda, die heute in kleineren Dorfgemeinschaften vor allem vom Ackerbau und der Kleintierhaltung leben, gehörte ab etwa 1750 ein mächtiges Reich, zu dem aufgrund der strategisch klugen Integrationspolitik der verschiedenen Lundaklans auch andere Stämme wie die **Yaka** oder **Chokwe** gehörten, deren politische Führer als »**Herren der Erde**« im Herrschaftssystem der Lunda wichtige Funktionen übernahmen, dafür aber dem König gegenüber tributpflichtig waren. 1885 wurde ihr Gebiet für kurze Zeit von den **Chokwe** erobert, ab 1898 gehörte es als Provinz zum Freistaat **Kongo**. Im Gegensatz zu anderen afrikanischen Völkern wird bei den Lunda die Abstammung sowohl patrilinear (Vaterlinie) wie auch matrilinear (Mutterlinie) gerechnet. So hatten etwa neben dem König früher auch die »**Mutter der Lunda**« oder die »**Tante der Lunda**« wichtige Ämter inne.

1 **Im überwiegend islamisch geprägten nördlichen Tschad zeigen sich die Frauen in der Öffentlichkeit nur verschleiert.**

2 **Eines der beliebtesten Fotomotive für Safaritouristen in Kenia sind die jungen Massai, die als Krieger nahezu uneingeschränkte Freiheit genießen.**

3 **Mit seinem Straußenfederschmuck beweist dieser Massai, dass er die Mutprobe bestanden hat, die ihn zum Krieger macht.**

4 **Diese Tutsi-Tänzer lassen fast vergessen, dass erst vor wenigen Jahren im Krieg zwischen Hutu und Tutsi Hunderttausende ihr Leben verloren.**

Der Tanz der Samburu

Auch wenn heute Tanzvorführungen für Touristen bei den Samburu zum Alltag gehören, spielen Tänze und Körperschmuck nach wie vor bei bestimmten Lebensabschnitten eine wichtige Rolle.

Die Samburu leben als Rindernomaden im nördlichen Kenia. Sie gehören wie die Massai zu den Maa-sprechenden Ethnien. Der Reichtum einer Samburu-Familie wird an der Anzahl der Rinder, Kamele und Ziegen gemessen, die sie besitzt. Wie bei vielen Nomadenvölkern ist das Alter einer Person für den sozialen Status maßgebend. So durchlaufen Samburu-Männer drei Altersklassen: Als Kinder sind sie Hirtenjungen, dann folgt mit etwa 14 Jahren nach der Beschneidung die Zeit als Krieger, die rund ein Jahrzehnt dauert, danach sind sie Älteste, können heiraten und einen Hausstand gründen. Bei den Frauen wird nur zwischen Mädchenzeit und der Zeit als heiratsfähige bzw. verheiratete Frau unterschieden.

Für die Männer ist die Kriegerzeit, in der sie die Herden und die Gemeinschaft beschützen, ein wichtiger Lebensabschnitt, der mit viel Verantwortung, aber auch mit vielen Freiheiten verbunden ist. In dieser Zeit legen die Samburu-Männer großen Wert auf ihre äußere Erscheinung. Sie tragen kunstvolle Frisuren und bemalen sich mit Ockerfarbe. Auch die Mädchen bemalen sich bei Festen das Gesicht mit Mustern aus ockerfarbenen Linien und tragen Perlenbänder, die ihnen ihre Verehrer geschenkt haben. Der bekannteste Tanz der Samburu findet zu Beginn der Kriegerzeit statt. Während die Männer gemeinsam tanzen und singen, tritt jeweils einer hervor und schnellt aus dem Stand möglichst hoch empor. Der Tanz erfordet Kraft und Ausdauer und gilt als Beweis körperlicher Leistungsfähigkeit. Bei einem anderen Tanz, einer Art »Flirt-Tanz«, den die Krieger mit den Mädchen zusammen aufführen, tanzen die Männner um die Mädchen herum und werfen periodisch ihr geflochtenes, mit Ocker gefärbtes Haar gegen das Gesicht des Mädchens, mit dem sie sich verabreden wollen.

Rechts: Die Krieger tanzen um die singenden Mädchen herum.

1 Die jungen Samburu-Krieger verwenden viel Zeit für ihren Körperschmuck.

2 Neben Perlenschmuck wird Ockerfarbe großflächig oder als Muster aufgetragen.

1

2

3

4

Gesichter Afrikas

Afrika ist ein Kontinent voller Gegensätze. Mehr als 3000 Ethnien, die etwa 1500 verschiedene Sprachen sprechen, sorgen für eine bunte kulturelle Vielfalt, die ihren Weg zwischen Tradition und Moderne sucht.

Die Sahara bedeutet eine natürliche Barriere, welche die Völker Nordafrikas von denen des Südens trennt. Lange Zeit war die Wüste kaum überwindbar, sodass es erst recht spät zu einer Vermischung kommen konnte.
Der größte Teil der Bewohner Nordafrikas sind hellhäutige Araber, die im 7. Jh. einwanderten und die dort ansässigen Berber zum größten Teil islamisierten. Die Berber lassen sich in Rif Guanchen, Kabylen, Tuareg, Shluh, Mzab und Jerba unterscheiden. Sie sind in Großfamilien organisiert und betreiben traditionell Schaf- und Rinderzucht, bauen aber zunehmend auch Feldfrüchte an. Die hier gesprochenen Sprachen gehören der afroasiatischen Familie an.
Südlich der Sahara dominieren Schwarzafrikaner, die insgesamt etwa 70 % der Bevölkerung stellen. Neben einer Minderheit von europäischen und asiatischen Zuwanderern zählen auch die Pygmäen im Kongobecken, die San in den Wüsten Botsuanas und Namibias und die Khoikhoin nicht zu den negriden Gruppen. Ihre Sprache gehört zur Koishan-Familie.
Die nilosaharanischen Sprachen sind von Westafrika bis Äthiopien, im Niltal und Teilen Kenias und Ugandas verbreitet. Die niger-kordofanische Sprachfamilie ist über fast den gesamten Kontinent südlich der Sahara verbreitet. Die Sprachen werden oft auch als Bantu-Sprachen bezeichnet. Bantu bedeutet keine Ethnie, sondern ist die Bezeichnung für »die Menschen«.
So unterschiedlich wie die Sprachen sind auch die Lebensweisen. Ein Fünftel der Menschen Afrikas lebt in Städten mit über 20 000 Einwohnern, der überwiegende Teil ländlich.
Das Christentum und der Islam sind die verbreitetsten Religionen, nur etwa 15 % sind Anhänger von Naturreligionen, in denen Naturgeister und die Ahnen eine bedeutende Rolle spielen. Vielfach haben sich jedoch die Riten vermischt, sodass sich spezielle afrikanische Formen des Islam und des Christentums entwickeln konnten, die sich regional wieder ganz erheblich unterscheiden.
Die Kunst Schwarzafrikas beschränkt sich nicht nur auf Skulpturen und Töpferwaren, gewebte Textilien und Architektur. Vielmehr wird der menschliche Körper selbst oft als Kunstwerk verstanden. Komplizierte Frisuren, Körperbemalungen, Ziernarben, Piercings, Masken, bunte Gewänder, und reich dekorierte Kopfbedeckungen sind in großer Vielfalt vorhanden. Ebenso reich ist die afrikanische Kultur an Musikrichtungen, die über den Jazz und die Weltmusik auch Eingang in die westliche Welt gefunden haben.

1 Die Tuareg werden wegen des Gesichtsschleiers der Männer auch »die Verschleierten« oder wegen der indigogefärbten Gewänder »Blaue Ritter der Wüste« genannt.

2 Das koptische Christentum hat seinen Ursprung in Äthiopien. Schon im 4. Jh. konnte sich diese Glaubensrichtung auch in Eritrea etablieren.

3 Bereits seit der Unabhängigkeit 1956 schwelt der Konflikt zwischen dem islamischen Norden und dem animistischen und christlichen Süden der Republik Sudan.

4 Die Zulu in der östlichen Republik Südafrika leben traditionell in kuppelartigen Hütten, die kreisförmig oder in einem Kral angeordnet sind.

5 Ein Viertel der 4,3 Millionen Einwohner Eritreas sind Nomaden und Halbnomaden, die vor allem im Südosten des Landes, in der halbwüstenhaften Afarsenke leben.

6 1992 war über ein Viertel der Bevölkerung aus Liberia geflohen. Inzwischen konnte ein Teil wieder in die Heimat zurückkehren.

7 In Mali leben Bambara, Fulbe, Tuareg, Soninke, Dogon, Senufo, Songhai und Malinké. Viele dieser Ethnien fühlen sich den Traditionen verpflichtet, doch gehört ein Ghettoblaster mittlerweile zum Alltag.

8 Die Ndebele zählen zu den Ngni-Völkern und leben in Simbabwe und Südafrika. Die Frauen tragen das traditionelle bunte Gewand und aufwändigen Schmuck.

5

6

7

8

Leben in Afrika

Die verschiedenen afrikanischen Kulturen sind sehr stark auf die Familie und die ethnische Gruppe bezogen. Traditionelle Werte haben sich gegenüber den Einflüssen der Industrienationen vielfach behaupten können.

Großes Bild links: Der rege Handel hat der Oase Erfoud in Marokko zu einem durchaus ansehnlichen Wohlstand verholfen.

Kleine Bilder von oben links nach unten rechts:
Die Folkloremusik und die bunt gewandeten Wasserverkäufer im Maghreb sind heute vor allem touristische Attraktionen. In Äthiopien hat sich eine eigene christliche Kultur entwickelt. Die beschwerliche traditionelle Lebensweise in der Sahara hat mittlerweile viele Tuareg sesshaft werden lassen . Auch das traditionelle Wirtschaftsleben hat sich gewandelt und zwingt die Menschen oftmals Jobs in weit entfernten Regionen anzunehmen. So wird die Ernährung in weiten Teilen Schwarzafrikas nur durch Entwicklungshilfeprojekte gewährleistet. Schon immer spielten die Frauen eine wichtige Rolle im ökonomischen System. Heute geben sie sich zunehmend selbstbewusst und organisieren sich überall in Schwarzafrika in Frauenkooperativen. Trotz des großen Reichtums an natürlichen Ressourcen leben viele Menschen südlich der Sahara unter katastrophalen Bedingungen. Armut, Hunger, medizinische Unterversorgung und ein Bildungsnotstand sind auch lange nach dem Abzug der Kolonialherren brennende Probleme. Dies liegt nicht zuletzt an den zahllosen Kriegen und Bürgerkriegen, die eine wirtschaftliche und politische Stabilität bereits im Keim ersticken. Afrikanische Tradition und westliche Lebensweise sind vielfach überhaupt kein Gegensatz. Cola und Supermärkte gehören heute in ganz Afrika ebenso zum Alltag wie die bunten Kleider, die Mythen, Tänze, Sitten und Gebräuche der Altvorderen. So nimmt der Medizinmann noch immer eine hohe gesellschaftliche Stellung ein, auch wenn die medizinischen Einrichtungen internationaler Hilfsorganisationen gern in Anspruch genommen werden. In Benin umgeben sich die Könige noch immer mit einem prunkvollen Hofstaat und einer großen Anzahl von Ehefrauen, obwohl das Land offiziell eine Präsidialrepublik ist.

Großes Bild rechts:
Die Ndebele sind eine kleine Volksgruppe in Südafrika. Die Frauen tragen aufwendigen Schmuck.

Südliches Afrika

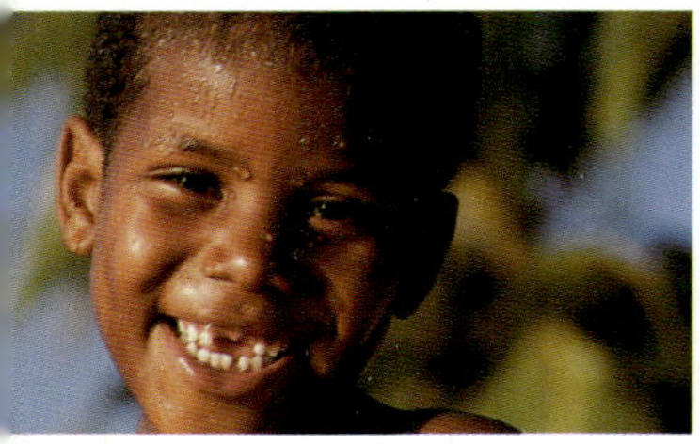

Die heute rund 80 000 Bewohner der ***Seychellen*** *sind zu 90% die Nachfahren schwarzer Sklaven und ihrer einstigen französischen Kolonialherren. Gemessen an afrikanischen Verhältnissen verfügen sie über einen hohen Lebensstandard.*

Herero

Die Mehrzahl der heute rund 100 000 **Herero** (Ovaherero) lebte bis zum Beginn des 20. Jh.s als Nomaden im Südwesten **Angolas** sowie in **Zentral-** und **Nordnamibia**, wo sie sich im 17./18. Jh. aus dem Norden kommend niedergelassen hatten. Beim Herero-Aufstand 1904 gegen die deutsche Kolonialherren, die die Herero von ihrem ursprünglichen Weideland vertrieben hatten, kamen rund 65 000 der damals 80 000 Herero ums Leben, wodurch ihre ursprüngliche Lebensweise und Kultur weitgehend verloren gingen. Heute arbeiten die meisten Herero, deren Sprache zu den Bantu-Sprachen gehört und eine der namibischen Unterrichtssprachen ist, als Handwerker und Händler in den Städten Namibias. Die meisten Herero sind längst christianisiert, sodass der traditionelle Ahnenkult kaum noch eine Rolle spielt.

Bantu

Als Bantu (ba-ntu = »Mensch«) werden etwa 200 Stämme mit mehr als 100 Mio. Menschen in Zentral-, Ost- und Südafrika bezeichnet. Sie sprechen mehr als 400 Sprachen, wobei das heute von rund 40 Mio. Menschen gesprochene Swahili am weitesten verbreitet ist. Aufgrund der Völkervielfalt gibt es zwar kulturelle Unterschiede, aber auch viele Ähnlichkeiten wie die oft praktizierte Vielehe und die meist patrilineare Gesellschaftsstruktur.

Ndebele

Die Ndebele zählen zum südöstlichen Bantu-Stamm der Nguni. Ursprünglich im heutigen Natal beheimatet, flohen sie um 1820 aufgrund von kriegerischen Auseinandersetzungen nach Norden in das Gebiet zwischen Sambesi und Limpopo, wo sie 1836 das Matabele-Reich gründeten, das 1893 von britisch-südafrikanischen Truppen zerstört wurde. Berühmt sind die von Ndebele-Frauen mit Naturfarben bunt bemalten Lehmhäuser.

Khoikhoi

Die noch etwa 100 000 **Khoikhoi** (»Mensch der Menschen«), einst abwertend als **»Hottentotten«** (Afrikaans: »Stotterer«) bezeichnet und im Vergleich mit den benachbarten Völkern sehr hellhäutig, stammen aus dem nördlichen **Botswana**, leben heute aber überwiegend in **Südnamibia**. Sie sind sprachlich und kulturell eng mit den benachbarten San (Buschmännern) verwandt – so sprechen sie eine **Khoisan-Sprache** – und erreichen oft nur eine Körpergröße von 1,50 m.

Die Himba in Nordnamibia sind eine zu den Hereros gehörende Ethnie.

Die **Khoikhoi** lebten früher vor allem als Nomaden (Rinder und Schafe), daneben waren sie Jäger und Sammler. Im Verlauf der Kolonisation durch die Buren im 18./19. Jh. ging vor allem der Stamm der **Klein-Nama** in der übrigen Bevölkerung Südafrikas auf, andere Khoikhoi-Gruppen wurden von benachbarten Bantu-Völkern in die weniger fruchtbaren Gebiete abgedrängt, während die Groß-Nama überwiegend zu sesshaften Viehzüchtern wurden. Heute leben die Khoikhoi, die überwiegend Christen sind, entweder vom Feldbau in den Reservaten oder von der Lohnarbeit in den Städten.

San (Buschmänner)

Die heute etwa 60 000 **San** in **Namibia**, **Südangola** und **Botswana**, die von den ersten europäischen Siedlern als Buschmänner bezeichnet wurden, gelten als die direkten Nachfahren der südafrikanischen Urbevölkerung. Nur rund 5% der **San**, die etwas kleinwüchsiger sind als die verwandten **Khoikhoi**, leben noch wie ihre Vorfahren als Sammler und Jäger, die übrigen arbeiten meist als Viehhüter. In der traditionellen Gesellschaft der San, die sich zu lose verbundenen Gruppen von 20 bis 30 Familienmitgliedern ohne hierarchische Ordnung zusammenschließen, sind die Männer für die Jagd auf Kleintiere zuständig, während Frauen und Kinder Wildpflanzen und -früchte sammeln. Entsprechend ihrer nomadischen Lebensweise leben die San in einfachen Grashütten und Höhlen oder verwenden halbkreisförmige Windschutzmatten.

Ovambo (Ambo)

Ovambo (Ambo) ist die Sammelbezeichnung für acht Bantu-Völker mit insgesamt rund 1 Mio. Menschen, die überwiegend in **Südangola** und **Nordnamibia** leben und etwa 50% der schwarzafrikanischen Bevölkerung **Namibias** ausmachen. Die Wirtschaftsgrundlage der **Ovambo**, die meist in verstreut liegenden Einzelgehöften wohnen, ist traditionell der Getreide- und Gemüseanbau (Weizen, Hirse, Mais) sowie die Viehzucht (vor allem Rinder, Schafe, Ziegen) und die Jagd. Viele sind außerdem erfolgreiche Händler, allerdings arbeiten heute bereits rund 50% der Männer in den Bergwerken und Industriebetrieben von Namibia.

Einige der Ovambo-Völker lebten bis zum Beginn des 20. Jh.s in eigenen Kleinstaaten mit einem erblichen Priesterkönig an der Spitze. Darunter folgten die Freien, und an unterster Stelle standen die Sklaven. Traditionell war die Vielehe (Polygynie) üblich, wobei jeder Frau und ihren Kindern ein eigenes Haus zustand.

Die weißen Afrikaners

Die etwa 3 Mio. weißen Afrikaners sind die Nachfahren der Buren (Bauern), holländischer Siedler, die erstmals 1652 am Kap der Guten Hoffnung afrikanischen Boden betraten, um sich als Farmer niederzulassen. Ihre Sprache, das Afrikaans, ist eine Mischung aus Holländisch und vielen englischen und afrikanischen Lehnwörtern. Im Konflikt mit den Engländern um Gold und Diamanten kam es 1899 zum Burenkrieg, den die Briten 1902 gewannen. 1948 wurden unter der Regierung der Afrikaners die Rassentrennungsgesetze (Apartheid) eingeführt, die bis in die 1990er Jahre Gültigkeit besaßen. Danach durften Schwarze weder die Schulen und Universitäten der Weißen besuchen noch sich in den weißen Wohngebieten ansiedeln; selbst in den öffentlichen Verkehrsmitteln und Gebäuden wurde jahrelang streng nach Hautfarbe getrennt.

Sotho-Tswana

Die 10 bis 15 Mio. **Sotho-Tswana** sind neben den **Nguni** die größte Völker- und Sprachgruppe Südafrikas, zu der außer den **Nord-** und **Süd-Sotho** auch die heute rund 5 Mio. Bantu sprechenden **Tswana** zählen, die wahrscheinlich zu den ältesten Einwanderergruppen Südafrikas gehören und deren Siedlungsgebiet sich über **Namibia**, **Botswana**, **Zimbabwe** und die **Republik Südafrika** erstreckt. Traditionell leben die Tswana von Viehzucht und Ackerbau (Mais, Hirse, Erdnüsse), heute arbeitet die Mehrheit der Männer jedoch als Niedriglohnarbeiter in den Minen oder als Saisonarbeiter in den größeren Metropolen. In der traditionellen Gesellschaftsordnung der **Tswana**, von denen die meisten längst christianisiert sind, war die Cousinenheirat ein weit verbreitetes Phänomen. Die wichtigste soziale Einheit ist der Familienklan, wobei mehrere miteinander verwandte Familien unter der Leitung des ältesten männlichen Familienmitglieds in enger Nachbarschaft zusammenleben.

Xhosa

Die etwa 3 Mio. **Xhosa**, die von den ersten weißen Siedlern abwertend als **»Kaffern«** bezeichnet wurden, leben in der Republik Südafrika und gehören wie die Zulu zur Gruppe der **Nguni**.

Traditionell sind die Xhosa, bei denen früher die Polygynie üblich war, Ackerbauern (Hirse, Mais), Viehzüchter (Rinder) und Handwerker. Heute arbeitet jedoch fast die Hälfte der Männer als Wanderarbeiter in den Minen

*Auch wenn heute viele **Zulu** in den Städten oder in den Minen bzw. auf den Farmen der Weißen arbeiten, sind ihre Traditionen noch höchst lebendig. Bestandteil etwa ihrer rituellen Tänze sind nicht nur Waffen, vor allem Speere und Schilde, sondern auch traditionelle Kleidung. Das Spektrum reicht dabei von leichten Bastbehängen bis zu imposanten Lendenschurzen aus Ziegenleder oder Leopardenfell mit kunstvoll gearbeiteten Perlengürteln.*

oder den großen Industriebetrieben. Der Verlust ihrer traditionellen Werte geht zum einen auf die verlustreichen Kriege (»Kaffernkriege«) im 17./18. Jh. gegen die **Buren** und **Engländer** zurück, zum anderen auf den so genannten **Xhosa-Selbstmord** 1856/57. Dabei verhungerten oder verarmten Zehntausende, nachdem die Xhosa durch eine Weissagung ihrer Propheten sämtliche Rinderherden vernichtet und auch ihre Felder nicht mehr bestellt hatten, da ihnen für diese Opfer die Rückeroberung ihrer früheren Gebiete und die Vertreibung der Weißen versprochen worden war. In der Folge lösten sich ihre traditionelle Kultur und die Häuptlingsdynastien auf, die Xhosa waren zur Lohnarbeit auf den Farmen oder in den Minen gezwungen. Später bildeten sie den Kern der ANC unter Nelson Mandela.

Zulu

Die heute etwa 7,5 Mio. **Zulu**, die wie die **Swasi** und die **Xhosa** zur Gruppe der **Nguni** gehören, leben im Osten der **Republik Südafrika** sowie in **Swasiland**, ihre Sprache (Zulu) gehört zur Gruppe der **Bantu-Sprachen**.
Mit Beginn des 19. Jh.s schufen die Zulu ein mächtiges, militärisch straff organisiertes Königreich, das erst mit der Kolonisierung durch die **Engländer** und **Buren** geschwächt und schließlich 1879 im Krieg gegen die Engländer zerschlagen wurde.
Traditionell lebten die **Zulu** vom Feldbau (Hirse, Mais), von der Viehzucht (Rinder) sowie auch vom Handwerk (Lederfärberei, Schmieden, Korbflechterei), heute bestreiten sie ihren Lebensunterhalt dagegen überwiegend als Wanderarbeiter. Die Dörfer bestehen aus strohgedeckten Lehmhütten, die kreisförmig um den Dorfplatz angeordnet sind und mit dichtem Dornengestrüpp gesichert werden. Die Dorfgemeinschaft setzt sich meist aus mehreren Familienklans zusammen, denen das älteste männliche Mitglied vorsteht. Wichtigstes Element der traditionellen Religion der Zulu ist der Ahnenkult, wobei **Unkulunkulu**, der mythologische Urahn, in zahlreichen Ritualen und Zeremonien verehrt wird.

Swasi

Die etwa 1 Mio. **Swasi**, deren Siedlungsgebiet sich über **Swasiland** und **Mosambik** bis in die Republik Südafrika erstreckt, gehören zur Gruppe der **Nguni** und sprechen **Siswati**, eine Bantu-Sprache, die auch Elemente des **Khoisan** enthält.
Die **Swasi** sind traditionell Ackerbauern und Viehzüchter, wobei heute aber nur noch etwa 20% der Menschen ausschließlich als Bauern leben können, während die übrigen durch Wanderarbeit hinzuverdienen müssen.

1

2

3

Die traditionelle Regierungsform der Swasi, die im 15. Jh. aus dem Norden kommend über Mosambik in das Gebiet des heutigen **Swasiland** einwanderten, war die Doppelmonarchie, an deren Spitze neben dem König die Königsmutter stand. Darunter folgten die mächtigen Ratsgruppen der Adeligen (Liqoqo) und Dorfältesten (Libandla). Ende des 19. Jh.s wurde das Gebiet unter britisches Protektorat gestellt, wodurch die Monarchen zwar kaum eingeschränkt wurden, aber zwei Drittel des Landes an die weißen Siedler verloren gingen. Außerdem wurden ab 1915 durch die Einführung der so genannten Hüttensteuer zahlreiche Swasi zur Lohnarbeit bei den weißen Großgrundbesitzern gezwungen. 1968 wurde Swasiland mit der Gründung einer parlamentarischen Monarchie unabhängig, das Parlament wurde 1977 von **König Sobhuza II.** jedoch wieder aufgelöst. Heute regiert sein **Enkel Mswati III.** das Land.

4

Bei den Swasi ist die Vielehe (Polygynie) üblich, wobei jedoch nur dem König mehr als zehn Frauen erlaubt sind. Die grundlegende wirtschaftliche und soziale Einheit der Swasi sind die Gehöfte, in denen das Familienoberhaupt mit seinen Frauen und Kindern sowie den verheirateten Söhnen und deren Familien wohnt.

1 Wie viele südafrikanische Völker tragen auch Zulu-Frauen gerne farbige Kleider und auffällige Kopfbedeckungen.

2 Die oft altmodisch anmutende Festtagskleidung vieler Herero-Frauen geht auf die Mode des Viktorianischen Zeitalters zurück.

3 Das Selbstbewusstsein dieser stolzen Herero-Frauen beruht auch auf ihrer wirtschaftlichen Unabhängigkeit.

4 Die Ndebele im südlichen Afrika sind berühmt für ihre kunstvoll mit leuchtenden Naturfarben bemalten Lehmhäuser.

Die Darsteller des berühmten Kecak-Tanzes in Bali treten in prachtvollen Kostümen und ausdrucksstark geschminkt auf.

Asien

Lag die Einwohnerzahl des größten Erdteils, zu dem heute 47 Staaten gehören und der von der Arktis bis weit in die Südhalbkugel reicht, um 1900 noch bei etwas über 800 Millionen, so waren es fünfzig Jahre später bereits rund

Volkstümliche Theateraufführung in Westchina

1,3 Milliarden. Seitdem hat das Wachstum in den asiatischen Länder explosionsartig zugenommen. Zur Jahrtausendwende lebten mit 3,8 Milliarden Menschen schon etwa zwei Drittel der Weltbevölkerung in Asien, wobei China, Indien, Indonesien und Japan zu den bevölkerungsreichsten Ländern gehören und Inder und Chinesen zusammen bereits mehr als ein Drittel der gesamten heutigen Menschheit ausmachen. Asien mit seinen vielfältigen Landschaften und seinen jahrtausendealten Kulturen ist der Lebensraum der unterschiedlichsten Völker und Ethnien, die sich in zunehmendem Maße auch ihrer ethnischen Identität bewusst werden.

Die knapp 1 Mio. ***Drusen*** *gehören einer Religionsgemeinschaft an, die sich Anfang des 11. Jh. in Kairo formierte und auf eine Abspaltung des schiitischen Islam zurückgehen soll. Die Drusen, deren verschlüsselte Geheimlehre nur Eingeweihten zugänglich ist und die keine hierarchischen Unterschiede zwischen Männern und Frauen kennen, leben überwiegend in Syrien und im Libanon, eine Minderheit außerdem in Israel.*

Türken

Die heute rund 50 Mio. ethnischen **Türken** zählen zur südwestlichen Gruppe der **Turkvölker**, deren Anfänge vermutlich im mongolischen **Altai-Gebiet** liegen. Zu dieser Gruppe der Turkvölker gehörten auch die **Seldschuken**, die im 11. Jh. bis nach **Anatolien** vorstießen und maßgeblich zur Verbreitung des **Islam** beitrugen. Um 1300 entstand das mächtige Reich der **Osmanen**, deren Herrschaftsbereich sich im 16./17. Jh. über den gesamten **Balkan** und bis nach **Afrika** und **Palästina** erstreckte. Erst in den 1920er Jahren kam es unter **Atatürk** zu einer politischen Reform mit Trennung von Staat und Religion. Der Anteil der Landbevölkerung beträgt heute nur mehr ca. ein Drittel der Gesamtbevölkerung in der Türkei. In den ländlichen Gebieten spielt das traditionelle Kunsthandwerk (Silberschmiede- und Stickarbeiten, Teppiche) eine wichtige Rolle.

Kaukasus-Völker

Die Völker des Kaukasus teilen sich sprachlich in drei Hauptgruppen. Das sind einerseits die indogermanisch sprechenden Armenier, Osseten, Tataren, Talyschen, andererseits die turksprachigen Aserbaidschaner, Kumyken, Karatschaier, Balkaren und Bergtataren sowie schließlich die kaukasische Sprachen sprechenden Georgier, Lesgier, Tschetschenen, Tscherkessen, Abchasen und Inguschen. Seit den 90er Jahren kommt es immer wieder zu blutigen sezessionistischen Kämpfen, etwa zwischen Tschetschenien und Russland.

Kurden

Das Siedlungsgebiet der knapp 30 Mio. **Kurden** erstreckt sich über die Südosttürkei, den **Irak**, den **Iran**, **Syrien**, **Armenien** und **Georgien**; Minderheiten leben im **Libanon** sowie in **Jordanien**, **Pakistan** und **Afghanistan**, dazu kommen rund 600 000 Flüchtlinge in europäischen Ländern. Die Sprache der Kurden, deren Land (Kurdistan) im 19. Jh. zwischen **Türkei**, **Irak** und **Iran** aufgeteilt wurde, gehört zum westiranischen Zweig der **indogermanischen Sprachen**. Traditionell leben die Kurden von Ackerbau und Viehzucht, außerdem spielt das Handwerk, vor allem Teppichknüpfen, eine wichtige Rolle. Die Gesellschaftordnung der Kurden, die sich in größere **Klangruppen (Ashiret)** unterteilen, beruht auf dem engen Zusammenhalt der Familie, wobei die Frauen über mehr Freiheit verfügen als ihre Geschlechtsgenossinnen in den streng islamischen Gesellschaften und nach dem Tod des männlichen Familienoberhaupts sogar dessen Platz einnehmen können. Neben den überwiegend muslimischen Kurden gibt es im **Irak** und **Iran** die Gemeinschaft der **Yeziden**, deren Religion altiranische und christliche Glaubenselemente enthält. Seit Jahren wurden die Kurden in der Türkei und im Irak aufgrund ihrer Autonomiebestrebungen blutig verfolgt.

In der Türkei liegt die Herstellung feiner Fayencemalereien vor allem in den Händen der Frauen.

Armenier

Von den rund 7 Mio. **Armeniern**, deren Name aus dem Persischen stammt, lebt etwa die Hälfte im **Ausland**, vor allem im Libanon, in **Syrien**, **Frankreich** und den **USA**. Ihre Sprache, die zu den **indoeuropäischen** Sprachen gehört, wird mit einem eigenen Alfabet geschrieben, das 38 Buchstaben umfasst. Etwa ein Drittel der Grundfläche Armeniens wird zum Anbau von Weizen, Tabak, Gemüse, Obst, Baumwolle verwendet, daneben spielt auch die Viehzucht eine Rolle. Armenien, wo um 300 das **Christentum** weltweit erstmals zur offiziellen **Staatsreligion** erklärt wurde, stand jahrhundertelang unter der Herrschaft der **Perser**, **Araber**, **Mongolen**, **Türken** und **Russen**. Bei der Vertreibung der Armenier durch die Türken während des 1. Weltkriegs kamen über 1 Mio. Menschen ums Leben. Aufgrund des großen Einflusses der autonomen armenischen Kirche konnte sich jedoch eine eigenständige Kultur entwickeln, wobei neben der Architektur vor allem die Literatur eine wichtige Rolle spielt.

Georgier

In **Georgien**, das neben **Armenien** und **Aserbaidschan** zu den transkaukasischen Ländern zählt und zu dem neben den autonomen **Republiken Abchasien** und **Adscharien** das ebenfalls autonome **Südossetien** gehören, sind nur etwa 70% der rund 5 Mio. Einwohner **Georgier** (Grusinier), dann folgen **Armenier**, **Aserbaidschaner**, **Russen**, **Abchasen**, **Griechen**, **Kurden**, **Osseten** und **Ukrainer**. Die georgische Sprache (Kartuli) gehört zur kaukasischen Sprachgruppe; die meisten Georgier sind georgisch-orthodox, die Mehrheit der rund 500 000 Adscharen sind Muslime. Nachdem Georgien im 4. Jh. christianisiert wurde, stand das Land unter der wechselnden Herrschaft der **Perser**, **Araber** und **Türken**, bis das Land im 14. Jh. von den **Mongolen** weitgehend zerstört wurde. Danach fiel der östliche Teil an Persien, der westliche an die Türkei, 1801 erfolgte die Machtübernahme durch die Russen. Trotz der zahlreichen Fremdeinflüsse konnte sich in Georgien eine reiche Kultur entwickeln, die sich insbesondere in den ländlichen Gebieten bis heute erhalten hat. Dazu gehören neben der Musik- und Kunsttradition auch religiöse Zeremonien aus vorchristlicher Zeit.

Tschetschenen

Von den etwa 1 Mio. **Tschetschenen** (Eigenbezeichnung: Nachtschuo = »Volk«) leben nur etwa drei Viertel in der autonomen Republik Tschetschenien, die sich 1991 für unabhängig erklärt hat; die übrigen haben sich größtenteils in **Dagestan** und **Kasachstan**, ein kleiner Teil auch in der Türkei niedergelassen. Ihre Sprache gehört zur ostkaukasischen Sprachfamilie und wurde ursprünglich mit arabischen, später mit lateinischen Buchstaben geschrieben, während heute das kyrillische Alphabet verwendet wird. Die **Islamisierung** der Tschetschenen fand erst relativ spät im 18. Jh. statt, was sich heute noch an den Überresten der alten Totenhäuser und den Steinornamenten aus vorislamischer Zeit ablesen lässt. Die **Tschetschenen**, zu denen u.a. die **Itschkerier**, **Kisten** und **Galgaier** gehören und die eng mit den **Inguschen** verwandt sind, leben traditionell in Großfamilien mit 40 bis 50 Mitgliedern, von denen sich jeweils mehrere zu größeren Klans zusammenschließen.

Darginer

Das Siedlungsgebiet der **Darginer** erstreckt sich über Teile **Aserbaidschans** und **Kalmykiens** bis in die ostkaukasische autonome **Republik Dagestan**, in der rund 35 Völker mit über 70 verschiedenen Sprachen bzw. Dialekten beheimatet sind, darunter auch die **Awaren** (türkisch: »Wanderer«), **Laken**, **Kumyken** (Kaukasus-Tataren), **Leskier**, **Nogaier**, **Tabbassaraner** und **Taten**, die zur Gruppe der Dagestanvölker gehören und etwa 1,5 Mio. Menschen überwiegend muslimischen Glaubens umfassen.
Wirtschaftsgrundlage der Darginer ist neben der Landwirtschaft – im Terrassenfeldbau werden überwiegend Weizen, Mais und Sonnenblumen angebaut – vor

Palästinenser

»Palästinenser« ist die Eigenbezeichnung der Arabisch sprechenden Bewohner des früheren britischen Mandatsgebiets Palästina, die vorwiegend Muslime sind. Von den insgesamt 7 Mio. Palästinensern leben ca. 1 Mio. in Israel und knapp 3 Mio. in den Autonomie- bzw. den von Israel besetzten Gebieten. Etwa 1 Mio. sind als Flüchtlinge in Lagern in Ägypten, im Libanon und in Syrien untergebracht. Weitere 1,5 Mio. leben in Jordanien, das ihnen als einziges arabisches Land die Staatsbürgerschaft gewährt hat.

Wie überall im Vorderen und Mittleren Orient ist auch im ***Jemen*** *Tee das wichtigste Getränk, das immer frisch aufgegossen und zu jeder Tageszeit in kleinen Gläsern heiß serviert wird. Zum Teetrinken, Nachrichtenaustausch und Plaudern treffen sich die Männer in einem der vielen öffentlichen Teehäuser, die in den islamischen Ländern, wo jeglicher Alkoholgenuss dem Koran entsprechend verboten ist, die »Kneipe um die Ecke« ersetzen.*

allem das Handwerk, wozu in erster Linie die Knüpfteppiche und Kunstschmiedearbeiten gehören. In ihrer kulturellen Tradition sind sich die Dagestanvölker relativ ähnlich.
Nach wie vor überall beliebt sind die alten **epischen Gesänge**, die in Begleitung einer dreisaitigen Laute (Agatsch-Komuz) von Sängern (Aschug) vorgetragen werden, oder schnelle Tänze wie der im ganzen Kaukasus beliebte **Lesginka-Tanz**.

Aserbaidschaner

Von den rund 30 Mio. **Aserbaidschanern** leben nur etwa 20% in Aserbaidschan, dem bevölkerungsreichsten Land im Kaukasus. Etwa 7 Mio. haben sich in den GUS-Staaten niedergelassen und rund 15 Mio. Aserbaidschaner leben im Iran, wo sie rund 25% der Gesamtbevölkerung ausmachen. Ihre Sprache (Aseri) gehört zu den **Turksprachen** und wurde abwechselnd in arabischer, lateinischer und kyrillischer Schrift geschrieben. Heute ist wieder die lateinische Schreibweise gültig.
In Aserbaidschan lebt noch knapp die Hälfte der Menschen auf dem Land, deren Lebensgrundlage der Anbau von Gemüse, Baumwolle, Weizen, Obst, Tee, Reis, Tabak, Oliven und Maulbeerbäumen sowie die Viehzucht (Schafe, Ziegen, Rinder) sind. Weitere Einkommensquellen sind außerdem das Handwerk, vor allem Teppiche und Kupfer-, Goldschmiede- und Holzschnitzarbeiten sowie die **Seidenraupenzucht**.
Aserbaidschan, das zunächst im 7. Jh. von den Arabern und danach im 13. Jh. von den Mongolen erobert wurde, fiel im 17. Jh. an die Perser, die den nördlichen Teil im 19. Jh. an die Russen abtraten, während der Süden iranische Provinz blieb.

Juden

Als Juden werden die Angehörigen der jüdischen Religion und deren Nachfahren bezeichnet. Wichtigste religiöse Quellen sind Tora und Talmud, religiöses Zentrum ist Jerusalem. Die bedeutendsten Feste sind Neujahrsfest (Rosch Haschana), Versöhnungsfest (Jom Kippur), Laubhüttenfest (Sukkot), Lichterfest (Chanukka) und Passah. Bereits 722 v.Chr. bildete sich nach der Eroberung des jüdischen Kernlandes Palästina durch die Assyrer und der Verschleppung der Juden nach Mesopotamien die erste jüdische Diaspora heraus. Im Laufe der Geschichte wurden die Juden immer wieder verfolgt und vertrieben. Jüdische Gemeinden entstanden in Europa, Nordafrika, im Nahen und Mittleren Osten. In Europa wurden Ost- (Ashkenasim) und Westjuden (Sephardim) unterschieden. Auch als Reaktion auf immer wiederkehrende antisemitische Pogrome entwickelte sich ab Ende des 19. Jh. die jüdische Nationalbewegung, der Zionismus, der 1948 in der Gründung des Staates Israel als Heimstatt aller Juden mündete. Vorhergegangen war dem als Höhepunkt des Antisemitismus der Massenmord der deutschen Nationalsozialisten an 6 Mio. europäischen Juden, der das osteuropäische Judentum fast völlig vernichtete. Nur ein Bruchteil der europäischen Juden konnte sich in die USA retten. In Deutschland leben heute 100 000 Juden, weltweit sind es ca. 15 Mio. Im auf **palästinensischem Gebiet** gegründeten **Israel** leben heute 5 Mio. Juden neben rund 1 Mio. arabischstämmigen **Palästinensern**. Palästina ist seit 1948 Schauplatz von (Bürger-)Kriegen zwischen Palästinensern und Juden, in denen es um die Gründung eines Palästinenserstaates sowie um Land- und Siedlungsrechte für beide Völker geht.

1

2

3

4

Araber

Als **Araber** werden alle arabischstämmigen bzw. Arabisch sprechenden Bevölkerungsgruppen in den Ländern **Nordafrikas**, des **Nahen** und **Mittleren Ostens** sowie auf der **Arabischen Halbinsel** bezeichnet, zu denen heute

1 Ein gewohnter Anblick in allen Ländern des Orients: das geruhsame Rauchen der Wasserpfeife, hier in Kairo.

2 Die strikte Einhaltung der Gebote der Tora und des Talmud prägt seit mehr als 2000 Jahren den Alltag der orthodoxen Juden.

3 Aufgrund des Konfliktes mit Israel leben viele der rund 7 Mio. Palästinenser im Exil oder sind in Lagern untergebracht.

4 Im Jemen sind die offen am Gürtel getragenen Krummdolche nach wie vor ein herausragendes Symbol für Mut, Stolz und Männlichkeit.

Religiöse Feste der Juden

Religiöse Festtraditionen verbinden die Juden in aller Welt, seien es die allgemein gültigen Freuden- und Bußtage während des Jahres oder die Übergangsriten im Lebenslauf des Einzelnen.

Neben dem Schabbat, dem siebten Tag jeder Woche, der allein Gott gehört, begehen die Juden zahlreiche religiöse Feste im Jahreslauf. Höchste Bedeutung hat Pessach (bei Vollmond im März/April), das Fest zum Gedenken an den Auszug des Volkes Israel aus Ägypten. Ursprünglich mit einer Wallfahrt verknüpft, war Pessach einst der Anlass für Jesus von Nazareth, nach Jerusalem zu ziehen. In den heiligen Monat Tischri (September/Oktober) fallen weitere wichtige Feiertage: Rosch Haschana, das zweitägige jüdische Neujahrsfest, und Jom Kippur (Versöhnungstag) mit strengem Fasten, Selbstbesinnung und Bitten um göttliche Vergebung sowie Sukkot (Laubhüttenfest), das an die Wüstenwanderung des Volkes Israel erinnert. Im November/Dezember schließt sich das Lichterfest Chanukka an. Ein Freudentag für alle Kinder, die sich gerne verkleiden, ist Purim (Februar/ März), das der Triumph über den Feind Hamam aus dem »Buch Esther« feiert. Das Leben gläubiger Juden beginnt mit der Bescheidung nach der Geburt und endet mit dem Kaddisch-Gebet beim Begräbnis. Zu den bedeutsamsten Tagen im Leben gehört der Schabbat nach dem 13. Geburtstag: Erstmals wird der jüdische Knabe in der Synagoge zur Thoralesung gerufen und ist nun ein Bar Mizwah, ein »Sohn der Pflicht« und religiös mündig; bei Mädchen heißt es entsprechend Bat Mizwah – »Tochter der Pflicht«.

Links: Laubhüttenfest an der Klagemauer in Jerusalem: Der traditionelle Feststrauß besteht aus Zweigen von Palme, Myrthe, Bachweide und Zitrusstrauch.

1 Zu Rosch Haschana und Jom Kippur wird das Widderhorn, Schofar genannt, geblasen. Es wird als Ruf zur Umkehr und als ein Zeichen des Sieges über das Böse verstanden.

2 Gläubiger Jude mit Gebetsschal (Tallit) beim Lesen der Thorarolle an der Klagemauer

3 Juden mit Gebetsschal mit der Thorarolle bei einer Bar Mizwah-Feier in der Synagoge.

1

2

3

*Die Orden der **Derwische**, deren Wirbeltänze auch im Westen bekannt wurden, berufen sich auf die islamischen Mystiker, auch Sufis genannt. Der Sufismus als Weg der Hingabe und Ergriffenheit in der Liebe zu Gott (Tariqat) entstand im 8. Jh. im Nordiran und verbreitete sich über die Derwische in allen islamischen Ländern. Berühmte Sufis waren Rabia al-Adawiya, eine irakische Mystikerin, der Ägypter Dhu'n-Nun und die Perser Al Ghazali und Djelalledin Rumi.*

mehr als 150 Mio. Menschen gehören. Rund 95% aller Araber sind **Muslime**, die übrigen überwiegend **Christen** und **Drusen**. Aufgrund der gemeinsamen Prägung durch den Islam haben alle arabischen Völker trotz teilweise großer ethnischen Unterschiede eine weitgehend ähnliche Gesellschaftsordnung. Die arabische Sprache gehört zur **südwestsemitischen Sprachfamilie** und teilte sich einst in eine nördliche und eine südliche Gruppe.

Perser

Die etwa 30 Mio. **Perser** machen etwa 50% der Bevölkerung des Iran aus, dessen Name auf das altpersische **Arynam** (»Land der Arier«) zurückgeht. Sie sind die Nachfahren **indoeuropäischer Völker** (Meder, Perser, Parther) aus **Südrussland**, die das Land vermutlich um 1600 v. Chr. besiedelten und auf deren Sprache das heutige **Persisch** (Farsi) zurückgeht, das seit der Eroberung Persiens im Jahr 632 durch die Araber und der nachfolgenden **Islamisierung** auch zahlreiche arabische Lehnwörter übernahm. Heute leben rund zwei Drittel der Bevölkerung des Iran in Städten, die Lebensgrundlage der Landbevölkerung ist je nach Klimazone der Anbau von Tee und Obst. Als Bindeglied zwischen dem Nahen Osten und Zentralasien kamen die Perser, deren Reich im 6. Jh. v. Chr. auch **Babylonien**, **Palästina**, **Syrien** und **Kleinasien** umfasste und die im Laufe der Zeit von **Griechen** (Alexander der Große), **Türken**, **Mongolen**, **Afghanen** und **Russen** unteworfen wurden, mit zahlreichen kulturellen Elementen anderer Völker in Berührung. Die Bevölkerung des Iran ist fast ausnahmslos **muslimisch**, wobei sich etwa 90% zum schiitischen Glauben bekennen, der zugleich Staatsreligion ist, während etwa 8% der sunnitischen Richtung angehören. Daneben gibt es die kleine Gruppe der **Zoroastrier**, deren Religion auf **Zarathustra** im 6. Jh. v. Chr. zurückgeht. Wegen ihres Glaubens in ihrer Heimat verfolgt, flüchteten viele Zoroastrier im 13. Jh. nach **Indien**, wo sie heute als **Parsen** (»Perser«) vor allem im Gebiet um **Bombay** leben.

Bachtiaren

Die rund 700 000 **Bachtiaren**, die zur iranischen Sprach- und Völkerfamilie gehören und sich zum schiitischen Islam bekennen, leben im Südwesten des Iran und gehörten bis vor etwa 50 Jahren neben den **Qashqai** zur politisch einflussreichsten Gruppierung des Landes.
Die einst als Saison- oder Halbnomaden lebenden Bachtiaren waren traditionell in zwei große Gruppen (Taifa) unterteilt, die sich in zahlreiche Untergruppen gliederten, denen ein lokaler Stammesführer (Khan) vorstand. Die **Khane** wurden von einem zentralen Herrscher (Ilkhan) geleitet, dessen Macht erst mit der Herrschaft des ersten persischen **Schahs** (1925-41) beendet wurde. Die meisten Bachtiaren wurden daraufhin zur Sesshaftigkeit gezwungen.

Kamelrennen sind ein beliebtes arabisches Freizeitvergnügen.

Luren

Das Siedlungsgebiet der etwa 600 000 **Luren** (Eigenbezeichnung: Lor) liegt in den **Bergregionen** der Provinz **Luristan** im südwestlichen **Iran**.
Die Luren sprechen teils **Kurdisch**, teils **Luri**, das zur **westiranischen Sprachfamilie** gehört und eng mit der Sprache der Bachtiaren verwandt ist. Als Saisonnomaden leben die Luren, die sich zum **schiitischen Glauben** bekennen, überwiegend von der Viehhaltung. Sie galten früher als kriegerisches Volk, deren Kultur und Lebensweise denen der benachbarten Kurden ähnelten. Ähnlich wie die Bachtiaren gliedern sich die Luren traditionell in zahlreiche Stämme und Unterstämme (Tirah), die jeweils einem Stammesfürsten (Khan) unterstehen.

Qashqai

Die etwa 700 000 **Qashqai**, deren Sprache zur Gruppe der **westtürkischen Sprachfamilie** gehört, leben in der **südwestiranischen Provinz Fars.** Ihre Vorfahren kamen vermutlich im 14. Jh. aus **Turkestan** nach **Persien**. Neben den Bachtiaren waren sie bis vor etwa 40 Jahren einer der größten und politisch einflussreichsten Nomadenstämme des Iran. Die wirtschaftliche Grundlage der Qashqai ist vor allem die Viehhaltung. Eine weitere bedeutende Einnahmequelle sind die höchst kunstvoll geknüpfen **Shiraz-Teppiche**. Die wichtigste soziale Einheit der Qashqai ist die Großfamilie, deren Besitztümer gleichmäßig auf alle Familienmitglieder verteilt werden. Da der Islam bei den Qashqai lange Zeit nur eine relativ untergeordnete Rolle spielte, konnten früher auch Frauen wichtige Positionen innerhalb der Gemeinschaft innehaben.

Bani Lam

Die kleine Volksgruppe der **Bani Lam** (»Nachkommen des Lam«) gehört zur arabischstämmigen Bevölkerung des **Iran**, die etwa 1% der iranischen Gesamtbevölkerung ausmacht. Der Name der Bani Lam, die im Nordwesten des Landes leben und sich zum schiitischen Islam bekennen, geht auf den berühmten **Lam Ben Hareta** zurück, der das Oberhaupt des Stammes der **Quahaniten** auf der **Arabischen Halbinsel** war. Dort kontrollierten die Quahaniten die Pilgerrouten nach **Medina**, bis sie im 15. Jh. vertrieben wurden und sich zunächst im **Irak**, später in **Persien** niederließen. Heute sind die Bani Lam, die einst als Nomaden von der Viehhaltung lebten, überwiegend sesshafte Ackerbauern.

Belutschen

Von den heute etwa 4,5 Mio. **Belutschen** leben rund 1 Mio. im **ostiranischen** sowie 2,5 Mio. im **westpakistanischen Baluchistan**, Minderheiten in **Afghanistan**, **Turkmenistan** und **Oman**. Die Belutschen, die mehrheitlich **sunnitische Muslime sind**, gehören zur Gruppe der iranischen Völker, ihre Sprache (**Belutschi**) ist eng mit dem **Persischen** verwandt.
Das ursprüngliche Siedlungsgebiet der Belutschen, die je nach Region vom Ackerbau oder als Saisonnomaden (Rinder, Ziegen, Schafe, Kamele) leben, lag vermutlich im **Nordiran**, wo sie im 11. Jh. durch türkische **Seldschuken**, im 13. Jh. durch die Mongolen verdrängt wurden.
Die Gesellschaftsordnung der Belutschen, die ihre Abstammung auf einen gemeinsamen Vorfahr im 12. Jh. zurückführen, wird auch heute noch überwiegend von den traditionellen Stammesstrukturen bestimmt, wobei die verschiedenen Stämme (Bollak, Tuman) von einem Stammesoberhaupt (Sadar) regiert werden. In Europa wurden die Belutschen vor allem wegen der **Belutsch-Teppiche** bekannt, wie sie auch von den nomadisierenden **Aimaq** in **Afghanistan** hergestellt werden.

Turkmenen

Das Siedlungsgebiet der heute etwa 5 Mio. **Turkmenen** (Eigenbezeichnung: Türkmen) umfasst neben der **Republik Turkmenistan** auch **Syrien**, den **Irak**, den **Iran** (700 000), **Afghanistan** (500 000), die transkaukasischen Länder sowie die **Türkei**. Die Turkmenen sind die Nachkommen eines **oghusischen Turkvolks**, das ursprünglich aus der **Mongolei** stammt, ihre Sprache gehört zur Westgruppe der **Turksprachen**.
Die Turkmenen, bei denen die Männer vor allem durch ihre imposanten Lammfellmützen auffallen, waren früher nomadisierende Viehzüchter, leben heute aber zum größten Teil als sesshafte Bauern von der Viehhaltung (Karakulschafe, Kamele, Pferde, Rinder) und der Seidenraupenzucht sowie von der Landwirtschaft (Getreide, Gemüse, Baumwolle, Obst).
Die Turkmenen, deren traditionelle Gesellschaftsstruktur auch heute noch auf der Zuordnung zu einem der zahlreichen Stämme beruht, sind zwar überwiegend muslimisch, haben aber noch einige Bräuche aus vorislamischer Zeit beibehalten wie etwa das **Schamanentum** und den **Ahnenkult**.
Zur kulturellen Tradition der Turkmenen gehört neben dem Kunsthandwerk – hier sind insbesondere Silberschmuck und Knüpfteppiche zu erwähnen – auch die teilweise mündlich überlieferte Volksdichtung.

Der Islam

Zum Islam, nach dem Christentum die zweitgrößte Religion der Welt, bekennen sich mehr als eine Milliarde Menschen, von denen etwa 700 Mio. in Asien, 270 Mio. in Afrika, 35 Mio. in Europa und 5 Mio. in Amerika leben. In rund 40 afrikanischen und asiatischen Ländern wurde der Islam außerdem zur Staatsreligion erklärt.

Der Islam geht auf den Propheten Mohammed (um 570-632 n. Chr.) zurück, ursprünglich ein Händler aus Mekka, dem 610 in einer Höhle bei Mekka eine Offenbarung zuteil wurde, nach der es nur einen Gott gibt, der am Jüngsten Tag über die Welt richten wird. Dies stand im Widerspruch zu damals vorherrschenden polytheistischen religiösen Traditionen, sodass Mohammed wegen der Anfeindungen seiner Mitbürger im Jahr 622, dem Beginn der islamischen Zeitrechnung, nach Medina flüchtete. Nach der Eroberung von Mekka im Jahr 630, in deren Folge er die alten Götterbilder zerstören ließ, schlossen sich ihm immer mehr Menschen an, und es entstand der Islam, der sich rasch über Afrika und Asien verbreitete. Die Offenbarungen, die Mohammed zwischen 610 und 632 erhielt, wurden von ihm selbst in arabischer Sprache im Koran niedergelegt, dem heiligen Buch des Islam, das in 114 Kapitel (Suren) gegliedert ist. Diese Suren beinhalten in Versform neben biblischen Geschichten auch die Beschreibung der sieben Himmel Gottes bzw. die Schrecken der Hölle, die den Mensch entsprechend seiner Lebensführung nach dem Tod erwarten, sowie zahlreiche Gebote. Dazu gehören auch die fünf heiligen Pflichten, denen jeder Gläubige nachkommen muss: Die erste ist Shahada, das Glaubensbekenntnis, die zweite das Pflichtgebet (Salat), das fünfmal täglich in Richtung Mekka verrichtet werden muss. Zum Gebet, zu dem die rituellen Waschungen und eine reine Gebetsstätte gehören, die durch den Gebetsteppich symbolisiert wird, ruft der Muezzin vom Minarett der Moschee. Die dritte Pflicht ist Saum das Fasten im neunten Mondmonat des Jahres (Ramadan), wobei die tägliche Fastenzeit vom Morgengrauen bis zum Sonnenuntergang dauert, in der weder gegessen noch getrunken werden darf. Vierte und fünfte Pflicht sind das Geben von Almosen an die Bedürftigen (Zakat) und die Pilgerfahrt (Hadsch) zu den heiligen Stätten in Medina sowie zur Kaaba in Mekka, die jeder Muslim einmal in seinem Leben machen soll und bei der alljährlich etwa 2 Mio. Menschen aus aller Welt zusammenkommen.

Großes Bild: Südjemenitische Frauen mit der dort üblichen Burka (Schleier).

Oben links: Auch in Bandarabas (Iran) gehen Frauen nur tief verschleiert auf die Straße.

Oben rechts: Vor der großen Moschee in Peshawar ist ein Gläubiger in den Koran vertieft.

Unten: Tausende beim Freitagsgebet in Teheran.

*Ein Sinnbild der glorreichen orientalischen Vergangenheit ist **Samarkand** in Usbekistan, eine der ältesten Städte Zentralasiens, deren Gründung bis auf das 4. Jh. v. Chr. zurückgeht. Durch ihre zentrale Lage an der Handelsroute zwischen Mittelmeer und Fernem Osten (Seidenstraße) war sie im Altertum wichtiger Umschlagplatz für Waren aller Art. Heute leben ihre Einwohner vor allem vom Gemüse-, Obst- und Teehandel sowie vom Tourismus.*

Usbeken

Das heutige Siedlungsgebiet der rund 20 Mio. sunnitisch-muslimischen **Usbeken** (Eigenbezeichnung: Ösbek) erstreckt sich über **Usbekistan, Kasachstan, Tadschikistan** und **Afghanistan**, daneben lebt eine kleine Minderheit in **China**. Ihre ursprüngliche Heimat liegt vermutlich in der südöstlichen **Mongolei**, wie sich auch ihr Name von einem mächtigen Herrscher der Goldenen Horde aus dem 14. Jh. ableitet (Ösbeg). Dabei unterscheidet man zwischen den »echten« Usbeken und den Nachfahren der zunächst **Persisch**, später eine **Turksprache** sprechenden Urbevölkerung Usbekistans.
Wirtschaftliche Grundlage der Usbeken sind neben der Landwirtschaft (Reis, Gemüse, Obst, Baumwolle, Tabak) und der Seidenraupenzucht vor allem Handel und Kunsthandwerk, wozu neben der Herstellung von Seidenstoffen (Ikat) und bestickten Tüchern (Susani) auch Kupfer- und Holzschnitzarbeiten gehören.

Dalai Lama

Bis zur Besetzung Tibets war der heutige 14. Dalai Lama, dessen Linie bis ins 14. Jh. zurückreicht und der als eine Reinkarnation des Buddha gilt, das uneingeschränkte religiöse und politische Oberhaupt aller Tibeter, sein Regierungssitz das Potala-Kloster in Lhasa. 1959 floh er zu Fuß über den Himalaya nach Dharamsala im nördlichen Indien, wo er seither im Exil lebt. Nach dem tibetischen Glauben, dem Buddhismus der Mahayana-Richtung, wird der Dalai Lama nach seinem Tod in einem Kind reinkarniert.

Kasachen

Von den knapp 10 Mio. **Kasachen** (Eigenbezeichnung: Qazaq = Unabhängige) leben etwa 8 Mio. in **Kasachstan**, das bis 1924 Kirgisien genannt wurde, die übrigen im angrenzenden **China**. Sie sind die Nachkommen **turkmongolischer Völker**, die vor etwa 1000 Jahren in das heutige Siedlungsgebiet der Kasachen kamen. Ihre Sprache gehört zur nordwestlichen Gruppe der **Turksprachen**.
Die Kasachen gehören zu den größten **Nomadenvölkern Zentralasiens**, die mit ihren Herden (Schafe, Pferde, Kamele, Yaks, Rinder, Ziegen) durch die weiten Steppen- und Wüstengebiete Kasachstans ziehen und dabei in ihren leicht transportablen **Jurten** wohnen. Heute leben viele aber auch von Handel und Handwerk – vor allem Filzstickereien, Holz- und Lederwaren –, andere als sesshafte Bauern von der Landwirtschaft (Hirse, Weizen).
Aufgrund ihres Nomadenlebens konnte sich der erst im 19. Jh. eingeführte Islam nur oberflächlich durchsetzen, sodass sich bei den Kasachen noch zahlreiche Bräuche aus vorislamischer Zeit, wie etwa **Schamanentum** und **Ahnenkult** (Avrak), erhalten haben.

Das pakistanische Industal ist das Siedlungsgebiet der Kholi.

Kirgisen

Der Lebensraum der rund 3 Mio. **Kirgisen**, die ursprünglich aus dem **mongolischen Altai** stammen und deren Sprache zur Gruppe der **Turksprachen** gehört, erstreckt sich über **Kirgisistan, Usbekistan, Tadschikistan** und **China** bis nach **Nordafghanistan**. Nach der Zerstörung ihres einstigen Reichs im 13. Jh. durch die **Mongolen** kamen die Kirgisen in ihr heutiges Siedlungsgebiet, wo sie bis zu Beginn des 20. Jh.s als nomadisierende Viehzüchter in **Filzzelten** (Jurten) lebten. Inzwischen wohnen die meisten in Lehm- oder Steinhäusern, ihre Lebensgrundlage ist neben der Viehzucht (Schafe, Rinder) der Anbau von Getreide, Kartoffeln, Gemüse, Obst, Tabak und Mohn.
Die Gesellschaftsordnung der Kirgisen beruhte auf der Zugehörigkeit zu einem der rund 40 Stämme mit jeweils einem **Oberhaupt (Manap)**, das entsprechend seiner Besitztümer bestimmt wurde. Die kleinste soziale Einheit war die Großfamilie, wobei sich in der Regel mehrere Familien mit einem gemeinsamen Vorfahr zu einem Wirtschaftsverband zusammenschlossen. Obwohl die Kirgisen, bei denen die Männer teils noch die traditionellen weißen Filzhüte, die Frauen weiß-bunte Kopftücher tragen, seit dem 19. Jh. Muslime sind, haben sich viele Bräuche aus vorislamischer Zeit erhalten, wie das **Schamanentum**, der **Geisterglaube** oder der **Ahnenkult**, auf den auch die typisch kirgisischen **Monumentalgräber** zurückgehen.

Tadschiken

Der heutige Lebensraum der rund 10 Mio. **Tadschiken** erstreckt sich über **Tadschikistan** und Afghanistan, wo sie etwa 25% der Bevölkerung ausmachen. Minderheiten leben in **Usbekistan, China** und **Nordpakistan**. Sie gehören zur Gruppe der **iranischen Völker**, ihre Sprache (Dari), zugleich Verkehrssprache in Afghanistan, beruht auf einem **altpersischen Dialekt**. Die meisten Tadschiken sind entweder **sunnitische** oder **ismailitische Muslime**. Außer in Landwirtschaft und Viehzucht sind die Tadschiken, in deren traditioneller Gesellschaftsordnung es keine Unterteilung in Stämme gibt, vor allem in Handwerk und Handel tätig.

Hazara

Mit heute etwa 4 Mio. Menschen stellen die **Hazara** die viertgrößte Bevölkerungsgruppe **Afghanistans**, von denen jedoch viele infolge der politischen Verhältnisse als Flüchtlinge in den Nachbarländern **Iran** und **Pakistan** leben. Die Hazara sind die Nachfahren mongolischer **Nomaden**, die im 13./14. Jh. in ihr heutiges Siedlungsgebiet gelangten, ihre Sprache (Hazaragi), das zur **westiranischen Sprachgruppe** gehört, ist ein **persischer Dialekt** mit zahlreichen mongolischen Lehnwörtern. Die Hazara, überwiegend **schiitische Muslime**, leben vor allem von der Viehhaltung (Schafe, Ziegen) und dem Terrassenfeldbau, darüber hinaus gelten sie als geschickte Handwerker, die für ihre Filz- und Webteppiche (Kelims) bekannt sind. Wegen der kargen Weidegebiete ihres Siedlungsgebiets bzw. der Übernahme der fruchtbaren Weideplätze durch die Paschtunen waren viele Hazaras gezwungen, als Lohnarbeiter in die Städte abzuwandern.

Paschtunen

Von den rund 20 – 25 Mio. überwiegend **sunnitischen Paschtunen** (Pathanen), die 40% der Bevölkerung **Afghanistans** ausmachen, leben einige Millionen als Flüchtlinge im **Iran**, in **Pakistan** und **Indien**. Ihre Sprache, das Pashtu, gehört zur **iranischen Sprachgruppe** und ist neben Dari die zweite Amtssprache Afghanistans. Die Paschtunen gelten als stolzes Volk und spielen seit der 1747 erfolgten Staatsgründung Afghanistans, in dem heute zahlreiche Volksgruppen mit etwa **45 Sprachen** leben, neben den Tadschiken eine staatstragende Rolle. Sie sind in mehrere **Stämme** (Quaum, Taifa) und **Klans** (Khel) unterteilt, die von einem Oberhaupt (Khan, Malik) regiert werden. Konflikte und Meinungsverschiedenheiten zwischen den Stämmen und Klans werden in den **Ratsversammlungen** (Djirga) geklärt, wobei der traditionelle **Wertekodex** (Paschtunweli), der ein großzügiges Gast- und Asylrecht beinhaltet, eine wichtige Rolle spielt. Lebensgrundlage der Paschtunen sind Ackerbau und Viehhaltung, in den Städten vor allem Handel und Handwerk. Durch den jahrelangen Krieg gegen die russischen Besatzer, die Herrschaft der **Taliban** und den Angriff der USA 2002 wurde die Infrastruktur Afghanistans weitgehend zerstört und soll jetzt unter internationaler Aufsicht wieder aufgebaut werden.

Sindhi

Der Lebensraum der rund 7 Mio. **muslimischen Sindhi** umfasst die pakistanische Provinz **Sindh** und das westliche **Indien**, ihre Sprache (Sindhi) gehört zur Gruppe der **indoarischen Sprachen** und ist seit 1973 Amtssprache **Pakistans**. Die pakistanischen Sindhi gelten als tüchtige Händler, haben jedoch in den letzten Jahrzehnten durch zugewanderte indische Händler Konkurrenz bekommen. Die Männer der Sindhi sind in der Regel an ihren blauen oder roten Turbanen (Ajrak) zu erkennen, die aus meterlangen Stoffbahnen gewickelt werden, die Frauen tragen unter knielangen Kleidern (Kamiz) die landesüblichen Pluderhosen (Salvar).

Tibeter

Knapp 50% der rund 5 Mio. **Tibeter**, deren Sprache zum tibetobirmanischen Zweig der **tibetischen Sprachfamilie** gehört, leben heute außerhalb Tibets als Flüchtlinge vor allem in **Nordin-**

Etwa 80 000 ***Sherpa*** *(»Menschen aus dem Osten«) leben in der Bergregion Nepals sowie in der Hauptstadt Kathmandu. Ursprünglich aus der osttibetischen Provinz Kham stammend, siedelten sie sich im 14. Jh. südlich des Himalaya an, wo sie in Höhenlagen bis fast 5000 m Kartoffeln, Mais und Getreide anbauen oder von Viehhaltung (Yaks) und Handel leben. Bekannt wurden die Sherpa aber vor allem als Lastenträger und Bergführer bei Himalaya-Expeditionen.*

dien. Ihr religiöses Oberhaupt ist der **Dalai Lama** (Lama = Lehrer), der bis zur Besetzung des Landes durch die **Chinesen** 1950 auch ihr weltlicher Herrscher war.
Die Mehrheit der Tibeter lebt traditionell als Nomaden oder Halbnomaden von der Viehhaltung (Rinder, Yaks, Pferde, Schafe, Ziegen) und dem Anbau von Gerste, Weizen, Hirse und Buchweizen, in tieferen Lagen auch von Obst und Gemüse; in den Städten stehen das Handwerk und der Handel im Vordergrund.
Die tibetische Gesellschaft, in der die Frauen traditionell gleichberechtigt sind, ist auch heute noch überwiegend vom **Buddhismus** geprägt. Kultureller Mittelpunkt waren früher die Klöster, in denen neben Musik und Literatur auch das Kunsthandwerk, der Buchdruck und die Malerei (Thangkas) gepflegt wurden. Einige waren darüber hinaus Zentren für **tibetische Medizin**. Im Verlauf der chinesischen Besetzung wurden etwa 6000 dieser Klöster zerstört und Zehntausende von Mönchen und Nonnen vertrieben, inhaftiert oder ermordet.

Mongolen

Von den etwa 7,5 Mio. **Mongolen** leben rund 2,3 Mio. in der Republik **Mongolei** sowie rund 5 Mio. in der **Autonomen Region Mongolei bzw. Inneren Mongolei** in **China**, Minderheiten in **Tibet** und **Nordafghanistan**. Zu den Mongolen zählen außerdem kleinere und größere Volksgruppen, u.a. die **Burjaten** und **Kalmyken** (Kalmykien). Ihre Sprache, die in einen östlichen und westlichen Zweig unterteilt wird, gehört zur **altaischen** Sprachfamilie.
Die Mongolen waren im Mittelalter ein gefürchtetes Reitervolk (Goldene Horde), deren riesiges Reich sich unter der Führung ihres legendären ersten Herrschers **Dschingis Khan** und seiner Nachfolger – so etwa seines Enkels **Kublai Khan** – ab dem 13. Jh. für etwa drei Jahrhunderte zeitweise über ganz **China** und **Russland**, den **Iran**, **Indien**, den **Kaukasus und** die **Türkei** bis zur **Ostsee** und nach **Schlesien** sowie im Süden bis an die **Adria** erstreckte. Viele Mongolen leben auch heute noch als Saison- bzw. Halbnomaden von der Viehhaltung, wobei sie mit ihren großen Herden (Pferde, Yaks, Rinder, Schafe, Ziegen) oft weit voneinander entfernt liegende Weideplätze aufsuchen, wo die **Jurte** als Unterkunft dient. Eine weitere wichtige Einkommensquelle ist die Landwirtschaft, wobei vor allem Gerste und Hirse angebaut werden. Inzwischen spielt aber auch die langsam wachsende Industrie eine immer größere Rolle.
Die traditionelle Gesellschaftsordnung der Mongolen, die **buddhistisch-lamaistisch** sind, aber auch **schamanistische Riten** ausüben, beruht vor allem auf der Großfamilie, wobei sich in der Regel mehrere Familien zu großen Klans zusammenschließen, die auf einen gemeinsamen Vorfahr zurückgehen.

Burjaten

Die **südsibirischen Burjaten**, von denen neben 350 000 Angehörigen in der Autonomen Republik **Burjatien** in Russland auch Minderheiten in **Irkutsk**, **Tschita** und der **Mongolei** leben, sind die Nachfahren der **Khori**, eines in der **»Geheimen Geschichte der Mongolen«** (13. Jh.) erwähnten mongolischen Volkes, die sich mit Turkstämmen vermischten. Ihre Sprache gehört zu den **ostmongolischen Sprachen**. Entsprechend ihres Siedlungsgebiets werden die Burjaten in die **West-** und die **Ostburjaten** unterteilt. Sie sind – von einer christlichen Minderheit abgesehen – **tibetisch-buddhistisch** und praktizieren **Schamanismus**. Die Burjaten leben traditionell als Nomaden von der Viehhaltung oder als sesshafte Bauern von der Landwirtschaft, eine weitere Erwerbsquelle ist die Pelztierjagd. Ihre Gesellschaftsordnung beruht auf Familienklans, denen das jeweils älteste männliche Familienmitglied vorsteht.

1 **Seit Jahrzehnten versuchen Regierungen in Zentralasien vergeblich, die Nomaden zur Sesshaftigkeit zu bewegen.**

2 **Im kleinen Nepal am Fuß des Himalaya zwischen Tibet und Indien leben sehr unterschiedliche Volksgruppen mit eigener Kultur und Sprache.**

3 **Nepalesische Frauen tragen durch Näharbeiten zum Lebensunterhalt der Familien bei.**

4 **Typische Behausung der mongolischen Nomaden sind die Jurten. Diese stabilen Rundzelte bieten Platz für Großfamilien und lassen sich leicht transportieren.**

Tibet: Pilger, Mönche und Reiterfeste

Die Tibeter haben trotz der chinesischen Annexion seit 1950 ihre eigenständige Kultur bewahren können.

Um Tibets Kultur verstehen zu können, muss man die Religion der Tibeter kennen, den Lamaismus, die in Tibet entstandene Sonderform des Buddhismus. Im 8. Jh. wurde der Buddhismus in Tibet eingeführt, konnte sich aber erst nach Konflikten mit der dort vorherrschenden schamanistischen Bon-Religion durchsetzen. Der Lamaismus hat Elemente dieser Religion übernommen, wie den Glauben an Naturgeister und Dämonen. Es bildeten sich verschiedene Schulen, wobei im 15. Jh die Gelugpa (»Tugendschule«), deren Mönche gelbe Mützen tragen, zur führenden Richtung wurde. Mit ihr setzte sich auch eine hierarchische Ordnung durch mit dem Dalai-Lama und dem Pantschen-Lama als Oberhäuptern. Der Lamaismus (tibetisch lama »der Obere«) ist eine Mönchsreligion. Im alten Tibet lebten 20 Prozent der Männer in den Klöstern. Nach dem Einmarsch der chinesischen Truppen und während der Kulturrevolution wurden fast alle religiösen Stätten zerstört und Tausende von Mönchen ermordet. Heute sind einige der Klöster wieder aufgebaut, und es gilt offiziell Religionsfreiheit.

Erleuchtung strebt man im Lamaismus an durch mystische Versenkung und Ausübung bestimmter Rituale, wie symbolhafte Handhaltung (Mudra) und Silbenmurmeln (Mantra). Auch die Umrundung von Heiligtümern, Gebetsmühlen und Mandalas (mystische Diagramme) spielen eine große Rolle. Wichtig sind auch Pilgerreisen zu heiligen Stätten wie zum Berg Kailash und Feste wie Losar, das Neujahrsfest. Traditionell zur tibetischen Kultur gehören auch die Reiterfeste – das »Wettreiten für die Götter«.

Links: Pilger beim Neujahrsfest mit Gebetsfahnen und Gebetszetteln.

1 Mönche musizieren bei der Cham-Zeremonie, bei der Ritualtänze aufgeführt werden.

2 Mönch im Kloster von Litang

3 Zeremonieller Tanz beim Vollmondfest

4 Pilger am heiligen Berg Kailash im Transhimalaya

5 Reiterfest in Litang

China – Reich der Mitte

Mit rund 1,3 Milliarden Menschen leben heute rund 20% der Weltbevölkerung in der Volksrepublik China, nach Russland, Kanada und den USA flächenmäßig das viertgrößte Land der Erde mit mehr als 3400 vorgelagerten Inseln. Daneben ist China auch die Wiege einer der frühesten Hochkulturen der Menschheit.

Etwa 1,1 Milliarden Chinesen – das sind rund 90% der Gesamtbevölkerung – gehören zur Volksgruppe der Han, danach folgen die Zhuang mit 18 Mio. Menschen (1,4%), die muslimischen Hui und die Mandschu mit jeweils etwa 10 Mio. (0,8%) sowie die turkstämmigen Uiguren mit 7 Mio. (0,6%), die Yi mit 6 Mio. (0,5%) und die Miao mit 6 Mio. (0,5%), dazu kommen noch rund 5 Mio. Tibeter hinzu sowie etwa 5 Mio. Mongolen in der autonomen Region der Inneren Mongolei.

Bei der Machtübernahme durch die Kommunisten 1953 unter Mao Dsedong betrug die chinesische Bevölkerung kaum 600 Mio. Menschen, 1964 waren es bereits knapp 700 Mio., und 1983 wurde die Millardengrenze überschritten. Um dieser raschen Bevölkerungszunahme zu begegnen, wurde die gesetzlich verankerte Regelung der Ein-Kind-Familie eingeführt, nach der – von wenigen Ausnahmen abgesehen – jedem Ehepaar grundsätzlich nur noch ein Kind zugestanden wird, sowie das offizielle Heiratsalter heraufgesetzt.

Die offizielle Amtssprache der Chinesen ist Putonghua (»Allgemeinsprache«), das zum nördlichen Zweig der sino-tibetischen Sprachfamilie gehört und auf dem Pekinger Dialekt aufbaut. Es wird seit vielen Jahren konsequent im ganzen Land verbreitet, sodass sich alle Chinesen heute in einer gemeinsamen Sprache verständigen können. Neben Putonghua gibt es noch etwa zwölf weitere Sprachen und zahlreiche Dialekte, u.a. Kantonesisch, Fukienesisch und Hakka, die sich teilweise erheblich voneinander unterscheiden.

Die über 3000 Jahre alte Schriftsprache, die in ganz China angewendet wird, umfasst nicht weniger als 50 000 Zeichen, von denen jedoch nur etwa 8000 im ständigen Gebrauch sind – zum Lesen beispielsweise eines Buches oder einer Zeitung ist lediglich die Beherrschung von rund 4000 Schriftzeichen erforderlich.

Trotz der inzwischen rasch wachsenden Industrialisierung leben heute immer noch etwa zwei Drittel aller Chinesen auf dem Land. Dies ist auch zurückzuführen auf das Verbot für die Landbevölkerung, in die Städte zu ziehen. Dadurch sollte der Entstehung von Slums vorgebeugt werden, wie sie sich etwa in den Ballungszentren zahlreicher lateinamerikanischer Länder herausgebildet haben.

Großes Bild: In Sozouh freuen sich Kinder auf den Zoobesuch.

Mitte: Goldzähne sind ein »Wohlstandssymbol«.

Rechts: Während auf dem Land Traditionen bei der Erziehung noch eine große Rolle spielen, orientieren sich die Kinder in den Städten zunehmend an westlichen Vorbildern.

Die Ursprünge des »Reichs der Mitte« reichen weit zurück: Einer Legende nach lebten die ersten Chinesen im Tal des Gelben Flusses (Huang He) in Ostchina, archäologisch belegt ist jedoch nur, dass es in dieser Region schon um etwa 5500 v. Chr. erste Reisbauern gab, die auch Lotus und

Durch die offizielle Ein-Kind-Politik soll das Bevölkerungswachstum verlangsamt werden.

Wasserkastanien anbauten. Im Verlauf der Yangshao-Kultur im Gebiet von Henan (5000–3000 v. Chr.) und der Lungshan-Kultur (um 3000–1000 v. Chr). wurden in Nordchina Korb- und Lackwaren, Seide, Textilien, Jadeschmuck sowie Töpferscheibenkeramik hergestellt. Historisch nachweisbar ist auch die erste Shang-Dynastie um 1500–1050 v. Chr., deren Hauptstadt in der nordchinesischen Provinz Henan lag. Damals gab es schon differenzierte Landwirtschaft (Hirse, Weizen, Gerste, Reis) sowie eine ausgeprägte Viehhaltung; in diese Zeit fällt auch die Herstellung von Waffen sowie von Masken und Monumentalfiguren aus Bronze (Shu-Kultur). Weitere Erfindungen dieser Epoche waren die Schriftsprache sowie die Technik der Porzellanherstellung. An der Spitze des Reiches stand der König, gefolgt von einer militärisch-aristokratischen Adelsschicht und der Klasse der Priester, die außer für den Ahnen- und Götterkult auch für die Geschichtsschreibung und Tierknochenorakel zuständig waren.

Im Verlauf der Zhou-Dynastie (1050–221 v. Chr.) kam es zu einer weitläufigen Ausdehnung des Reiches, und es entstanden zahlreiche unabhängige Feudalstaaten mit einem durch Erbfolge bestimmten Gottkönig und einer mächtigen adeligen Kriegerklasse, deren luxuriöser Lebensstil auf Kosten der verarmten Bauern- und Sklavenschicht ging.

Im 6. und 5. Jh. v. Chr., einer Zeit wachsender innen- und außenpolitischer Konflikte, lebten die Philosophen Konfuzius, der Begründer des Konfuzianismus, der die Kultivierung menschlicher Tugenden und sozialer Ordnung in den Vordergrund stellt, und Lao-tse, dessen Tao-te-king neben den Werken von Zhuangzi zur Grundlage des Taoismus wurde. Er betonte das Ideal des einfachen Lebens entsprechend der Harmonie der fünf Elemente in der Natur und der Balance des männlich-weiblichen Yin-Yang-Prinzips. Dies wurde auch zur Grundlage des im 3. Jh. v. Chr. verfassten berühmten Orakelbuchs I-Ging, der Feng-Shui-Philosophie oder der Bewegungskunst des Tai-Chi.

Zur dritten religiösen Kraft wurde ab dem 1. Jh. n. Chr. der Buddhismus, der heute etwa 100 Mio. Anhänger in China hat und auch die Grundlage des 552 gegründeten Shaolin-Klosters bildete, dessen Mönche und Nonnen die Kampfkunst Kung-Fu entwickelten, um sich gegen räuberische Eindringlinge zu verteidigen. In die Zeit zwischen 1. und 6. Jh. fallen auch der Bau der ungefähr 6250 km langen Chinesischen Mauer, an deren Errichtung rund 300 000 Menschen beteiligt waren, sowie die Erfindung des Papiers. Hinzu kam die Weiterentwicklung der ganzheitlich orientierten chinesischen Medizin, die als Traditionelle Chinesische Medizin (TCM) inzwischen auch im Westen angewendet wird und zu der vor allem Akupunktur, Ernährungs- und Kräuterheilkunde, aber auch alte Meditations- und Atemtechniken wie das Qi-Gong gehören.

Auch im modernen China sind ältere Menschen immer noch geachtete Respektspersonen.

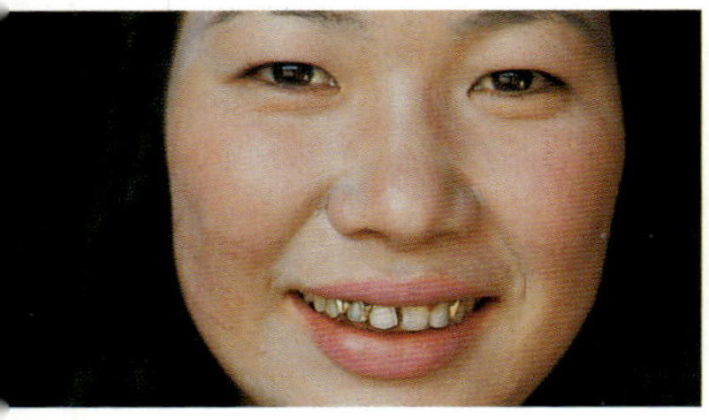

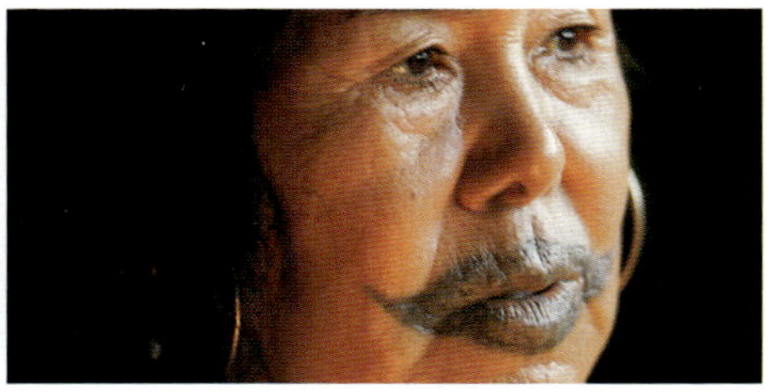

*Die rund 20 000 **Ainu** (»Mensch«), Ureinwohner Japans, leben seit ihrer Unterwerfung durch die Japaner im 15. Jh. vorwiegend auf Hokkaido. Ihre Sprache, die sich keiner Sprachgruppe zuordnen lässt, wird heute kaum noch gesprochen.*

Han

Die **Volksrepublik China** ist ein Staat mit bislang **57 Nationalitäten.** Da die Mehrheit der Bevölkerung der ethnischen Gruppe der **Han** angehört, werden die 56 anderen Gruppen als nationale Minderheiten bezeichnet. Die Zahl der Han beläuft sich auf etwa 1,2 Mrd. in Ostasien, davon leben etwa 90% in China. Als Auslandschinesen leben viele Han in Südostasien, besonders in **Thailand** (5 Mio.), **Malaysia** (5 Mio.), **Indonesien** (4 Mio.) und Singapur (2 Mio.). **Han** ist der Name mehrerer **Dynastien** in China, die über lange Zeit das Land beherrschten. Der alte Brauch, die Füße reicher Chinesinnen so einzubandagieren, dass sie zu den berühmten **»Lilienfüßen«** verkrüppelten, geht auf diese Herrscherkaste zurück. Zu den chinesischen Minderheitsvölkern, wie die **Hezhen, She, Dai, Li, Goashan** und **Wa**, zählen u. a. mit 7 Mio. Menschen die **Uiguren**, ein Turkvolk in **Sinkiang** im Nordwesten von China, wo auch die **Hui** beheimatet sind, und 10 Mio. chinesische Muslime, die mehrmals versuchten, die chinesische Herrschaft abzuschütteln.

Japanische Teezeremonie

Sado oder Chado heißt die traditionelle japanische Teezeremonie, die stark vom Zen-Buddhismus beeinflusst wurde und deren Anfänge bis auf das 16. Jh. zurückgehen. Zur klassischen Teezeremonie, bei dem der Gastgeber den Tee in Gegenwart seiner Gäste zubereitet und serviert, gehört neben einem genau festgelegten Zubehör – u.a. ein Bambuspinsel (Chasen), mit dem der bittere grüne Macha-Tee geschlagen wird – eine komplizierte, ebenfalls detailliert vorgeschriebene Abfolge von Schritten. Die dafür erforderliche Zeit und Konzentration erzeugen eine meditative Stimmung und fördern so die Entspannung aller Beteiligten.

Zhuang

Mit 17 Mio. stellen die **Zhuang**, auch **Tschuang** oder **Chuang** genannt, die zweitgrößte Völkergruppe Chinas. Sie sind **polytheistischen** Glaubens, gehören zu den **Tai-Völkern** und sprechen ihre eigene **Zhuang-Sprache**.

Mandschu

Die heute etwa 10 Mio. **Mandschu** sind nach den **Han** und den **Zhuang** die drittgrößte Bevölkerungsgruppe **Chinas. Sie leben zu etwa drei Vierteln in der nordostchinesischen Mandschurei**. Ihre Sprache (Mandschu) gehört zur Gruppe der **manjutungusischen Sprachen in der altaischen Sprachfamilie**, ihre Schriftzeichen beruhen auf dem mongolischen Alfabet. Eng mit den Mandschu verwandt sind die rund 200 000 **Xibe**, die als staatlich anerkannte Minderheit in **Nordostchina** leben und deren Sprache (Xibeisch) auf einen **mandschurischen Dialekt** zurückgeht. Die Mandschu, ursprünglich ein nomadisierendes Reiter- und Jägervolk, sind heute weitgehend sesshaft und leben als Bauern von Landwirtschaft und Viehhaltung sowie von Fischfang und Jagd. Eine wichtige Einnahmequelle bieten Anbau und Verkauf von Ginseng.
Die Mandschu und Xibe sind Anhänger **buddhistisch-schamanistischer religiöser Praktiken**, bei denen die Verehrung zahlreicher Götter sowie der Geisterglaube und der Ahnenkult eine große Rolle spielen.

Geisha und Maiko sind das japanische Symbol für Grazie schlechthin.

Taiwanesen

In **Taiwan** (Chinesisch: »Terrassenland«), das früher **Formosa** hieß (portugiesisch: Ilha Formosa = Wunderbare Insel), heute aber offiziell als **Republik China** bezeichnet wird, leben neben den **chinesischstämmigen Taiwanesen** etwa 20 Volksgruppen **malaiisch-polynesischer** Herkunft, die als die Ureinwohner der Insel gelten und zusammen etwa 350 000 Mitglieder zählen. Zu ihnen gehören u.a. die Ami an der **Ostküste**, zahlenmäßig die größte Gruppe, sowie die **Atayal, Paywan, Bunun, Puyuma, Rukai** und **Tsou**, die in der unzugänglichen Bergregion von **Osttaiwan** siedeln und bis vor etwa 80 Jahren gefürchtete Kopfjäger waren. Ihre Sprachen gehören zur austronesischen Sprachfamilie.
Während die **Ami** überwiegend vom Fischfang leben, sind die anderen Volksgruppen vor allem Brandrodungsbauern (Kartoffeln, Hirse) und Jäger, daneben spielt die Kleintierhaltung eine Rolle. Im Gegensatz zu den anderen alttaiwanesischen Volksgruppen, mit traditionell patrilinearer Sozialordnung waren die Ami **matrilinear** strukturiert. Außerdem gab es mit Ausnahme der **Paiwan** und **Rukai**, deren Dorfgemeinschaften von Häuptlingen regiert wurden, keine zentralisierte Stammesorganisation, sondern einen Ältestenrat.

Koreaner

Neben den etwa 70 Mio. **Koreanern**, die zu gut zwei Drittel in **Südkorea** und zu knapp einem Drittel in **Nordkorea** leben, gibt es weitere größere koreanische Gruppen auf der japanischen Insel **Sachalin** sowie Minderheiten in **Kasachstan**, **Usbekistan** und auf **Hawaii**. Ihre Sprache gehört zur **altaischen Sprachgruppe**, hat jedoch wie das Japanische zahlreiche Lehnwörter aus dem **Chinesischen** übernommen, das sich ab dem 3. Jh. über Korea bis nach Japan ausbreitete. Dagegen konnte die koreanische Schriftsprache (Hangûl) immer ihre Eigenständigkeit bewahren, löste aber erst zu Anfang des 20. Jh.s die bis dahin üblichen komplizierten chinesischen Schriftzeichen ab.
Die Wirtschaftsgrundlage der Koreaner ist traditionell die Landwirtschaft, daneben sind auch der Fischfang und die **Seidenraupenzucht** eine wichtige Einnahmequelle. Nach der Teilung in den kommunistisch regierten Norden und den nach westlichem Vorbild industrialisierten Süden liegt der Anteil der Bauern in Südkorea heute allerdings nur noch bei etwa 10%, in Nordkorea dagegen noch bei rund einem Drittel. Die Mehrheit der Südkoreaner bekennt sich entweder zu **Christentum** (25%) oder **Konfuzianismus** bzw. **Buddhismus.** Mehr als zwei Drittel der Nordkoreaner sind konfessionslos.

Japaner

Mit heute etwa 125 Mio. Menschen, von denen knapp 80% in den Städten leben, stellen die ethnischen **Japaner** mehr als 99% der Gesamtbevölkerung ihres Landes, dazu kommen noch einmal 1,5 Mio. Japaner in **Nord- und Südamerika** sowie auf **Hawaii.** Ihre Sprache, deren Urspünge nicht bekannt sind, wurde ab dem 3. Jh. n. Chr. stark von chinesischen Einflüssen geprägt, wodurch das heutige **Japanisch** etwa zur Hälfte aus chinesischen Wörtern besteht, deren Aussprache sich jedoch im Lauf der Jahrhunderte stark verändert hat. Auch die japanische Schrift geht auf die im 4./5. Jh. von den Chinesen übernommenen Schriftsprache zurück, aus der sich im 8. Jh. eine **eigenständige Silbenschrift** (Hiragana) entwickelte, die im 12. Jh. durch ein vereinfachtes System (Katakana) ergänzt wurde. Seitdem wird diese Schrift neben **Hiragana** sowie etwa 2000 »echten« chinesischen Schriftzeichen in ganz Japan verwendet.
Staatsreligion der Japaner ist der **Shintoismus** (»Weg der Götter«), von dem es mehr als 80 verschiedene Richtungen gibt. Er beruht außer auf dem Ahnenkult auf dem Glauben an verschiedene Geister (Kami) und Naturgötter, die in Schreinen verehrt werden und mit denen sich eine reiche Mythologie verbindet, nach der u.a. der Enkel der Sonnengöttin **Amaterasu** als direkter Vorfahr der **japanischen Kaiser** (Tenno) gilt. 538 gelangte auch der **Buddhismus** über **Korea** nach **Japan**, von dem es ebenfalls mehrere Richtungen gibt (u. a. Zen-Buddhismus) und der heute zweitwichtigste Religion ist. Durch seine strengen Wertmaßstäbe wie Pflichterfüllung, Einfachheit, Selbstbeherrschung und die Ethik des **»lauteren Herzens«** (Magokoro) bzw. die klassischen Tugenden des Kriegers (Bushido) wurde der **Shintoismus** zusammen mit dem Buddhismus auch zur Grundlage der japanischen Kultur. Dazu gehören auch die klassischen Kampfkünste **Karate, Kendo** (Schwertkampf) oder **Jiu-Jitsu** und die Tradition der **Samurai** wie auch Architektur, Gartengestaltung, Theater (No, Kabuki), Musik und Tanz.

Vielfältiges Indien

Den Lebensunterhalt für ihre Familien sichern diese Frauen in Rajasthan mit Kunsthandwerk.

Gurus (Lehrer) und Bettelmönche (Sadhus) genießen in Indien hohes Ansehen. Die Zugehörigkeit zu einer Kaste wird durch die Stirnbemalung angezeigt.

Alle sieben Jahre findet in Indien die Kumb'mela statt, ein religiöses Fest, bei dem Millionen Menschen aus allen Teilen des Landes zusammenkommen.

Das Land der hinduistischen Brahmanen und Bettelmönche war auch die Heimat des Prinzen Siddhartha, der später als Gautama Buddha die Kultur vieler Länder Asiens veränderte. Neben Ägypten, Mesopotamien und China gehört Indien, dessen heilige Schriften (Veden) vor etwa 3500 Jahren entstanden, zu den ältesten Hochkulturen.

Über 70% der rund 1 Mrd. Inder, von denen mehr als ein Drittel an oder unterhalb der Armutsgrenze lebt, ernähren sich als Bauern vor allem vom Anbau von Reis, Getreide, Gemüse, Zuckerrohr, Tee, Kaffee, Hülsenfrüchten, Bananen, Mangos, Erdnüssen, Gewürzen, Kautschuk und Baumwolle bzw. von der Viehhaltung (Büffel, Pferde, Esel, Kamele, Rinder, Schafe, Ziegen). Gleichzeitig ist Indien eine der bedeutendsten Industrienationen, wozu neben den unzähligen kleinen und mittleren Familienbetrieben (vor allem im Bereich der Textilproduktion) auch die ständig wachsende Software-Industrie (besonders im südindischen Bangalore) beiträgt.

Rund drei Viertel der Inder sprechen eine der nördlichen indoarischen Sprachen, vor allem Hindi (40%), die offizielle Amtssprache, sowie Bengali, Bihari, Punjabi, Gujarati, Assami, Kaschmiri, Nepali oder Urdu. Auch Sanskrit beruht auf indoarischen Wurzeln, wird heute jedoch nur noch bei religiösen Zeremonien verwendet. Im Süden überwiegen dagegen die dravidischen Sprachen (u.a. Tamil und Telugu), während die Sprachen der Manipuri und Naga im Norden Indiens zur sinotibetischen Sprachfamilie gehören. Rund 80% aller Inder sind Hindus, gefolgt von Muslimen mit etwa 12% sowie Minderheiten der Christen, Sikhs, Jainas, Buddhisten und Parsen (Zoroastrier). Die kulturellen Wurzeln der Inder sind die spirituellen Traditionen des Hinduismus und seine zahlreichen Götter wie Krishna, Vishnu oder Kali bzw. die alten heiligen Schriften (Veden), zu denen u.a. auch die Baghavadgita gehört. Der Hinduismus geht von dem Glauben an eine ewige universelle Ordnung (Dharma) aus, der die Menschen durch Erfüllung ihrer Aufgaben gerecht werden müssen, um damit dem Gesetz des Karma von Ursache und Wirkung zu entsprechen und der ewigen Wiedergeburt (Reinkarnation) zu entgehen. Die Aufgaben des Einzelnen ergeben sich aus der Zugehörigkeit zu einer der vier Kasten (Varnas), zu denen zahlreiche Unterkasten (Jatis) gehören, nach denen sich die indische Gesellschaftsordnung regelt und in die man nach hinduistischem Glauben seinem Karma entsprechend hineingeboren wird. Ranghöchste Kaste ist die Gruppe der Brahmanen (Priester), der rund 5% aller Inder angehören, danach folgen mit rund 40% die Kshatriyas (Krieger) und die Vaishyas (Händler, Viehzüchter) sowie mit etwa 33% die Shudras (Arbeiter, Bauern). Außerhalb des Kastensystems und damit an unterster Stelle der Gesellschaft stehen die so genannten »Unberührbaren« (Dalits = »Zerbrochene«), zu denen etwa 160 Mio. (15%) Menschen gehören, sowie die indischen Ureinwohner (Adivasis = »die Ersten im Land«) mit rund 300 Minderheitengruppen, die rund 7% der Gesamtbevölkerung ausmachen und überwiegend im nord- und zentralindischen Wald- und Bergland leben. Die Abschaffung der jahrhundertelangen sozialen Benachteiligung der unteren Kasten wie etwa das Verbot der Heirat mit Angehörigen anderer Kasten und die Diskriminierung der »Unberührbaren«, die von Mahatma Gandhi als »Harijans« (»Kinder Gottes«) bezeichnet wurden, ist zwar seit langem gesetzlich geregelt, setzt sich aber nur sehr langsam durch.

Die Religionen Asiens

Goldene Tempel, mächtige Steinpagoden, imposante Felsenheiligtümer, schlichte Schreine, stolze Minarette und prächtige Moscheen – nirgendwo gibt es ein so vielfältiges religiöses Leben wie in Asien. Der riesige Kontinent ist die Wiege der großen Weltreligionen.

Der Hinduismus oder Brahmanismus, der Buddhismus, die chinesischen und japanischen Religionen – wie Taoismus und Shintoismus –, das Judentum, Christentum und der Islam haben in verschiedenen Teilen Asiens ihren Ursprung und verbreiteten sich im Gefolge der verzweigten Handelswege über den ganzen Erdteil und weit darüber hinaus.
Für die Menschen zwischen der Arabischen Halbinsel und Japan ist die Vielfalt der Glaubensformen ein elementarer Bestandteil ihrer kulturellen Identität und ihres Alltags geblieben, davon zeugen die grandiosen Bauten und Tempelanlagen. Diese stehen im Zentrum alter und doch sehr lebendiger Traditionen sowie zahlreicher Feste. Zugleich sind sie Stätten tiefster Verehrung und auch großer Gelehrsamkeit.

Großes Bild rechts: Pilger blicken auf das Grab der Rugaija, einer Tochter des schiitischen Glaubensmärtyrers Husain. Die nach ihr benannte Moschee in Damaskus gilt als ein Musterbeispiel moderner iranischer Baukunst.

Großes Bild links: Japanische Bergasketen (Yamabushi) in typischer Kleidung – das Käppchen nur mit einer Schnur gehalten, Pluderhosen bis zu den Knien. Am Shogoin-Tempel in Kyoto schlagen sie die Taiko, eine fassförmige Trommel.

1 Muslime beim Gebet in der berühmten Omaijaden-Moschee aus dem 8. Jh. in Damaskus. Dort wird auch das angebliche Haupt Johannes des Täufers verwahrt.

2 Im Prabat-Tay-Tempel in Luang Prabang in Laos betet andächtig ein buddhistischer Mönch vor der goldenen Statue eines liegenden Buddha.

3 Dieser weise Mann aus Pushkar in Rajasthan ist ein Sadhu – ein Hindu-Asket. Der rote Punkt auf der Stirn kennzeichnet das dritte Auge der Erkenntnis.

4 Taoistische Priester in Singapur halten eine Messe zum Fest der Hungrigen Geister. Ihre Roben sind mit den Symbolen der Einheit des Universums geschmückt – Yin und Yang sowie die Acht Trigramme.

1

2

3

4

1

2

3

4

5

6

7

8

9

Gesichter Asiens

Auf dem größten der Erdteile lebt weit mehr als die Hälfte der Erdbevölkerung. Ethnische Vielfalt und Traditionen, die seit Jahrhunderten lebendig sind, prägen das faszinierende Antlitz des asiatischen Kontinents.

Der mit rund 3,8 Mrd. Menschen bevölkerungsreichste Kontinent der Erde beherbergt mehr Menschen als alle anderen Kontinente zusammen, wenn auch in ungleicher regionaler Verteilung.
Auf nur einem Drittel der Gesamtfläche Asiens, vorwiegend in den fruchtbaren Ebenen der großen Flüsse und in den Küstenregionen, leben rund 90 Prozent der Asiaten. Das sind fast drei Fünftel der Weltbevölkerung. Den weitgehend menschenleeren Wüsten und Steppen der Arabischen Halbinsel und Zentralasiens stehen die gigantischen Millionenstädte im Osten und Südosten des Kontinents, in Indien, China oder Japan, gegenüber. Hunderte von Ethnien, ungezählte Sprachen und Dialekte sowie unterschiedlichste Traditionen und Gebräuche prägen das Gesicht dieses riesigen Erdteils.

1 Hongkong: Sogar in der hochmodernen Metropole begegnet man Frauen in der traditionellen Tracht der Hakka – ein ursprünglich nordchinesisches Volk, das seit dem 14. Jh. in Südchina lebt.

2 Bahrain: Dieser Mann aus dem jahrhundertealten Handelszentrum zwischen der arabischen Welt und Indien trägt einen Keffieh, der ihn vor der brennenden Sonne schützt.

3 Thailand: Ein farbenprächtiges Beispiel fantasievoller Kopfbedeckung – der Turban dieses Mädchens ist ein Blumengesteck. Bei den Lisu, einer in Nordthailand lebende Minorität, wird er zu festlichen Gelegenheiten getragen.

4 Nepal: Dieses Porträt aus dem einzigen offiziell hinduistischen Staat zeigt einen Asketen. Die weiß geschminkte Stirn mit dem senkrechten roten Strich zwischen den Augenbrauen kennzeichnet den heiligen Mann als Anhänger des Gottes Vishnu.

5 Japan: Im typischen Make-up der Geisha leuchtet der Mund kirschrot aus dem weiß geschminktem Gesicht. Die weiße Farbe soll die Individualität auslöschen und die »Kunst-Frau« wie eine Bühnengestalt aus dem Alltag heraus heben.

6 Bhutan: Im Königreich an den Südhängen des östlichen Himalaja ist der Lamaismus, der Buddhismus tibetischer Prägung, Staatsreligion. Das Bild zeigt einen Mönch des Taktshag-Klosters von Gomchen. Der Holzperlenkranz dient als Hilfsmittel beim Gebet und bei der Rezitation der Heiligen Schriften.

7 Indien: Das U-förmige Zeichen auf der Stirn dieses Mädchens symbolisiert den Fußabdruck des Gottes Vishnu. Solch aufwändige Gesichtsbemalung und prächtiger Schmuck werden an religiösen Festtagen und bei traditionellen Tanzveranstaltungen angelegt.

8 Mongolei: Im wettergegerbten Gesicht dieses Kasachen aus der Mongolei spiegelt sich das Leben in der Steppe wider. Die vorwiegend muslimischen Kasachen gehören im dünn besiedelten Flächenstaat zu den Minderheiten.

9 Oman: Eine Beduinin aus Al Qabil trägt Schleier und Gesichtsmaske – die Burqa. Im Oman ist die Verschleierung auch Ausdruck weiblichen Selbstbewusstseins, Tradition und Diskretion zu wahren.

10 Kambodscha: Fröhliches Gelächter beim alltäglichen Waschen – buddhistische Novizen am Bakong-Tempel von Angkor.

11 Bali: Kulturelle Tradition ist im klassischen indonesischen Tanz besonders lebendig. Bestechend ist die Anmut der Bewegungen: Die Betonung liegt vor allem auf den Händen und auf dem Oberkörper.

12 Die Inder lieben farbenprächtige Kleidung und aromatisches Essen. Auf diesem Ladentisch im südindischen Mysore sind Farbpulver und Gewürze dekorativ ausgelegt.

13 Japan: In der traditionsreichen ehemaligen Kaiserstadt Kyoto leben die alten Werte fort. Hier musizieren shintoistische Priester im traditionellen Zeremonialgewand. Trommeln und Flöten gehören zu den elementaren Instrumenten in der klassischen, religiösen japanischen Musik.

10

11

12

13

*Lebensgrundlage der 2,8 Mio. **Balinesen** sind vor allem Terrassenfeldbau (Reis, Zuckerrohr, Kaffee, Obst, Gemüse) und Viehhaltung sowie Tourismus. Die überwiegend hinduistisch geprägten Balinesen sind berühmt für ihr Kunsthandwerk (Holzschnitz-, Silber- und Goldschmiedearbeiten) sowie für ihre feinen, oft mit Gold- und Silberfäden verarbeiteten Stoffe und Stickereien, aber auch für ihre Musik (Gamelan) und ihre Tanzkünste.*

Inder

Die rund 1 Milliarde **Inder** weisen sowohl äußerlich als auch in ihrer Kultur große Unterschiede auf. Neben den hochkultivierten Nordindern, den **Sikhs, Rajputen** und den Küstenvölkern West- und Südindiens, wie den dunkelhäutigen **Tamilen** (60 Mio.), leben im Inneren des Subkontinents Hackbauernstämme wie die **Munda-Völker** (ca. 10 Mio.) oder die kulturell stark unterschiedlichen **Gond**. **Sikhs** (Hindi für »Schüler«) werden die Anhänger der Reformbewegung des **Sikhismus** genannt, der die Kastenordnung des Hinduismus ablehnt. Die Forderungen nach einem unabhängigen **Sikh-Staat** eskalierten 1984 in der Ermordung der damaligen Ministerpräsidentin **Indira Gandhi**. Zu den 120 Mio. Menschen zählenden **Rajputen** (altindisch: »Königssohn«) gehören auch viele der Fürstenfamilien Nordindiens. Die **Gujar**, auch Gudschar (2 Mio.) genannt, gehören zu einer Stammeskaste im Westen Indiens. An Birma angrenzend leben die tibetobirmanisch sprechenden **Naga**, eine Gruppe von mongoliden Bergstämmen.

Singhalesen

Der Name der 15 Mio. **Singhalesen**, die noch vor den **Tamilen** etwa 75% der Gesamtbevölkerung **Sri Lankas** (früher Ceylon) ausmachen, leitet sich ab von **Simha** (»Löwe«), einem mythischen Vorfahren. Die Geschichte der Singhalesen, deren Sprache (Singhala) zur Gruppe der **indoarischen Sprachen** gehört, reicht nach ihrer Großen Chronik (Mahavamsa) bis auf das 4. Jh. v. Chr. zurück. Demnach stammen ihre Vorfahren aus dem **indischen Bengalen** und haben bei der Besiedelung Sri Lankas die einheimischen **Vedda** in die Berge zurückgedrängt.
Die Singhalesen bekennen sich zum **Buddhismus**, der sich ab dem 3. Jh. v. Chr. auf Sri Lanka auszubreiten begann. Zeugnisse der alten buddhistischen **Theravada-Kultur** sind die zahlreichen monumentalen **Buddha-Statuen** sowie mächtige Tempelanlagen (Dagoba). Die singhalesische Gesellschaftsordnung beruht auf Kastenzugehörigkeit. Am angesehensten sind die Mitglieder der **Goyigama-Kaste**, Grundbesitzer und selbstständige Bauern, während die Fischer und Handwerker zur unteren Kaste der **Karava** gehören.

Bengalen

Die Bevölkerung von **Bangladesh** besteht zu über 95% aus **Bengalen**, weitere 1,5 Mio. gehören zu den indischen **Bihari**. Zwei Drittel der Bengalen sind Analfabeten, da in Bangladech keine Schulpflicht besteht. Muslime sind mit über 85% in der Mehrheit, gefolgt von 10% Hindus. Die meisten Bengalen leben von der Landwirtschaft. Bangla Desh wird immer wieder von Naturkatastrofen heimgesucht (Teile des Landes liegen unter dem Meeresspiegel).

Die Padaung sind eine Minderheit in Myanmar.

Chittagong

Als **Chittagong-Völker** werden zwölf ethnische Gruppierungen mit unterschiedlichen Sprachen bezeichnet, die zurückgezogen in den **Chittagong-Bergen** im südöstlichen **Bangladesh** leben und deren Zahl heute auf etwa 500 000 geschätzt wird.
Zu den größten Gruppen gehören die eng mit den Birmanen verwandten **Mogh** (Marma) und die **Chakma**, deren Sprachen zur **sino-tibetischen Sprachfamilie** gehört. Dazu kommen kleinere Gruppen wie die **Murung** (Mru), **Lushai** oder **Panko**, die zu den frühesten Bewohnern der Chittagong-Bergregion zählen und in den autonomen Bezirken der **Chakma**, **Mru** und **Mogh** mit jeweils eigenen Oberhäuptern (Rajas) siedeln.
Während sich die buddhistischen **Chakma** und **Mogh** weitgehend an die Lebensweise der **Bengalen** angepasst haben, sind die übrigen Chittagong-Völker, von fremden Einflüssen bisher noch relativ unberührt geblieben.

Vedda

Ältestes Volk Südasiens sind die zur Gruppe der dravidischen Völker zählenden **Ureinwohner Sri Lankas (Ceylon)**, die **Vedda** (Wedda). Nachdem es zu einer teilweisen Vermischung mit der singhalesischen und tamilischen Bevölkerung kam, in deren Folge sie ihre Sprache zugunsten der jeweiligen Nachbarn aufgaben, leben inzwischen nur noch kleine Gruppen der ursprünglichen **Vedda** (Felsen-Vedda) zurückgezogen in den bergigen Dschungelgebieten auf der Ostseite der Insel.

Birmanen

Neben den rund 30 Mio. **Birmanen**, die knapp 70% der Gesamtbevölkerung **Myanmars** (früher Burma) ausmachen, gibt es noch mehrere größere Minderheitengruppen, die in autonomen Regionen leben und eine eigene Sprache sprechen bzw. eine eigene Kultur entwickelt haben. Dazu gehören neben der zahlenmäßig größten Gruppe der **Shan** u.a. auch die vor allem in den Bergregionen angesiedelten **Karen**, die ursprünglich aus China stammen, ferner die **Mon**, die aus dem indischen Assam zugewanderten **Chin**, die **Kachin** (Katschin) und die **Rohingya**. Die Sprache der überwiegend **buddhistischen Birmanen** gehört zur **tibeto-birmanischen Gruppe** der **sino-tibetischen Sprachfamilie**, ihre Schriftsprache beruht auf einer abgewandelten Form des **Pali-Alfabets**, in dem auch die alten buddhistischen Schriften verfasst sind.
Knapp drei Viertel der Birmanen leben noch auf dem Land in kleineren und größeren Dorfgemeinschaften, die meist aus palmblattgedeckten **Pfahlbauten** bestehen. Ihre Wirtschaftsgrundlage sind neben **Bewässerungsfeldbau** (Reis) und Gartenbau Fischfang und Viehhaltung.

Shan

Mit rund 4 Mio. Menschen zählen die **Shan**, die zur Gruppe der **Taivölker** gehören, zur größten autonomen Minderheitengruppe von **Myanmar**. Ihre Schrift hat große Ähnlichkeit mit dem **birmanischen Alfabet**, während ihre Sprache, das **Tai**, eng mit dem in Thailand gesprochenen Thai verwandt ist; von den Thailändern werden die **Shan** häufig auch als **Tai-Yai** (»große Tai«) bezeichnet. Die Geschichte der Shan geht bis auf das 11. Jh. zurück, als sich verschiedene Tai-Völker aus Südchina und Nordvietnam u.a. im Norden von Myanmar niederließen und zahlreiche Fürstentümer gründeten, an deren Spitze jeweils ein Prinz (Saohpa) stand. Heute sind die Shan überwiegend Anhänger des ursprünglich aus **Sri Lanka** (Ceylon) stammenden **Theravada-Buddhismus**, der sich jedoch mit zahlreichen vorbuddhistischen religiösen Vorstellungen wie dem Glauben an **Naturgeister** und dem **Ahnenkult** vermischt hat.

Thai

Die heute etwa 50 Mio. **Thai** (früher Siamesen), die wie die **Laoten** und die **Shan** zu den Taivölkern zählen, bilden mit rund 80% den **größten Bevölkerungsanteil Thailands**, der als einziger südostasiatischer Staat nie unter fremder Kolonialherrschaft stand. Knapp 80% der Thai, deren Sprache (Thai) zur **sino-tibetischen Sprachgruppe** gehört, leben auf dem Land, wobei der Reisanbau die größte Rolle spielt.
Die Vorfahren der heutigen Thai besiedelten, ab dem 8. Jh. in mehreren Wellen aus Südchina kommend, ihr heutiges Siedlungsgebiet, wo sie nach und nach die herrschenden **Mon-Khmer-Völker** verdrängten und im 13. Jh. ein erstes geeintes Reich gründeten. Von den einheimischen Mon übernahmen die Thais u.a. den **Theravada-Buddhismus**, der ihre Kultur nachhaltig geprägt hat.
Weltweite Berühmtheit erlangten die großen **Tempelanlagen** (Wats) in **Bangkok** und zahlreiche **Buddhastatuen**, die auf chinesische und birmanische Einflüsse zurückgehen bzw. von den **Khmer** geprägt wurden. Das **Ramakien**, eine Abwandlung des indischen **Ramayana-Epos**, ist die größte thailändische Nationaldichtung, auf der auch Musik und Tanz basieren.

Lisu

Das Siedlungsgebiet der heute rund 600 000 **Lisu** erstreckt sich über die unzugänglichen **Bergregionen Thailands**, **Myanmars** und **Südchinas**, ihre Sprache ge-

Typisch für das kommunistisch regierte ***Nordkorea*** *sind Massenveranstaltungen wie dieser Gymnastikwettbewerb in der Hauptstadt Pjönjang, an dem nicht weniger als 50 000 Menschen beteiligt sind. Symbolhaft veranschaulicht dies die bei vielen ostasiatischen Völkern lange vorherrschende Tradition der Unterordnung des Einzelnen unter die Gemeinschaft, die im Kontrast zum westlichen, das Individuum betonenden Selbstverständnis steht.*

hört zur **tibeto-birmanischen Gruppe** der **sino-tibetischen Sprachen**. Lebensgrundlage ist neben Jagd und Viehhaltung vor allem der Anbau von Reis und Hirse, in Thailand wird außerdem Mohn zur Opiumgewinnung gepflanzt.
Die Lisu sind traditionell in größere Klans mit je einem Stammesoberhaupt unterteilt, das von den Ältestenräten gewählt wird. Sie bekennen sich je nach Region zum **Buddhismus** (Thailand, Myanmar) oder **Taoismus** (China), haben ihre herkömmlichen Glaubensvorstellungen aber weitgehend bewahrt.

Miao (Meo)

Von den etwa 6 Mio. **Miao** (Hmong = »Mensch«), die sich in zahlreiche Gruppen unterteilen, lebt der größte Teil in **Südwestchina**, die übrigen verteilen sich über den **Norden von Thailand, Laos** und **Vietnam.** Ihre Sprache gehört zum **Miao-Yao-Zweig** der **sino-tibetischen Sprachgruppe**. Die Miao leben traditionell vom Ackerbau (vor allem Reis und Mais im jahreszeitlichen Wechsel mit Mohn zur Opiumgewinnung), der Tierhaltung (Rinder, Schweine, Hühner) sowie vom Handwerk (vor allem Baumwoll- und Hanftextilien sowie Batikstoffe).
Während sich die in Thailand lebenden Miao einer vor 40 Jahren eingeleiteten staatlichen Zwangsumsiedlung erfolgreich widersetzen konnten, mussten zahlreiche der in Laos angesiedelten Miao, die im Bürgerkrieg an der Seite der Regierung gekämpft hatten, nach dem Krieg emigrieren, vor allem nach Nordamerika, sodass dort heute größere Gruppen leben.

Khmer

Die heute etwa 11 Mio. **Khmer** stellen rund 90% der Gesamtbevölkerung **Kambodschas.** Während des Terrorregimes der Roten Khmer zwischen 1975 und 1979 kamen mehr als 1 Mio. Menschen ums Leben.
Ihre Sprache, das Khmer, gehört zur großen Gruppe der **Mon-Khmer-Sprachen**. Mehr als 85% der Khmer leben auf dem Land, ihre wirtschaftliche Grundlage sind vor allem der Anbau von Reis, Obst und Gemüse, der Fischfang und das Handwerk (Weberei, Töpferei, Metallverarbeitung).
Die Khmer sind überwiegend Anhänger des **indischen Theravada-Buddhismus**, der großen Einfluss auf die Kultur und das Alltagsleben der Menschen hatte. So war es früher üblich, dass jeder Mann für einige Zeit als Mönch ins Kloster ging. Das erste **Khmer-Reich** entstand im Jahr 802, etwa 300 Jahre später regierte die mächtige **Angkor-Dynastie**, an deren Spitze ein Gottkönig stand, gefolgt von adeligen Brahmanen und Beamten. Während ihrer Herrschaft, die sich zeitweise auf Thailand und Südvietnam erstreckte, entstanden zwischen 1113 und 1150 die **Tempelanlagen von Angkor Vat**.

1

2

3

Vietnamesen

Von den rund 70 Mio. **Vietnamesen**, die eng mit den **Chinesen** verwandt sind und deren Sprache zur Gruppe der **Mon-Khmer-Sprachen** gehört, leben rund 80% in ländlichen Gebieten, wobei etwa 70% in landwirtschaftlichen Produktionsgemeinschaften beschäftigt sind. Dabei werden vor allem Reis, Gemüse und tropische Früchte sowie Gewürze angebaut.
Die vietnamesische Kultur wurde weitgehend durch die mehr als tausendjährige chinesische Herrschaft (111 v. Chr.–939 n. Chr.) geprägt, im 16./17. Jh. kam es zu einer ersten Teilung in ein nördliches und ein südliches Reich. Etwa die Hälfte aller Vietnamesen bekennt sich zum **Buddhismus**, gefolgt von den Anhängern der chinesischen Glaubensrichtungen **Konfuzianismus** und **Taoismus**. Eine Minderheit gehört außerdem einer christlichen Glaubensgemeinschaft an.

1 Auf der Insel Taiwan lebt neben den Tsou, Paiwan und Atayal auch die kleine Volksgruppe der Ami.

2 Bei den Badjao auf der philippinischen Insel Bongao werden Braut und Brautjungfern besonders prächtig für die Hochzeit geschmückt.

3 Für die thailändischen Mönche sind die großen religiösen Feste, so etwa das alljährlich stattfindende Blumenfest, eine willkommene Abwechslung vom geregelten Klosteralltag. Wie in Asien üblich, sind auch diese buddhistischen Mönche orangefarben gekleidet.

*Als **Indonesier** im weitesten Sinn bezeichnet man in der Völkerkunde sämtliche authochtonen Volksgruppen des Malaiischen Archipels, deren älteste Spuren rund 4000 Jahre zurückreichen. Dazu gehören neben den großen Völkern wie Javanern, Balinesen, Malaien und Filipinos noch rund 150 kleine Volksgruppen und Stämme wie die Drau oder Nono – oft mit kaum mehr als 1000 Angehörigen –, die eine eigenständige Sprache und Kultur entwickelt haben.*

Akha

Das Siedlungsgebiet der heute rund 400 000 **Akha**, die zu den **Lolo-Völkern** zählen und deren Sprache zur **tibeto-birmanischen Sprachfamilie** gehört, erstreckt sich über **Südchina, Myanmar, Nordthailand, Laos** und **Vietnam**. Dort leben sie in den höheren Bergregionen über 1000 m weitgehend als Brandrodungsbauern vom Anbau von Trockenreis, Hirse und Mais für die Selbstversorgung, daneben auch vom Mohnanbau als Rohstoff für die Opiumgewinnung. Darüber hinaus gelten sie als sehr begabte (Kunst-)Handwerker (vor allem Schmiedearbeiten).
Die in zahlreiche Klans unterteilten Akha, deren Frauen außer durch farbenfrohe Trachten auch durch gefärbte Fellstücke und Silberschmuck auffallen, leben in der Regel als Großfamilie in grasgedeckten Pfahlhütten aus Bambus, wobei vor jeder Siedlung traditionell zwei »Geistertore« stehen, um die Dorfgemeinschaft vor bösen Urwaldgeistern zu schützen. Neben den Schamanenpriestern, die für den **Ahnenkult** zuständig sind, gibt es auch **Schamaninnen**, denen die Heilrituale vorbehalten sind.

Malaien

Mit rund 30 Mio. Menschen sind die **Malaien** (Eigenbezeichnung: Orang Melayu) nach den Javanern die zweitgrößte Volksgruppe **Südostasiens**, deren Siedlungsgebiet sich außer auf **Malaysia** vor allem auf **Ostsumatra, Borneo** und viele der kleineren indonesischen Inseln erstreckt. Ihre Sprache (malaiisch), die viele indische und arabische Lehnwörter enthält, ist die Grundlage der **offiziellen Amtssprache Indonesiens** (Bahasa Indonesia).
Die Geschichte der Malaien, die als seefahrende Händler und Piraten jahrhundertelang das bekannteste Volk des südostasiatischen Archipels waren, reicht etwa 2000 Jahre zurück, als die Vorfahren der heutigen Malaien bereits einen regen Seehandel betrieben. Im 1. Jh. wurde ihr damaliges Siedlungsgebiet – die **Malaiische Halbinsel und Ostsumatra** – durch indische Einflüsse geprägt, vom 6. bis 12. Jh. kontrollierten sie mit ihrem nach indischem Vorbild errichteten Königreich, das gleichzeitig zum Zentrum des **indischen Mahayana-Buddhismus** wurde, nicht nur den Seehandel zwischen den indonesischen Inseln, sondern unterhielten auch Beziehungen zum chinesischen Kaiserreich und den indischen Fürstentümern. Obwohl die meisten Malaien heute **Muslime** sind – die Malaiische Halbinsel wurde ab 1450 islamisiert –, haben sich noch einige Traditionen aus vorislamischer Zeit wie der **Geisterglaube** und zahlreiche **magische Rituale** erhalten.

Batak

Batak ist eine Sammelbezeichnung für eine Reihe altindonesischer Völker im **Norden von Sumatra** (Batakland), deren Zahl heute auf etwa 4 Mio. geschätzt wird. Dazu gehören u.a. neben den **Mandailing, Simalungun** und **Angkola** auch die **Pakpak** (Dairi) und **Karo** sowie als größte Gruppe die **Toba**.
Trotz der Islamisierung (Angkola, Mandailing), der Christianisierung (Toba) und des starken hindu-indonesischen Einflusses (Simalungun, Karo) konnten die Batak ihre ursprüngliche Kultur weitgehend erhalten. Eine wichtige Rolle spielen dabei die **Priester**, die durch Geisterbeschwörung und Orakeldeutung als Mittler zwischen Mensch und Schöpfergott gelten. Die Gesellschaftsordnung der **Toba**, die wie die anderen Batak-Völker überwiegend vom Feldbau (Reis, Yams, Taro, Kartoffeln, Tabak, Zimt) und der Tierhaltung leben, beruht auf **exogamen Familienklans** (Marga); bei den **Karo** leben bis zu 16 Großfamilien unter einem Dach. Berühmtheit erlangten die Batak im Westen durch ihre großen, weit ausladenden **Pfahlhäuser** mit reich geschnitzten Giebelfronten in ihren befestigten Dorfanlagen.

Minangkabau

Etwa 6 Mio. **Minangkabau** (Eigenbezeichnung: Urang Padang) leben überwiegend im zentralen **Hochland** und an der **Westküste Sumatras.** Ihre Sprache ist eng mit dem Malaiischen verwandt. Die Lebensgrundlage ist überwiegend der Terrassenfeldbau (Gemüse, Reis, Obst, Tabak, Zimt), darüber hinaus sind sie bekannt als geschickte Kunsthandwerker (Holzschnitzereien, Flecht- und Silberschmiedearbeiten, Herstellung der Songkhat-Stoffe).
Obwohl die Minangkabau seit dem 18. Jh. islamisiert sind, ist ihre Gesellschaftsordnung bis heute streng **matrilinear** strukturiert. Danach bezieht sich die Abstammung ausschließlich auf einen weiblichen Vorfahr (Sabuah parui = »aus einem Mutterleib«). Die Frauen wohnen nach der Heirat mit ihren Kindern im großen **Sippenhaus** der Mutter, Großmutter und Tanten, in dem der Ehemann lediglich Gastrecht genießt, während die Brüder oder andere männliche Verwandte der Frauen die Vaterrolle für ihre Kinder übernehmen.

In Hanoi spielt sich das Leben weitgehend auf der Straße ab.

Dayak

Dayak ist die Sammelbezeichnung für zahlreiche Volksgruppen auf der **Insel Borneo**, die insgesamt etwa 3 Mio. Menschen umfassen und sich sprachlich wie kulturell voneinander unterscheiden. Zu den Dayak gehören einige Dutzend Stämme mit noch einmal ungefähr 300 Unterstämmen, deren Verbindungen untereinander relativ locker sind und die in der Regel aus mehreren Großfamilien bestehen. Die Dörfer der Dayak, die als Bauern überwiegend vom Reisanbau leben, bestehen traditionell nur aus einem einzigen so genannten **Langhaus.** Dieses wird auf Pfählen erbaut, ist oft mehrere hundert Meter lang und bietet Platz für über 300 Menschen. In einem solchen Langhaus hat jede Familie ihren eigenen Bereich, das Gemeinschaftsleben findet auf der Außenveranda statt.
Die Dayak, die früher als gefürchtete Kopfjäger galten und rituelle Menschenopfer brachten, sind zwar größtenteils **christianisiert** bzw. **islamisiert**, haben aber ihre religiösen Traditionen mit einer reichen Mythologie und einem ausgeprägten Ahnen- bzw. Totenkult weitgehend beibehalten.

Aceher (Atjeher)

Das seit 1949 autonome Siedlungsgebiet der etwa 3,5 Mio. **Aceher**, ein Mischvolk aus **Malaien, Javanern, Batak, Indern** und **Arabern**, erstreckt sich über die flachen Küstengebiete von **Nordwestsumatra**. Die Aceher leben vor allem von Landwirtschaft (Reis, Zuckerrohr, Mais, Pfeffer, Kokos, Gummibäume, Tabak) und Fischfang. Daneben gelten sie als begabte Waffenschmiede und sind für ihre Gold- und Silberschmiedearbeiten bekannt.
Wie kein anderes indonesisches Volk sind die Aceher, deren erstes Reich im 16. Jh. entstand und das im 17. Jh. neben Nordsumatra auch weite Teile des heutigen Malaysia umfasste, **strenggläubige Muslime**. Dabei besaßen die Frauen früher erheblich mehr Einfluss als ihre Geschlechtsgenossinnen in anderen muslimischen Gesellschaften. So standen im 17. Jh. vier **Sultaninnen** an der Spitze des Reiches. Gegen Ende des 17. Jh.s zerfiel das Reich in mehrere kleinere Staaten, deren Herrschaft erst Anfang des 20. Jh.s durch die holländische Kolonialpolitik gebrochen wurde.

Niasser

Die heute rund 500 000 **Niasser** zählen zu den **altindonesischen Völkern**, die vor allem auf der **Insel Nias**, aber auch auf den **Batu-Inseln** westlich von **Sumatra** siedeln.
Die Lebensgrundlage der Niasser sind Reisanbau sowie Kleinviehhaltung (vor allem Schweine). Die Niasser, die inzwischen weitgehend christianisiert sind, wurden im Westen vor allem durch ihre Megalithkultur bekannt, wobei die riesigen **Menhire** ein wichtiger Bestandteil der traditionellen

*Mit heute rund 85 Mio. Menschen sind die **Javaner**, deren Sprache zur austronesischen Sprachfamilie gehört, die größte Bevölkerungsgruppe Indonesiens. Die meisten Javaner sind Muslime, nur einige Volksgruppen, wie etwa die Tengger im ostjavanischen Tengger-Gebirge, haben ihre vom indischen Hinduismus geprägte bäuerliche Kultur aus vorislamischer Zeit (15. Jh.) und ihre religiösen Bräuche, wie etwa das alljährliche Opferfest für ihre Götter, bis heute beibehalten.*

Religion waren. Zur alten Religion der Niasser gehörte auch ein ausgeprägter **Ahnenkult**, bei dem reich geschnitzte **Geister-** und **Götterfiguren**, früher auch die **Kopfjagd** und **rituelle Menschenopfer** eine wichtige Rolle spielten.

Die Niasser im Süden der Insel leben traditionell in Großdörfern, die meist auf Hügeln angelegt sind und aus zahlreichen Pfahlbauten bestehen. Dazwischen verlaufen gepflasterte Wege aus großen Steinquadern. Besonders auffällig sind die **Pfahlhäuser** der Dorfhäuptlinge, die auf mächtigen Baumstämmen stehen und häufig bis zu 20 m hohe Steildächer tragen. Die Dörfer der nördlichen Niasser sind kleiner und bestehen aus ovalen Pfahlbauten.

Toraja

Toraja (»Bergmenschen«) ist eine Sammelbezeichnung für etwa **60 altindonesische Ethnien** mit insgesamt etwa 3 Mio. Menschen, die in den Bergregionen der **indonesischen Insel Sulawesi** (Celebes) beheimatet sind. Dabei unterscheidet man zwischen den Volksgruppen in Südsulawesi und den Bewohnern im Westen und Osten der Insel, wobei Letztere wegen ihrer engen Beziehungen zu den **Molukken** häufig auch zur Gruppe der **Alfuren** gezählt werden.

Die Lebensgrundlage der Toraja ist neben dem Anbau von Reis, Taro, Yams und Mais vor allem die Viehhaltung (Wasserbüffel, Schweine), wobei die Tiere ausschließlich für rituelle Zwecke verwendet werden.

Obwohl die Toraja bereits seit etwa 100 Jahren weitgehend christianisiert sind, haben sich noch einige Elemente ihrer traditionellen Kultur erhalten. Eine besondere Rolle spielen dabei die von zahlreichen Zeremonien begleiteten **Totenfeste** der **Süd-Toraja** (Sadang), bei denen die in Begräbnisfelsen bestatteten Toten durch lebensgroße Holzpuppen bewacht werden. Weitere kulturelle Merkmale der Toraja sind die mit geometrischen Ornamenten kunstvoll verzierten Pfahlhäuser sowie ihre handwerklichen Fähigkeiten im Bereich der Flecht-, Web- und Schmiedetechniken.

Filipinos

Als **Filipinos** werden die auf den Philippinen beheimateten jung- und altmalaiischen Völker christlichen Glaubens bezeichnet, die mit knapp 70 Mio. Menschen heute etwa 90% der Gesamtbevölkerung ausmachen. Größtes Volk sind die **Bisaya**, zu denen rund 25 Mio. Menschen gehören, während die heute knapp 20 Mio. **Tagal** die politisch einflussreichste Gruppe sind, deren Sprache (Pilipino) zugleich **Amtssprache der Philippinen** mit ihren rund 7100 Inseln ist. Danach folgen die **Ilokano** mit 9 Mio., die **Bicol** mit rund 6,5 Mio. Menschen sowie die kleineren Volksgruppen der **Pampagan**, **Pangasinan**, **Sambal** und **Cagayan** (Ibanag), deren unterschiedliche Sprachen zur westlichen Gruppe der **austronesischen Sprachfamilie** gehören. Die ursprüngliche Heimat der Filipinos liegt in **Südchina**; von dort aus gelangten ihre Vorfahren im 2. Jahrtsd. v. Chr. über **Taiwan** auf die **Philippinen**, wo sie die einheimische Bevölkerung (Aeta, Igorot) verdrängten. Um 1000 gab es die ersten Staatsgründungen, wobei damals bereits Kontakte zu den **hinduistisch geprägten Javanern** bzw. zu den **buddhistischen Königreichen Sumatras** bestanden, die die philippinische Kultur einschließlich der Schrift und der gesprochenen Sprachen (vor allem Tagal und Bisaya) nachhaltig beeinflussten. Im 15. Jh. kam es durch den Einfluss der Malaien zu einer kurzzeitigen Islamisierung, die ab dem 16. Jh. von der Christianisierung durch die spanischen Kolonisten abgelöst wurde, sodass sich heute mehr als 90% aller Filipinos zum **Christentum** bekennen, während die **Moros** auf **Mindanao** und die **Samal** muslimisch blieben. Trotzdem haben sich in ländlichen Gebieten noch einige autochthone religiöse Traditionen wie etwa der Geisterglaube erhalten.

1 **Vietnam ist die Heimat des Floer-Hmong-Volkes.**

2 **Bei den Bergbewohnern Myanmars haben sich noch viele Traditionen erhalten.**

3 **Wegen ihrer Heilkünste genießen die Schamaninnen bei den Akha hohes Ansehen.**

4 **Die Pa-o in Myanmar stammen aus den östlichen Bergregionen von Tibet.**

5 **Die Gesellschaftsordnung der Malaien wurde über 1000 Jahre lang vom indischen Hinduismus geprägt. Seit dem 15. Jh. ist der Islam die bestimmende gesellschaftliche Kraft.**

Bei den Maori stellte die Gesichtstätowierung, das »moko«, ursprünglich das persönliche »Wappen« eines Mannes dar. Heute wird es bei traditionellen Tänzen oft nur aufgemalt.

Australien und Ozeanien

Ozeanien mit seinen rund 7500 Vulkan- und Koralleninseln liegt im Dreieck zwischen Amerika, den Philippinen und Australien, dem kleinsten der fünf Kontinente. Bis zur Ankunft der Europäer war allen ozeanischen Völkern

Einer Maske gleicht die Gesichtsbemalung dieses Papua.

Metallwerkzeug unbekannt. Dagegen stand die Holzschnitzkunst in hoher Blüte. Muschelwerkzeuge und vor allem biegsame und vergängliche Materialien wie Palmblätter und -stängel, Tierbalge und Troddeln aus Menschen- und Tierhaar finden auch heute noch Verwendung, sowohl im Alltagsleben als auch bei religiösen Anlässen. Ozeanische Kunst, sei es in der Architektur (Kulthäuser), in der Alltagsgestaltung (verzierte Kokosschalen) oder in der Musik (traditionelle Tänze), hat immer eine mythische und religiöse Komponente. Masken und andere figürliche Darstellungen sind dabei für Schöpfer und Auftraggeber Repräsentanten spiritueller Wesen.

*Die **Huli**, die sich vermutlich erst vor etwa 1000 Jahren in ihrem heutigen Siedlungsgebiet in Papua-Neuguinea niederließen und bis weit ins 20. Jh. keinerlei Kontakt zur Außenwelt hatten, leben noch entsprechend ihren Traditionen. Die Männer tragen wegen des milden Klimas nur einen Lendenschurz (Dambale), in dem ein Messer aus Kasuarknochen steckt. Früher gehörten außerdem mit Blumen geschmückte Perücken aus Menschenhaar (Manda) zur Alltagsausstattung.*

Mikronesier

Als **Mikronesier** werden die Bewohner der **Marianen**, der **Marshall-**, **Gilbert-** und **Karolinen-Inseln** bezeichnet. Größter Archipel sind die **Karolinen** mit über 2000 Inseln, von denen aber nur 96 bewohnt sind und lediglich fünf eine Fläche von mehr als 100 km² aufweisen: **Belau** (Palau), **Yap**, **Truk** (Chuuk), **Pohnpei** und **Kosrae**, von denen jede zusammen mit den umliegenden kleinen Inseln einen eigenen Staat bzw. Teilstaat bildet: Belau als »**Republik Belau**«, die anderen als »**Föderierte Staaten von Mikronesien**«.
Hinsichtlich der Herkunft der Mikronesier, aber auch der Melanesier und Polynesier wurde herausgefunden, dass sie seit dem Ende der Eiszeit in mehreren Einwanderungswellen von Südostasien aus über die indonesisch-malaiischen Inseln den pazifischen Raum besiedelten. Dabei bildten sich drei Gruppen heraus, die sich nicht nur äußerlich, sondern auch sprachlich und kulturell beträchtlich voneinander unterscheiden: Während die **Melanesier** (»Schwarzinsulaner«) vor allem **negroide** und die **Polynesier europäid-mongolide** Züge aufweisen, haben die **Mikronesier** einen überwiegend **mongoliden** Einschlag, wobei es innerhalb der mikronesischen Völker auch kulturelle Unterschiede gibt. So werden auf den Inseln **neun Sprachen** gesprochen – die Bewohner der **Gilbert- und Marshall-Inseln** sowie der **Ostkarolinen** sprechen **austronesische Sprachen**, während die Bewohner der **Westkarolinen** und der **Marianen** sowie **Guams** (Chamorro) zur **indonesischen Sprachfamilie** gehören.
Obwohl die **Mikronesier** seit ihrer »Entdeckung« im 16. Jh. durch die Portugiesen unter der **Kolonialherrschaft** bzw. Verwaltung von Spanien, Deutschland, Japan und den USA standen, haben vor allem die Bewohner der äußeren Inseln, die vom Fischfang und der Landwirtschaft (Taro, Yams, Kokosnuss, Sago) leben, ihre Traditionen fast unverändert beibehalten. So tragen etwa die Frauen auf der Insel Yap noch **Grasröcke** bzw. die Männer **Lendenschurze**, und ihre Häuser bestehen ausschließlich aus einheimischen Materialien.
Auf Yap wurde einst auch ein ungewöhnliches **»Steingeld«** verwendet – Scheiben aus Aragonit mit einem Durchmesser von bis zu 4 m und einem großen Loch in der Mitte, durch das man für den Transport einen Stock hindurchschieben konnte. Diese »Steinmünzen«, von denen es heute nur noch etwa 6000 Exemplare gibt und die meistens als Prestigeobjekt vor den Häusern der Einheimischen stehen, wurden jedoch nur bei größeren Geschäften wie etwa für den Brautpreis verwendet.

Marshall-Inseln

Zu Mikronesien gehören auch die Marshall-Inseln, die in Europa durch die US-amerikanischen Atombombentests im Bikini-Atoll bekannt wurden. Heute leben hier noch rund 60 000 Insulaner, die zwar seit langem christianisiert sind, früher jedoch an ihre eigenen Götter glaubten. Als deren Wohnstätten galten auf den Inseln heilige Plätze, zu denen nur Priester und Eingeweihte Zugang hatten. Die traditionelle Gesellschaftsordnung beruhte auf dem matrilinearen Prinzip. Häuptlinge konnten aber nur Männer werden, die als direkte Nachfahren der Götter galten und weitreichende Machtbefugnisse hatten.

Chamorro

Heute besiedeln ca. 120 000 **Chamorro** das zum US-Commonwealth gehörende mikronesische **Nördliche Marianen-Archipel** und die unter amerikanischer Verwaltung stehende Insel **Guam**.
Die heutigen Chamorro sind überwiegend am westlichen Lebensstil orientierte Nachkommen der einstigen Inselbewohner, die etwa 150 Jahre nach ihrer **»Entdeckung«** 1521 durch den portugiesischen Seefahrer **Fernando Magellan** von den Spaniern kolonisiert wurden. Im Verlauf der Fremdherrschaft und durch eingeschleppte Krankheiten ging ihre Zahl bis zum 18. Jh. auf etwa 4000 zurück. Die meisten der heutigen Chamorro haben spanische oder philippinische bzw. andere mikronesische oder US-amerikanische **Vorfahren**.

Schlammmasken in Papua-Neuguinea schützen vor bösen Geistern.

Die Chamorro waren das erste Volk der Pazifikinseln, das **Reis** für den Export anbaute, darüber hinaus galten sie als ausgezeichnete **Seefahrer, Fischer, Bauern** und **Handwerker,** wobei die Männer vor allem für den Fischfang, die Gartenarbeit und den Haus- und Bootsbau, die Frauen dagegen für das **Sammeln** von Pflanzen und das **Handwerk** (Töpfern, Weben) zuständig waren.
Früher basierte die **Gesellschaftsordnung** der Chamorro auf **matrilinear strukturierten Familienklans**, die in ein kompliziertes soziales **Klassensystem** eingebettet waren, in dem die Frauen aus der Oberschicht besonders einflussreiche Positionen innerhalb der Dorfgemeinschaft innehatten. Die Klans wurden jeweils von einem **Ältestenrat** geleitet, der auch den klaneigenen Gemeinschaftsbesitz verwaltete.
Obwohl die Chamorro seit dem 17. Jh. fast vollständig **christianisiert** sind, haben sich in den äußersten Randgebieten noch einige religiöse Traditionen aus früherer Zeit, wie etwa der Ahnenkult, erhalten.

Abelam

Die etwa 35000 **Abelam** bevölkern die **nördliche Küstenregion Papua-Neuguineas.** Wirtschaftsgrundlage sind vor allem **Brandrodungsfeldbau** (Yams, Bananen, Taro, Zuckerrohr) und **Tierhaltung** (Schweine, Hühner, Hunde). Die Abelam leben in Dorfgemeinschaften von 500 bis 800 Menschen, die Dörfer selbst bestehen aus getrennten Vorrats-, Wohn- und Kochhäusern. Zentrum des Dorfes ist das **Kulthaus**, dessen bis zu 25 m hohe Giebelwände mit Ahnendarstellungen verziert sind und in dem Kultgegenstände und religiöse Skulpturen aufbewahrt werden.
Die Abelam, deren Gesellschaftsordnung patrilinear ausgerichtet ist, sind in zahlreiche **Klans** aufgeteilt. Je nach Größe werden die Klans von einem oder mehreren Häuptlingen, den **Big Men,** regiert, die neben anderen Aufgaben vor allem für die sozialen Kontakte zu anderen Klans in Form von komplizierten Tauschritualen zuständig sind.
Zu den größten Zeremonien der Abelam gehört das **Erntedankfest**, wofür die Männer bis zu 4 m lange Yamswurzeln züchten, die je nach Aussehen in männliche und weibliche Knollen unterteilt und anschließend für die Zeremonie festlich geschmückt werden. Diejenigen, die die größten Knollen präsentieren, genießen als Sieger besonders hohes soziales Prestige und können sich damit auch für das Amt eines Big Man qualifizieren.

Huli

In den **höheren Bergregionen Papua-Neuguineas** leben die heute noch etwa 65 000 Stammesangehörigen der **Huli**, deren Lebensgrundlage neben der Tierhaltung (Schweine, Hühner) vor allem der Anbau von Süßkartoffeln (mehr als 30 verschiedene Arten), Yams, Bananen, Taro und Zuckerrohr ist. Wegen der häufigen starken Regenfälle legen die Huli bis zu 4 m tiefe Entwässerungsgräben auf ihren Feldern an, die zugleich die Eigentumsgrenzen der Familien markieren und früher nicht selten auch als Schutzgräben vor den Angriffen feindlicher Stämme dienten.
Im Gegensatz zu den meisten anderen **Papua-Völkern** leben die Huli nicht in Dörfern, sondern als Großfamilien in verstreut liegenden Einzelgehöften, die in losen **Klans** (Hamigini) und **Unterklans** miteinander verbunden sind und jeweils einem **Stammesführer** (Big Man) unterstehen.
In der herkömmlichen Gesellschaftsordnung der Huli herrscht strenge **Geschlechtertrennung**. Dementsprechend ist jungen Männern bis zum Alter von etwa 25 Jahren jeglicher Kontakt zu jungen Mädchen verboten. Eine Heirat ist außerdem erst nach einer gründlichen Unterweisung in die **Stammestraditionen** erlaubt, was nach außen hin durch einen auffälligen **Körper- und Kopfschmuck** signalisiert wird.
Auch die Arbeit ist nach Geschlechtern geteilt – die Männer sind für die **Feldwirtschaft**, die Frauen außer für **Haushalt** und **Kindererziehung** auch für die Tierhaltung, dabei vor allem für die Schweinezucht verantwortlich.

*Bei vielen indigenen Völkern sind symbolträchtige Gesichts- und Körperbemalung, Haartracht und sonstige Attribute wie Schmuck oder Kleidung auch Ausdruck der persönlichen Lebenssituation des Trägers. Bei diesem **Papua-Paar** etwa signalisiert die schwarze Gesichtsbemalung des Mannes, dass es in seiner Familie einen Todesfall gegeben hat, während die Frau ihre Anteilnahme durch ockerfarbene Bemalung zeigt.*

Papua

Nach Grönland ist Neuguinea, das 1828 von den Niederländern kolonisiert wurde, die **zweitgrößte Insel der Welt**. Sie besteht aus **Irian Jaya**, dem seit 1963 zu Indonesien zählenden Westteil, und **Papua-Neuguinea**, dem seit 1975 unabhängigen östlichen Teil. Mit heute rund 4,5 Mio. Menschen machen die **Papua**, **Ureinwohner** Neuguineas und zu den **melanesischen Völkern** gehörend, etwa zwei Drittel der Gesamtbevölkerung aus. Zu den Papua (molukkisch: papu-wa = »Kraushaar«) gehören insgesamt etwa **800 ethnische Gruppierungen** mit ungefähr ebenso vielen **Sprachen**, die zu den **vor-austronesischen Sprachen** gezählt werden und sich häufig so erheblich voneinander unterscheiden, dass sich die verschiedenen Gruppen untereinander nicht verständigen können. Auch außerhalb Neuguineas werden unterschiedliche Papua-Sprachen gesprochen, etwa bei den **Sulka** auf **Bougainville**, den **Baining**, **Arweae**, **Omengen** und **Nakanai** auf dem **New Britain-Archipel** oder den **Buin**, die auf den nördlichen **Salomonen-Inseln** leben. Traditionell leben die meisten Papua-Völker außer von der **Kleintierhaltung** vom **Fischfang** und der **Landwirtschaft**, etwa von der Nutzung wild wachsender Pflanzen wie der **Sagopalme**, für deren Bearbeitung noch einfache **Knochenwerkzeuge** verwendet werden. Die **Hochland-Papua** leben in kleineren Dörfern mit 200 bis 300 Menschen, teilweise noch auf einer neolithisch anmutenden Entwicklungsstufe. In den Küstenregionen gibt es dagegen Dörfer mit bis zu 2000 Mitgliedern. Die **Dorfoberhäupter** der streng patriarchalisch strukturierten Gemeinschaften, in denen teilweise die **Polygamie** üblich ist, sind die so genannten **Big Men**, die sich durch ihre besonderen Fähigkeiten einen Namen gemacht haben und deren Position nicht weitervererbt werden kann.
In der Vergangenheit haben immer wieder **blutige Fehden** unter den Papua-Stämmen dazu geführt, dass **Feinde getötet** und Teile von ihnen verzehrt wurden. Doch diese Form des **Kannibalismus** war weniger verbreitet, als der Mythos erscheinen ließ. Die Unterschiedlichkeit der Papua-Stämme zeigt sich auch in der Körpergröße: Angehörige mancher Stämme erreichen eine Körpergröße von maximal 140 cm, während andere weit über 2 m groß werden.

Asmat

Zu den größeren Papua-Stämmen gehören mit rund 40 000 Menschen die **Asmat** (»Baummenschen«). Ihr Hauptsiedlungsgebiet liegt im unzugänglichen Sumpfgebiet des **südwestlichen Irian Jaya**, des **indonesischen Teils von Neuguinea**, wo sie überwiegend vom Fischfang und von Sagopalmen leben. Da die Asmat erst vor rund 50 Jahren in engeren Kontakt mit der westlichen Zivilisation kamen, blieb ihre ursprüngliche Lebensweise bisher noch weitgehend erhalten.
Die Asmat leben in Dörfern mit bis zu 2000 Menschen, wobei jedes Dorf eine geschlossene **wirtschaftliche** und **soziale Einheit** bildet und jede Familie jeweils in einem **Pfahlhaus** wohnt. Jedes Dorf verfügt zudem über ein großes **Gemeinschaftshaus**, in dem die unverheirateten Männer leben. Gleichzeitig dient es als Kult- und Versammlungsstätte, wo die **Kultgegenstände** für die religiösen Zeremonien (Masken) aufbewahrt werden. Zu den wichtigsten Reliquien der Asmat, die an einen **Schöpfergott** glauben, der die ersten Menschen aus Holz geschnitzt hat, gehören die bis zu 8 m langen **Ahnenpfähle** (Mbis) aus **Mangrovenholz**, die immer mit frischen Blättern geschmückt sind. Sie bestehen aus kunstvoll geschnitzten Figuren, die aufeinander stehend symbolisch die **Vorfahren** repräsentieren und an den großen **Schöpfungsmythos** erinnern.

1 Keine Kriegsbemalung stellt der Gesichtsschmuck dieses Papua dar, vielmehr hat er sein Gesicht aus rituellen Gründen bemalt.

2 Von der Insel Pohnpei in Mikronesien stammt dieser Mann mit traditionellem Kopfschmuck.

3 Laubhüte und Lehmschminke tragen diese Männer vom Vanuatu-Archipel.

4 Auch bei den Melanesiern hat Blattkunst Tradition.

5 Festliche Haartracht eines Huli aus den Bergregionen Papua-Neuguineas.

»Big Men« und Tauschzeremonien in Neuguinea

Bei den Papua-Völkern Neuguineas hat sich – wie auch im übrigen Melanesien – eine politische Herrschaftsform herausgebildet, die unter der Bezeichnung »Big Man« bekannt geworden ist.

»Big Man« – das klingt zunächst nach Häuptling oder Boss. Dabei ist der Big Man weder durch Abstammung legitimiert wie etwa ein König, noch hat er absolute Verfügungsgewalt. Wenn sich ein Big Man nicht bewährt, wird er einfach nicht mehr beachtet, und andere nehmen seine Stelle ein. Außerdem kann es durchaus mehrere Big Men in einem Dorf geben.
Ein »Großer Mann« wird man auf Neuguinea ausschließlich dadurch, dass man sich Prestige erwirbt. Er muss auf alle Fälle ein guter Gärtner und Schweinezüchter sein. Bei kriegerischen Auseinandersetzungen hat er sich als tapferer Kämpfer zu bewähren. Auch jägerisches Geschick wird von ihm erwartet, hat die Jagd in den Papua-Gesellschaften doch hohes Ansehen. Schließlich liefert sie auch Federn und Zähne für den aufwendigen Schmuck. Ganz wesentlich ist auch rhetorisches Talent, da es der Big Man ist, der die für das Selbstverständnis der Papua so wichtigen Mythen übermittelt.
Am prestigeträchtigsten ist es für den Big Man, seine Güter nicht anzuhäufen, sondern an Einzelne oder die Allgemeinheit zu verteilen. Dies geschieht im Rahmen von Festen und zeremoniellem Tausch wie etwa der Moka-Zeremonie, bei der neben Schweinen und Früchten auch die begehrten Kina-Muscheln getauscht wurden. Dabei darf der Schenker den Beschenkten jedoch nicht beschämen. Schließlich verpflichtet jede Gabe wiederum zu einer Gegengabe, und der Beschenkte muss dazu auch in der Lage sein.

Links: Mit prachtvollem Körperschmuck nehmen Angehörige der Papua-Völker, wie diese Mendi-Männer, an Festen und Zeremonien teil.

1 Bemalung sowie Feder- und Muschelschmuck demonstrieren auch gesellschaftliches Prestige.

2 Ein Huli aus dem südlichen Hochland legt letzte Hand an sein imposantes Make-up an.

3 Eberhauer stehen für Kraft und Stärke.

1

2

3

Noch sehr den Traditionen verhaftet sind die Bewohner der zu den »Föderierten Staaten von Mikronesien« zählenden ***Insel Yap****, wo die Frauen noch heute Baströcke tragen. Wie alle Mikronesier sind auch diese Insulaner herausragende Hochseefahrer, deren Vorfahren vor etwa 4000 Jahren mit ihren wendigen Booten und einem erstaunlich präzisen Navigationssytem, den so genannten Stabkarten, von Südostasien aus den weiten Weg in ihr heutiges Siedlungsgebiet fanden.*

Neuirländer

Die rund 65 000 **Neuirländer** sind die melanesischen Ureinwohner von **New Ireland**, einer zum nordöstlichen **Bismarck-Archipel** gehörenden Insel, die politisch **Papua-Neuguinea** zugeordnet ist. Wirtschaftsgrundlage der Neuirländer, die meist in kleineren Dorfgemeinschaften leben, sind Fischfang und Anbau bzw. Verarbeitung von Yams, Bananen, Taro und Kokos.
Die Neuirländer, die **zwölf Sprachgruppen** angehören, leben traditionell in über mehrere Dörfer verteilten **Klans**. Früher kam es oft zu kriegerischen Auseinandersetzungen zwischen den verschiedenen Gruppen, bei denen auch **Kannibalismus** und **Kopfjagd** eine Rolle spielten. Ein besonderes kulturelles Merkmal der Neuirländer sind ihre kunstvoll geschnitzten **Masken** und **Skulpturen** (Malanggane), die auf mythologischen Motiven beruhen und früher wichtiger Bestandteil ihrer aufwändigen **Totenfeste** waren. Dafür hatte jeder Klan seine eigenen Motive, die von angesehenen Kunsthandwerkern unter Ausschluss der Öffentlichkeit angefertigt und nach der Feier verbrannt wurden. Diese **Toten- und Ahnenfeste**, bei denen prächtig kostümierte Tänzer Szenen aus dem **Schöpfungsmythos** des Stammes vorführten, dauerten meist mehrere Tage.

Die »Hai-Rufer«

Überwiegend Melanesier haben sich auf den größten der meist dicht bewaldeten Inseln des Salomonen-Archipels angesiedelt, der erst 1978 als parlamentarische Monarchie unabhängig wurde. Auf der Salomonen-Insel Malaita leben die Menschen seit Generationen auf künstlich geschaffenen Inseln aus Korallenblöcken. Hier sind auch die »Hai-Rufer« zu Hause, denen nachgesagt wird, sie könnten die Haie herbeirufen und füttern, ohne von ihnen angegriffen zu werden. Angeblich retten die Haie auch gekenterte Seeleute, wofür sich die Insulaner mit einem geopferten Schwein bedanken.

Tanneser

Die **Tanneser** sind die melanesischen Bewohner der Insel **Tannu**, die zu dem insgesamt 83 Inseln umfassenden **Vanuatu-Archipel** (früher Neue Hebriden) mit zusammen etwa 200 000 Einwohnern gehört. Wie die übrigen Bewohner des Archipels leben die Tanneser vorwiegend vom Fischfang und der Landwirtschaft (Taro, Yams, Maniok, Kokos und Bananen). 1606 wurden die Inseln entdeckt, ab 1906 standen sie nacheinander unter britischer und französischer **Kolonialherrschaft**, seit 1980 ist Vanuatu ein unabhängiger Staat.
Im Verlauf ihrer wechselvollen Geschichte wurden die Tanneser im 19. Jh. zu Tausenden von australischen Seeleuten, so genannten **Blackbirdern**, überfallen und als Arbeitsklaven nach Australien bzw. auf die Fidschi-Inseln und nach Samoa gebracht.
Bis heute konnten die Tanneser viele ihrer alten Traditionen (Kastom) noch weitgehend erhalten. Dazu gehören etwa die in jedem Dorf üblichen **Versammlungsplätze** (Nakamal), auf denen nicht nur die **Zeremonien** und **rituellen Tänze** stattfinden, sondern abends auch die männlichen Mitglieder von miteinander verwandten Familien zusammenkommen (Canoe).
Bei den Tannesern ist es ein alter Brauch, dass die jungen Männer nach der Yamsernte, lediglich an den Füßen mit Lianen gesichert, von turmhohen Holzgerüsten springen. Das **Turmspringen** ist hier zugleich Initiationsritual und symbolische Bitte an die Götter um eine gute Ernte im nächsten Jahr.
Ein **Ritus** aus dem 19. Jh. – zeitweilig verboten und erst vor rund 70 Jahren wieder belebt – war der auf **männliche Geheimbünde** (Dukduk, Iniet) zurückgehende **Cargo-Kult**. Er entstand im Verlauf der Kolonisation und der damit verbundenen **Konfrontation mit westlichen Konsumgütern** (englisch: Cargo). Dies ließ bei den Tannesern den Glauben aufkommen, dass das bestehende System bald untergehen, die koloniale Ordnung auf den Kopf gestellt, die Weißen versklavt oder vernichtet und die eigenen Ahnen mit den europäischen Besitztümern zurückkehren würden. Sie verwüsteten daraufhin ihre Pflanzungen, da diese ja dann nicht mehr gebraucht würden. Diese so genannten Cargo-Kulte gab es nicht nur auf Tannu, sondern auch bei anderen melanesischen Völkern. Bisher sind in Melanesien über 200 Cargo-Kulte nachgewiesen.

Auf Hawaii hatten Tänze ursprünglich religiösen Hintergrund.

Salomonen-Insulaner

Etwa 430 000 Menschen leben heute auf den 990 **Salomonen-Inseln** östlich von Neuguinea. 1548 von den Spaniern entdeckt, sind sie seit 1978 als Commonwealth-Staat autonom. Die meisten **Salomonen-Insulaner** sind **melanesischer Herkunft**, nur die Bewohner der ebenfalls zu den Salomonen zählenden Insel **Santa Cruz** gehören zu den **Polynesiern.** Insgesamt werden in Polynesien 70 verschiedene Sprachen gesprochen. Früher kam es häufig zu kriegerischen Auseinandersetzungen zwischen den unterschiedlichen Gruppen. Wirtschaftsgrundlage der Salomonen-Bewohner sind Küstenfischerei, Tierhaltung und Landwirtschaft. Zu den kulturellen Merkmalen der Insulaner gehören ihre kunstvoll geschnitzten und mit Muschelornamenten verzierten **Langboote**, die früher bei religiösen Zeremonien und in kriegerischen Auseinandersetzungen mit anderen Stämmen eine wichtige Rolle spielten. Außerdem gelten die Salomonen-Insulaner als hervorragende **Kunstschmiede**, die für ihren fein gearbeiteten Schmuck bekannt wurden. Ungewöhnlich ist das früher auf Santa Cruz verwendete **Federgeld** aus 9–11 m langen schmalen Pflanzensträngen, die mit etwa 50 000 roten Federn des Nektarvogels beklebt waren und zusammengerollt als Zahlungsmittel dienten.

Tatauierung

Ein hervorstechendes Merkmal der Maori waren ihre aufwändigen Tatauierungen (Tätowierungen), die meist in spiralförmig verlaufenden Mustern auf Gesicht und Körper angebracht wurden. Diese Muster wurden entsprechend des jeweiligen Status des Betreffenden entworfen, die Tatauierung durfte nur von anerkannten Spezialisten ausgeführt werden. Nicht selten dauerte eine vollständige Tatauierung mehrere Jahre. Das Wort Tatauierung hat tahitischen Ursprung: »ta tatau« bedeutet »schlagen« und weist auf die Technik hin, mittels Einschlagen, -brennen, -ritzen Farbstoffe in die Haut einzubringen.

Trobriander

Die heute etwa 15 000 **Trobriander**, die eine der Papua-Sprachen sprechen, sind die Bewohner der vulkanischen Inselgruppe **Trobriand** östlich von **Papua-Neuguinea,** deren Bezeichnung auf einen französischen Offizier zurückgeht. Die Lebensgrundlage der Trobriander sind neben Fischfang und Tierhaltung (vor allem Schweine als Statussymbol und für zeremonielle Anlässe) der Anbau und die Verarbeitung von Kokos, Yams, Bananen, Tapioka und Taro, wobei jeweils zwei Familien eine wirtschaftliche Einheit bilden. Die Trobriander, die meist in Dörfern mit 500 bis 800 Einwohnern leben, unterhalten einen regen **Tauschhandel** mit den Stämmen der umliegenden Nachbarinseln. Dabei legten sie früher in ihren aufwändig verzierten Booten Hunderte von Kilometern zurück. Auf ihren Handelsfahrten wurden nach einer Art **Ringtauschsystem** (Kula) Naturalien gegen Schmuck- und andere Wertgegenstände wie Halsketten oder wertvolle Muscheln, aber auch Töpferwaren eingetauscht.
Bei den Trobriandern gibt es traditionelle **Stammeshäuptlinge**, deren Funktion in der Leitung der religiösen Zeremonien besteht und deren Lebensunterhalt von den übrigen Dorfbewohnern getragen wird. Die Stammesführer revanchieren sich dafür mit Festen.

Neukaledonier (Kanaka)

Die heute etwa 80 000 **Neukaledonier** (Eigenbezeichnung: Kanaka = »Mensch«) sind die melanesischen Bewohner der Insel **Neukaledonien**, die vor etwa

*Auf den 45 bewohnten – neben 110 unbewohnten – Inseln des zu Polynesien gehörenden **Tonga-Archipels**, der etwa 2000 km nordöstlich von Neuseeland liegt, genießen die Frauen traditionell hohes soziales Ansehen. Dies zeigt sich auch darin, dass die männlichen Familienmitglieder rangmäßig oft unter ihren Schwestern und deren Töchtern stehen. Seit 1970 ist Tonga eine konstitutionelle Monarchie mit einem König als Staatsoberhaupt.*

6000 Jahren von Südostasien aus besiedelt wurde und seit Mitte des 19. Jh.s unter französischer Territorialverwaltung steht.
Die Neukaledonier, die in zahlreiche **Klan-Stämme** unterteilt sind, in denen **28 verschiedene Sprachen** gesprochen werden, leben außer von Fischfang vor allem von der Landwirtschaft, wobei der jeweilige Landbesitz der einzelnen Klans nach alter Tradition weder durch Kauf noch durch Tausch verändert werden darf und von einer Generation an die nächste weitergegeben wird.
Die Klans unterstehen einem obersten **Häuptling**, dessen Amt jeweils an den ältesten Sohn weitervererbt wird. Als äußere Insignien ihrer Würde tragen die Häuptlinge Armreifen und hohe Stirnbänder, bei religiösen Zeremonien werden auch die kunstvoll gearbeiteten **Streitäxte** aus Nephritstein zur Schau gestellt.
Die **Häuser** werden traditionell in **Rundbauweise** aus Bambus hergestellt, wobei das größte Haus im Zentrum des Dorfes, dessen Tür und Giebel mit geschnitzten **Geister- und Ahnenfiguren** verziert sind, als **Kult- und Versammlungsplatz** dient. Bis zum heutigen Tag spielen **Ahnenkult** und **Klan-Totems** eine wichtige Rolle.

Maori

Mit rund 380 000 Menschen machen die **Maori** (»Einheimische«), die Ureinwohner **Neuseelands**, heute noch etwa 10% der Gesamtbevölkerung des Landes aus.
Die Maori waren ursprünglich **Polynesier**, die vermutlich im 1. Jahrtsd. v. Chr. von **Ostpolynesien** aus **Neuseeland** in mehreren Einwanderungswellen besiedelten. Ihre Existenz wurde jedoch im 18. Jh. aufgrund der vielen englischen Einwanderer sowie durch eingeschleppte Krankheiten zunehmend bedroht, sodass ihre Zahl von zunächst ungefähr 250 000 im 18. Jh. auf rund 40 000 am Ende des 19. Jh.s gesunken war.
Wie die australischen Aborigines lebten auch die frühen Maori vor allem von der Jagd auf den **flugunfähigen Moa**, bis dieser im 12. Jh. ausstarb. In der Folge wurden sie schließlich zu Ackerbauern (Yams, Süßkartoffeln, Flachs, Taro), Fischern und Handwerkern (Weben, Flechten).
Die traditionelle Gesellschaftsordnung der Maori besteht aus einem hierarchisch gegliederten **Dreiklassensystem**. Dabei wird die Zugehörigkeit zu einer dieser Klassen durch Geburt oder Adoption bestimmt. An oberster Stelle steht die **Adelsschicht** (Ariki), die ihre Herkunft direkt von den Göttern ableitete, danach folgen die **Freien** (Tutua), am Ende stehen die **Untertanen** (Taurekareka).
Traditionelle Lebensform der Maori ist die Dorfgemeinschaft, wobei die Dörfer meist auf Hügeln angelegt und mit Erdwällen oder Holzpalisaden vor feindlichen Angriffen geschützt wurden. Zu jedem Dorf gehörte außerdem ein großes, mit kunstvoll geschnitzten Ornamenten verziertes **Kult- und Versammlungshaus** (Whare Wahkairo), das symbolisch eine Ahnenfigur repräsentiert: Die Giebelfigur stellt den Kopf dar, während das Dach den Rumpf und die Pfosten Arme und Beine symbolisieren.
Die Holzschnitzarbeiten an den Kulthäusern wurden nur von hoch angesehenen **Kunstschnitzern** (Tohunga) ausgeführt, die ihr Wissen jeweils an den Sohn weitergaben, denn je prächtiger ein solches Kulthaus war, desto höher war auch das Prestige des jeweiligen Dorfes.
In der westlichen Welt wurden die Maori vor allem durch ihre überragende Technik im Bereich der **Schmuck- und Waffenherstellung** berühmt, wobei sie für ihren meist mit Ornamenten oder auch symbolischen Menschendarstellungen verzierten Schmuck – Ohrringe, Zierkämme und als Halskette getragene Amulette (Heitiki) – vor allem Nephrit und Jade, aber auch die Zähne von Pottwalen verwendeten. Zu Repräsentationszwecken angefertigte Beile und Keulen wurden ebenfalls aus Nephrit und Jade hergestellt.

1 Auf den Märkten der Tonga-Inseln werden neben Süßkartoffeln, Taro und Maniok auch zahlreiche exotische Früchte und Gewürze angeboten.

2 Wie ein Sinnbild für die paradiesisch anmutenden Inseln der Südsee erscheinen diese vier jungen Frauen aus Samoa.

3 Diese samoanischen Bauernjungen sind die Nachfahren eines der ältesten polynesischen Völker. Wie archäologische Funde gezeigt haben, wurden die Inseln, die in das unabhängige West-Samoa und das von den USA verwaltete Amerikanisch-Samoa geteilt sind, bereits vor etwa 6000 Jahren besiedelt.

Maoritanga – der Stolz, ein Maori zu sein

Den Maori in Neuseeland gelang es, in der Auseinandersetzung mit der weißen Mehrheitskultur ihre kulturelle und politische Eigenständigkeit zu bewahren.

Maori als zweite Amtssprache, Radio- und Fernsehprogramme in Maori, Rückgabe von Land an die Ureinwohner – diese erfreuliche Entwicklung ist auch auf ein erstaunliches Wiedererwachen der Maori-Kultur in den vergangenen beiden Jahrzehnten zurückzuführen. Heute spricht man wieder stolz von Maoritanga, dem neuen Selbstbewusstsein der Maori.
So wird wieder häufiger der Hongi, das traditionelle Begrüßungsritual des Nasenreibens, praktiziert. Die Rugby-Mannschaften der Maori tanzen vor dem Anpfiff den Haka-Kriegstanz, um den Gegner einzuschüchtern. Und da ist vor allem die handwerkliche Tradition. Die Maori waren von jeher begnadete Holzschnitzer. Hochbezahlte Spezialisten führten die kunstvollen Schnitzarbeiten an den Paneelen, Pfosten und Giebelfiguren der riesigen Versammlungshäuser aus. Am Maori Arts and Crafts Institute in Rotorua wird diese Tradition lebendig gehalten und an junge Maori weitergegeben. Auch die traditionelle Körpertätowierung erlebt eine Renaissance. Spiralförmige Gesichtstattoos, die so genannten »Mokos«, waren einst Ausdruck von Individualität und Status. Heute tragen sie viele junge Männer – wenn auch mit der Tätowiernadel statt wie einst mit Schlegel und Meißel angebracht – wieder selbstbewusst als Ausdruck ihrer Maori-Identität.

Links: Junge Maori erlernen im Maori Arts and Crafts Institute in Rotorua die traditionellen Holzbearbeitungstechniken.

1 »Moko« nennt man die kunstvollen spiralförmigen Gesichtstattoos der Maori.

2 Zwei Männer begrüßen sich auf traditionelle Maori-Weise mit dem Hongi, dem freundschaftlichen Nasenreiben.

3 Diese jungen Männer trainieren in einem Maori-Zentrum den Haka-Kriegstanz.

4 Maori-Künstler bei der Vervollkommnung einer Skulptur

5 Das Versammlungshaus Te Whare Runanga in Waitangi ist ein Meisterwerk der Maori-Kunst.

Ein australischer Aborigine mit eindrucksvoller Gesichtsbemalung.

Aborigines – Traumpfade und Traumzeit

Vor 60 000 Jahren wanderten die ersten Menschen über eine Landbrücke von Asien in das nördliche Australien ein. Durch das Ansteigen der Meeresspiegel wurde die Landverbindung zerstört, und so konnten sich die Aborigines als eines der heute ältesten Völker der Welt 40 000 Jahre lang weitgehend ungestört entwickeln.

Die ersten Bewohner Australiens standen einer Megafauna gegenüber – längst ausgestorbenen, mehr als 3 m großen Riesenbeuteltieren (z. B. Procoptodon) und Emus (Genyornis), die mittels Buschbränden gejagt wurden, was im Lauf der Zeit zu tiefgreifenden Veränderungen der Landschaft und Tierwelt führte.
Traditionell lebten die Aborigines als Jäger und Sammler in nomadisierenden Familienklans. Die wichtigste Rolle innerhalb der Gruppe spielten dabei die alten Männer (Ältestenrat). Sie standen zu bestimmten Tieren und Pflanzen in enger Verbindung (Totems). Die Aborigines leiteten ihre Abstammung von einem bestimmten Totemtier in der mythischen Urzeit ab. Aus dieser Art totemistischer Verwandtschaft ergaben sich die Stammesnormen, Heiratsgesetze und Sozialregeln. Die Bezeichnung für diese Periode des Anfangs ist identisch mit dem Ausdruck für Traum und Trance (»Traumzeit«). Besonders begabte Vertreter (Medizinmänner) der Aborigines können auch heute noch das Urzeitgeschehen im Traum nachvollziehen und mit diesem Wissen schöpferisch wirken – denn die Traumzeit hatte nicht nur kultische, sondern auch praktische Bedeutung. So konnten Wasserstellen gefunden werden oder medizinisches Wissen vererbt werden. Die Schöpfungsmythen (»Traumpfade«) fast aller australischen Sozialverbände sind relativ einheitlich: Die urzeitliche Welt wurde von Kulturbringern durchwandert. Sie vereinten in sich tierische und pflanzliche Qualitäten, gestalteten das Land und hinterließen spirituelle Spuren. An diesen Orten befinden sich die Kultzentren, wo auch heute noch die Menschen durch rituelle Handlungen Verbindung zu ihnen aufnehmen wollen. Im Mittelpunkt des Zeremoniallebens steht die kultische Wiederholung des Urzeitgeschehens durch Musik, Tanz oder das Anfertigen von Sakralobjekten (Tjuringa), die mit geometrischen Mustern versehen werden.

Heilige Orte wie Uluru (Ayer's Rock), mit Totemsymbolen aus ockerfarbenem Lehm, Körperbemalung, Waffen und Gegenstände spielten jahrtausendelang eine wichtige Rolle im Rahmen von Tänzen und anderen Ausdrucksformen der Traumzeit. Dabei »vererbten« sich Kenntnisse durch Nachahmung und Zuhören. In der Pubertät markierten monatelange Initiationsrituale den Übergang in die Welt der Erwachsenen, außergewöhnlich begabte Jugendliche

Zeichnungen der Aborigines: Abbild ihres mythischen Universums.

Angehörige der Wanum-Aborigines beim traditionellen Corroborree-Tanzfestival.

erhielten ein spezielles Training zum Medizinmann bzw. zur Medizinfrau. Die Nichtbeachtung ihrer Empfehlungen wurde im Interesse eines friedlichen Zusammenlebens prompt durch die Gruppe geahndet und manche Streitfälle auch in Duellen entschieden. Aufgrund des engen Familienbezugs und der seltenen Zusammenkünfte der Gruppen erübrigen sich Begriffe wie »Volk« oder »Stammeskriege«. Zum Handel und Tausch mit anderen Familien mussten die Aborigines oft mehrere Sprachen kennen oder sich einer Zeichensprache bedienen, da es bis zu 600 unterschiedliche Sprachen gab.

Die Aborigines beschränkten sich auf lebensnotwendige und leicht transportable Dinge und hatten kein Interesse an größeren Mengen Nahrung, Kleidung oder persönlichem Besitz. Unterwegs versorgten die Frauen die Familie durch das Sammeln von Pflanzen und Tierprodukten und waren für den Transport des Feuers in Form von glühendem Holz verantwortlich, während die geschickt getarnten Männer mit Speeren, Bumerangs und Steinschleudern auf die Jagd gingen oder in Küstenregionen mit Kanus, Netzen, lebenden Saugfischen oder Haken aus Knochen und Perlmutt Fischfang betrieben. Die Aborigines, die selten lange am selben Ort lebten, übernachteten in der Regel im Freien zwischen kleinen Feuerstellen und bauten nur bei Regen und Kälte runde Rindenhütten. Begriffe wie »Arbeit«, »Freizeit«, »Natur« und »Kunst« waren ihnen unbekannt, und gewöhnlich verbrachten sie viel Zeit mit Erzählen von Geschichten, Schlafen und Spielen. Diese Lebensform wurde durch die britische Kolonisation weitgehend zerstört, die die Aborigines zu »Untermenschen« und Australien 1788 als »leer und unbewohnt« erklärten. Die zunehmende Besiedelung führte nach 1800 zu blutigen Auseinandersetzungen zwischen Weißen und Aborigines, die sich gegen die Vertreibung wehrten, sich letztlich aber nicht gegen die eingeschleppten Krankheiten, Rassismus und die überlegene Waffengewalt der Weißen behaupten konnten, sodass ihre Zahl in wenigen Jahren um 75% abnahm.

1897 wurden weiße Protektoren ernannt. Bis in die 60er Jahre des 20. Jh.s mussten die Aborigines in Wohnungs-, Arbeits- oder Heiratsangelegenheiten bei ihnen Genehmigung einholen. Die als »Stolen Generations« bekannten gemischtrassigen Kinder wurden zwangsweise in Heimen untergebracht. Erst nach jahrzehntelanger Diskriminierung – in der Annahme, dass das Aussterben der Aborigines ohnehin unvermeidbar sei – wurde ihnen ab 1965 der Bürgerstatus zuerkannt. 1970 bis 1996 gab es einen Anstieg der Aborigines um 33% auf etwa 300 000. Das Interesse an ihrer Kultur hat zugenommen. Doch obwohl sich ihre Integration dadurch verbessert hat, sorgen ungeklärte Fragen zu Landrecht, Unterbringung und Entschädigung für viele Probleme. Heute praktizieren noch 50 000 Aborigines die Riten ihrer Vorfahren.

Wie ihre Vorfahren hat sich diese Tiwi-Frau nach alter Tradition »geschminkt«.

Farben und Linien aus Lehm spiegeln mythische Erfahrungen der Traumzeit.

*Die polynesischen Bewohner der **Cook-Inseln**, die nach dem berühmten englischen Seefahrer James Cook benannt wurden, leben heute überwiegend vom Tourismus. Von ihrer eigenen Kultur hat sich nur noch wenig erhalten. Allerdings gibt es mittlerweile auch Einheimische, die versuchen, die Traditionen wiederzubeleben und so dem kitschigen Bild einer Südseeromantik entgegenzuarbeiten, das lange Zeit den Fremdenverkehr angekurbelt hat.*

Tonganer

Knapp 100 000 Menschen leben im **Königreich Tonga**, das seit 1970 ein unabhängiger Staat ist, ungefähr weitere 30 000 Tonganer sind inzwischen wegen der ungünstigen wirtschaftlichen Lage nach Neuseeland ausgewandert. Zu Tonga zählen etwas über 150 Inseln, von denen aber nur 45 bewohnt sind. 70% der Bevölkerung sind auf der **Hauptinsel Tongatapu** angesiedelt. Die Tonganer sind die Nachfahren polynesischer Einwanderer, die sich vor etwa 3000 Jahren auf dem Tonga-Archipel niederließen und als einziges pazifisches Volk nie unter fremder Kolonialherrschaft standen.

Die **konstitutionelle Erbmonarchie** besteht in ihrer heutigen Form seit 1845 und geht auf die Christianisierung der Insulaner in den 30er-Jahren des 19. Jh.s zurück. 1965 übernahm der heutige König, **Taufa'ahau Tupou IV.**, das Amt von seiner Mutter, die als **Königin Salote Tupou III.** das Land fast 50 Jahre regiert hatte. Auch heute noch ist Tonga von einer hierarchisch gegliederten Gesellschaftsordnung mit einer einflussreichen **Adelsschicht** geprägt. Dabei kommt den Frauen auch politisch eine wichtige Stellung zu, allerdings mehr im Hintergrund.

Die Lebensgrundlage der meisten Tonganer ist die Landwirtschaft mit dem Anbau von Maniok, Taro und Süßkartoffeln. Wichtige Exportgüter sind Kopra (getrocknetes Kokosfruchtfleisch), Kokosöl und Früchte. Daneben spielt auch der **Fischfang** eine Rolle, früher war außerdem das **Handwerk** eine wichtige Einnahmequelle. Besonders hohes Ansehen genossen früher die Haus- und Bootsbauer. Die einstige Lebensweise und Kultur der Tonganer (Fakatonga) wurde im Verlauf der **Missionierung** im 19. Jh. auch durch westliche Einflüsse (Fakapalangi) geprägt. Die Traditionen werden heute meist nur noch bei Hochzeiten, Taufen und Todesfällen gepflegt. Bei diesen außergewöhnlichen Anlässen werden die **Tapa** getragen, breite Stoffbahnen, die aus dem Bast des **Papiermaulbeerbaums** hergestellt werden und auch als Wandschmuck dienen.

Samoaner

Von den rund 230 000 **Samoanern** leben heute etwa 180 000 auf dem seit 1962 unabhängigen **West-Samoa**, das in 14 föderative Distrikte unterteilt ist. Die übrigen siedeln auf dem östlichen Archipel, der als **Amerikanisch-Samoa** schon seit 1899 unter US-amerikanischer Verwaltung steht. Wirtschaftsgrundlage der Westsamoaner sind überwiegend die Landwirtschaft (Taro, Yams, Bananen, Kokos) und der Fischfang.

Die meisten Insulaner leben auch heute noch in ovalen, nach allen Seiten hin offenen Hütten (Fales) in verstreut liegenden Dörfern, deren wichtigste soziale Einheit die **Großfamilie** ist. Die jeweiligen Familienoberhäupter gehören automatisch zum Dorfrat, dessen **Oberhaupt (Matai)** die Interessen der Gemeinschaft im samoanischen Parlament zu vertreten hat.

Die Gesellschaftsstruktur der Samoaner wurde früher von einem **Zweiklassensystem** bestimmt, das aus der Adelsschicht und dem gewöhnlichen Volk bestand. Aber auch nichtadelige Männer und Frauen besaßen ein politisches Mitspracherecht. Aufgrund ihrer Fähigkeiten konnten ihnen hohe Titel zu- oder auch wieder aberkannt werden – Frauen durften sogar **oberster Häuptling** (Matai) oder **Kriegshäuptling** (Nafanua) werden.

In traditioneller Aufmachung: ein Bewohner der Salomonen-Inseln

Eine besondere Rolle spielten früher auch die Ehefrauen, Töchter oder Schwestern bedeutender Männer bei bestimmten religiösen Zeremonien, die heute noch von Frauengruppen (Aualuma) praktiziert werden. Dabei können die Schwestern und Töchter eines Dorfhäuptlings über die Frauenangelegenheiten innerhalb der Dorfgemeinschaft entscheiden. Obwohl die Samoaner durch die Europäer (samoanisch: Papalagi) im 19. Jh. **christianisiert** wurden, haben sich noch einige Bräuche ihrer traditionellen Religion erhalten. Eine alte Tradition ist auch die aus Polynesien stammenden **Tätowierung**, die bei Männern **Tatau**, bei Frauen **Malu** genannt wird.

Tahitier

Zu **Französisch-Polynesien** gehören fünf große Archipele mit insgesamt **121 Inseln**, auf denen heute rund 220 000 Menschen leben. Am bekanntesten sind die etwa 130 000 Bewohner **Tahitis**, der größten der Gesellschaftsinseln. Die Vorfahren der **Tahitier** gehörten bis vor etwa 1000 Jahren zu den einflussreichsten polynesischen Völkern, denn ihre Kultur hat zahlreiche andere Völker im Gebiet der Pazifikinseln beeinflusst. Die einstige Gesellschaftsordnung der Tahitier beruhte auf einem **Dreiklassensystem**: An höchster Stelle stand die erbliche **Adels-** und **Priesterschicht**, deren Mitglieder sich als direkte Nachfahren der Götter betrachteten und in der auch Frauen hohe Funktionen innehatten, dann folgten die **Grundbesitzer**, am Ende stand die Klasse der Hörigen. Relativ klassenunabhängig war dagegen die religiöse Kultgemeinschaft der **Ariori**, die mit ihren Ritualen den Kriegsgott **Oro** verehrten. Ihre Mitglieder mussten unverheiratet sein, die oberen Ränge blieben dem Adel vorbehalten.

Vor ihrer Christianisierung glaubten die Tahitier wie auch die übrigen Pazifikvölker an zahlreiche Götter, wobei **Huahine** und **Raiatea**, die Nachbarinseln Tahitis, als die **spirituellen Zentren Ostpolynesiens** galten. Dort liegen auch heute noch die ehemals heiligen Stätten der Tahitier wie etwa die rund 400 Jahre alte **Tempelanlage Taputaputea Marae** (Raiatea), die früher auch ein wichtiges politisches Zentrum war. Nachdem es während des 20. Jh.s auf Tahiti, das seit 1842 unter französischer Verwaltung steht und heute als Atomversuchsgebiet und Militärstützpunkt dient, durch Industrialisierung und Tourismus zu radikalen Veränderungen kam, hat sich die Lebensweise der Insulaner so gewandelt, dass alte Traditonen heute nur noch bruchstückhaft vorhanden sind.

Osterinsulaner

Von den heute etwa 2700 Bewohnern der zu Chile gehörenden **Osterinsel** (polynesisch: Rapa Nui, in der Sprache der Einheimischen Te-Pito-Te-Henua, »Nabel der Welt«) sind etwa 2000 polynesische Ureinwohner, die übrigen Mischlinge mit vorwiegend chilenischen Vorfahren. Zur Zeit der **Entdeckung der Osterinsel 1722** lebten hier noch etwa 4000 Menschen, deren Zahl jedoch durch Verschleppung, Kolonialherrschaft und importierte Krankheiten bis 1877 auf nur noch 111 zurückging. Die ersten Bewohner kamen vermutlich im 4. Jh. von den ostpolynesischen **Marquesas-Inseln** auf die Osterinsel und entwickelten hier eine erstaunliche Kultur. Die berühmtesten Belege dafür sind die **monumentalen Steinbüsten (Moia)** aus Tuffstein, die zur Erinnerung an die verstorbenen Häuptlinge zu Tausenden auf den heiligen **Ritualplätzen (Ahu)** aufgestellt wurden.

Als einzige polynesische Bevölkerungsgruppe entwickelten die Osterinsualner außerdem eine **eigene Schrift** (Kohau rongorongo), die auf Holztafeln geritzt wurde. Ihre Gesellschaftsordnung umfasste in einer genau festgelegten Hierarchie mit Priesterkönigtum auch besonders spezialisierte Berufsgruppen, so etwa Kunsthandwerker und Krieger.

Hawaiianer

Von den etwa 1,4 Mio. **Hawaiianern**, die heute auf einer der acht Hauptinseln des Archipels mit insgesamt 120 Inseln leben, sind nur noch knapp 15% polynesischer Herkunft, einschließlich zahlreicher Mischlinge mit amerikanischen, koreanischen, japanischen und europäischen Vorfahren. Bis zu ihrer »**Entdeckung**« **1778**

1

2

3

4

5

6

Masken und Mythen

Die Verbindung zu den Vorfahren, aber auch die Erinnerung an die Heldentaten und Dramen der Menschen werden durch Körperbemalung, Gestik und Kleidung immer wieder auf eindrucksvolle Weise beschworen.

Zum Bemalen von Gesicht und Körper verwenden indigene Völker die unterschiedlichsten Materialien aus der Natur, wie Lehm, Asche, Mehl, Kaolin, zerkleinerte Muscheln und Steine, aber auch Blut oder den Saft von Pflanzen und Früchten.

1 **Die Bemalung dieses Mädchens von der Elfenbeinküste symbolisiert, dass sie jetzt erwachsen ist.**

2 **Gesten und Bemalung dieses Schamanen drücken die Verbindung zur Geisterwelt aus.**

3 **Die Autorität des Kikuyu-Medizinmanns wird durch seine Aufmachung unterstrichen.**

4 **Der Isiga-Tänzer aus dem Kongo hat mit seinem Kopfputz eine neue Identität angenommen.**

5 **Dieses Ima-Mädchen hat sich für ein Fest geschmückt.**

6 **Farbenprächtige Insignien eines Medizinmannes aus Zentralafrika.**

7 **Die Theyyam-Tempeltänzer aus dem indischen Kerala huldigen mit ihrem Tanz den Göttern der hinduistischen Veden.**

8 **Kopfputz und Bemalung dieses balinesischen Kecak-Tänzers symbolisieren die Kräfte von Gut und Böse.**

9 **Zum Stammesfest trägt dieser Huli aus Papua-Neuguinea seine traditionelle »Perücke«.**

10 **Ein Pawnee-Indianer beim Red-Earth-Festival in Oklahoma.**

11 **Bei manchen Indianern steht die Farbe Rot für Sieg und Blau für Niederlage.**

12 **Für das Pow Wow hat sich ein Indianer mit Attributen seines Stammes geschmückt.**

13 **Dieser Apache zeigt sich in der gleichen stolzen Haltung wie seine Vorfahren.**

7

8

*Ein wichtiger Wirtschaftszweig auf **Tahiti** und den anderen französisch-polynesischen Inseln ist die Perlenzucht (rechtes Bild). Die Perlen werden von den Frauen zu Schmuck verarbeitet und anschließend verkauft.*

durch **James Cook** waren die Inseln in vier autonome Königreiche unterteilt, deren damals rund 350 000 Bewohner von mächtigen **männlichen** oder **weiblichen Herrschern** (Ali'i) regiert wurden, die zugleich Eigentümer des Landes waren. Danach folgten die Klassen der **Priester** (Kahunas), die dem König nahe standen, und der **tributpflichtigen Untertanen**, deren Beziehungen zur Oberschicht durch ein kompliziertes **Tabu-System** (»Tapu«) streng geregelt waren. Am unteren Ende der sozialen Hierarchie standen die **Geächteten** (Kauwa). Krieger, Bootsbauer, Astrologen, Chronisten, Kunsthandwerker, Textilhersteller wie auch die religiösen **Hula-Kahiko-Tänzer** und **-Musiker** genossen dagegen hohes gesellschaftliches Ansehen. Bereits kurz nach der Entdeckung wurden die Inseln zu einem wichtigen Umschlagplatz für europäische und amerikanische **Händler**. Im Verlauf der intensiven **Christianisierung** und der massiven **Landnahme** durch weiße Plantagenbesitzer zerbrachen die alten Reiche. Die Traditionen einschließlich der hawaiianischen Sprache gingen zusehends verloren. Inzwischen gibt es Bestrebungen, die hawaianischen **Bräuche** wiederzubeleben, die Sprache ist heute Unterrichtsfach in den Schulen. Seit 1959 gehören die Inseln als 50. Bundesstaat zu den USA.

Bevölkerung Australiens

95% der heutigen australischen Bevölkerung sind **britischer** oder **irischer Abstammung** und 70% christlichen Glaubens. Hinzu kommen rund 250 000 **Asiaten** und etwa 300 000 **Ureinwohner (Aborigines)**. Gut zwei Drittel der Bevölkerung lebt in den Städten des Landes. Die Kultur ist westlich geprägt, wobei britische Traditionen und US-amerikanische Gepflogenheiten vorherrschend sind.

Aborigines

Die Ureinwohner Australiens , die rassisch den Australiden angehören, werden als Aborigines (lat. »ab origine« = »vom Ursprung an«) bezeichnet. Seit der europäischen Besiedelung im 18. Jh. wurden die damals fast 1 Mio. **Ureinwohner** auf heute ungefähr 300 000 dezimiert; das entspricht einem Anteil von 1,5% der Gesamtbevökerung. Erst seit Mitte des 20. Jh.s werden die Bedürfnisse und Lebensgewohnheiten der Aborigines auch seitens der weißen Bevölkerungsmehrheit zur Kenntnis genommen. **Kunst**, **Kultur** und **medizinisches Wissen** stehen seit den 80er Jahren des 20. Jh.s im Mittelpunkt des Interesses. Die meisten Aborigines wohnen heute im Umkreis der urbanen Zentren, nur wenige traditionelle Gruppen leben in **Reservationen** oder auf **Missionsstationen**.

Tasmanier

Die südöstlich von Australien gelegene Insel **Tasmanien** wurde wahrscheinlich schon vor rund 35 000 Jahren über eine damals bestehende Landbrücke von australischen **Aborigines** bevölkert. Nach der Abtrennung vom australischen Festland durch die Anhebung der Meeresspiegel am Ende der **Wisconsin-Eiszeit** vor rund 10 000 Jahren entwickelten die **Tasmanier** eine eigene Kultur, die sich stark von der ihrer australischen Nachbarn unterschied.
Man nimmt an, dass die damalige Populationsgröße zwischen 2000 und 5000 betrug, was zwar das Überleben der Menschen sicherte, nicht aber die Erhaltung einer komplexen Kultur, wie man sie von den australischen Aborigines kennt.
Nach der Inbesitznahme Tasmaniens durch die **Briten** 1802 wurden die Tasmanier nahezu ausgerottet. Heute leben nur noch etwa 4000 gemischtrassige Tasmanier auf der Insel.

1 Obwohl sechstgrößtes Land der Welt, leben in Australien nur knapp 20 Mio. Menschen. 95% davon sind Weiße europäischer Abstammung.

2 In Polynesien ist es Sitte, ankommende Gäste mit leuchtenden Blumengirlanden willkommen zu heißen.

3 Nicht der amerikanische Wilde Westen, sondern Queensland ist der Arbeitsplatz dieses australischen Cowboys. Etwas weiter landeinwärts beginnt das heiße, trockene »Outback«, das den Kontinent zu zwei Dritteln bedeckt und so lebensfeindlich ist, dass hier kaum Menschen leben.

Die Kunst des »Make-up«

Bei vielen indigenen Völkern, also ethnischen Gemeinschaften, die ihre ursprüngliche Lebensweise noch weitgehend beibehalten haben, ist die Bemalung von Gesicht und Körper ein wesentlicher Bestandteil ihrer Kultur und Ausdruck der eigenen Identität.

Zu allen Zeiten und in allen Kulturkreisen haben sich die Menschen – Frauen wie Männer – ihrem jeweiligen Schönheitsideal entsprechend geschminkt, um auf ihre Umgebung attraktiver zu wirken. Bei vielen indigenen Völkern erfüllt die Bemalung von Gesicht und Körper aber nicht nur einen ästhetischen Zweck, sondern hat auch religiöse Hintergründe. So sollen bestimmte Farben und Muster, wie sie bei Initiations- und Totenfesten oder Heilzeremonien üblich sind, die Anwesenden vor bösen Geistern schützen oder die Verbindung zu den Ahnen oder dem persönlichen Schutzgeist (Totem) herstellen. Darüber hinaus hat die Bemalung auch eine Signalfunktion, indem sie das soziale Prestige, die Zugehörigkeit zu einer bestimmten Gruppe innerhalb der Gemeinschaft oder die persönliche Situation des Trägers zum Ausdruck bringt. Bei einigen nordamerikanischen Indianern etwa gab die Art der Bemalung Auskunft über die Verdienste eines Mannes bei der Jagd oder einem Kriegszug, wobei die Farbe Rot für Erfolg stand, Blau hingegen für eine Niederlage. Bei den Massai zeigt die Bemalung wiederum die Zugehörigkeit zu einer bestimmten Altersklasse an, während bei anderen afrikanischen Völkern die Mitglieder von Geheimbünden oder bestimmten Berufsgruppen ihren Status durch spezifische Farben signalisieren.

1 Nur zu besonderen Anlässen zeigen sich die Männer auf Neukaledonien mit Blattschmuck und weißer Gesichtsfarbe.

2 Auch diese Fischer aus Mosambik haben anlässlich eines Rituals weiße Gesichtsfarbe aufgetragen.

3 + 4 Bei den Kaiapo-Indianern im brasilianischen Amazonasgebiet wird zu bestimmten Zeremonien neben der Bemalung auch ein eindrucksvoller Federschmuck getragen.

3

4

10

11

12

13

VIET NAM

Mit Pow Wows halten die nordamerikanischen Indianer an den Bräuchen und Mythen ihrer Vorfahren fest.

Amerika

Namensgeber des zweitgrößten Kontinents der Erde wurde mit seinen Beschreibungen von der Neuen Welt der Italiener Amerigo Vespucci, ein Landsmann und Zeitgenosse von Christoph Kolumbus (1451–1506), der auf der Suche nach einem Seeweg von Europa nach Indien im Auftrag der spanischen Königin quer um die Welt gesegelt und dabei am 14. Oktober 1492 auf die Karibikinsel Guanahani gestoßen war. Bei weiteren Reisen traf er eine teilweise hoch zivilisierte Urbevölkerung an, deren Lebensräume und Kulturen jedoch im Verlauf der folgenden Jahrhunderte mit der Conquista, der Eroberung und Missionierung Mittel- und Südamerikas durch Spanier und Portugiesen, weitgehend zerstört wurden. Das gleiche Schicksal war den nordamerikanischen Indianern beschieden, deren Land ab 1583 zuerst von den Engländern, dann von weißen Einwanderern und Abenteurern unterschiedlicher Herkunft beschlagnahmt und besiedelt wurde.

Die Amazonas-Indianer kämpfen seit Jahren um ihr Überleben.

*Etwa 65 000 **Eskimo** leben in Alaska und im Norden Kanadas, außerdem rund 30 000 in Grönland sowie einige Tausend in Sibirien, von wo aus sie einst über eine Landbrücke nach Nordamerika gelangt waren. Ihre Sprache ist das Inuktitut oder Eskimo-Aleutisch. Zum Überleben in arktischer Kälte erfanden sie Kajak, Tranlampe, Iglu und Anorak. In entlegenen Gebieten leben sie noch wie früher von der Jagd auf Robben, Seelöwen und Karibus.*

Bevölkerung Nordamerikas

Im nördlichen Teil des amerikanischen Doppelkontinents, der **Kanada** und die **Vereinigten Staaten** samt Alaska einschließt, leben heute knapp über 300 Mio. Menschen. Über den Beginn der ursprünglichen Besiedelung gibt es kaum Erkenntnisse, sicher ist, dass Amerika der als letzter besiedelte Kontinent war. Vermutlich sind vor 30 000 Jahren bis zum Ende der **Eiszeit** vor rund 10 000 Jahren über die **Beringstraße** von Asien aus Gruppen von Jägern und Sammlern eingewandert. Diese **mongoliden Stämme** waren die Vorfahren der indianiden Urbevölkerung Nordamerikas, der **Eskimo (Inuit)** und der **Indianer**. Diese ursprüngliche Bevölkerung wurde nach der Entdeckung Amerikas durch die Europäer 1492 nahezu ausgerottet: **Spanien**, **England**, **Frankreich** und die **Niederlande** sowie auch **Schweden** und **Russland** haben in langen Territorialkämpfen das Land besetzt und die Urbevölkerung zurückgedrängt und dezimiert, teils durch kriegerische Unterwerfung, teils durch eingeschleppte Krankheiten.

In **Kanada** und den **USA** leben heute noch rund **3 Mio. Indianer**, meist in Reservaten – gerade einmal 1% der Gesamtbevölkerung. 70% der Bevölkerung Nordamerikas sind heute **Weiße** und 12% **Schwarze**. Mit 13% sind die **Hispanics** inzwischen die größte Minderheit. Der Rest teilt sich auf **Asiaten** auf.

Eskimo (Inuit)

Etwa 100 000 Eskimo, die nördlichen Ureinwohner Amerikas, leben in **Alaska**, auf den **Aleuten** und in **Kanada. E**ine Minderheit ist in **Russland** beheimatet und eine stark mit Dänen vermischte Gruppe in **Grönland**. Die Eskimo (indianisch: »Schneeschuhflechter«) nennen sich selbst **Inuit** (»Menschen«). In Sibirien und Alaska werden sie **Yuit** und in Grönland **Kaluait** genannt. Dieses ursprünglich mongolide Polarvolk war von der asiatischen **Ttschuktschen-Halbinsel** über Alaska entlang der kanadischen Eismeerküste bis nach Grönland gewandert. Kleinwüchsig, mit gelbbrauner Hautfarbe und tiefschwarzen, ungelockten Haaren haben die Eskimo durch ihren isolierten Lebensraum stärker mongolide Züge **(Mongolenfalte)** bewahrt als die Indianer. Sie lebten zum Teil halbnomadisch, im Sommer in Fellzelten und im Winter in Schneehütten **(Iglus)**. Fisch-, Robben- und Walfang waren lange Hauptquellen bei der Nahrungsbeschaffung. Ende des 19. Jh. kam die **Rentierzucht** hinzu. Beförderungsmittel waren **Kajaks** und **Hundeschlitten**. Ihre Kleidung stellten die Eskimo aus Fellen und Häuten her.

Neben der Familie gab es kaum Stammesverbände, auch keine ausgeprägten Klassenunterschiede oder Häuptlinge. Musik dient den Eskimo, die bereits im 18. Jh. missioniert wurden, zu kultischen Zwecken. Die **Schamanentrommel**, das einzige Instrument der Eskimo, verweist auf ihre ursprüngliche Religion, den Schamanismus. Der Mensch hat nach dem Glauben der Eskimo zwei Seelen, deren eine nach dem Tod in das Totenreich, deren andere in ein Kind einfährt. Als Schnitzkünstler haben die Eskimo eigenständige **Kunstwerke** (Amulette) aus Walrosselfenbein, Knochen und Speckstein gefertigt. Der Kontakt mit den Weißen hatte schon frühzeitig Einfluss auf die traditionelle Lebensweise. Ihrer natürlichen Ressourcen allmählich beraubt, zurückgedrängt in Reservate, hat sich für die einst harmonisch mit der Natur lebenden Ureinwohner eine sozial höchst problematische Situation ergeben, die sich in hohem Analfabetentum und Alkoholismus sowie Arbeitslosigkeit ausdrückt.

Weiße

Die heute in Nordamerika lebende weiße Bevölkerung ist europäischen Ursprungs. Aufgrund ihres britischen Gepräges werden die Weißen als **Angloamerikaner**, die in Kanada lebenden, französisch sprechenden Weißen als **Frankokanadier** bezeichnet. Die 1625 errichtete Hauptstadt der niederländischen Kolonie, **Neu-Amsterdam**, wurde nach der Übernahme durch die Engländer 1664 in **New York** umbenannt. Für Millionen Einwanderer aus Europa war sie die erste Anlaufstation. Wer auf der vorgelagerten Insel **Ellis Island** keinen Einreisestempel bekam, musste zurück. Viele Neuankömmlinge blieben in New York und gründeten dort eigene Gemeinden.

Die neuen Freiheiten, die unter **George Washington** in der amerikanischen Verfassung verankert wurden, lockten vor allem Millionen Einwanderer ins Land, die in ihrer Heimat keine wirtschaftliche, religiöse oder politische Perspektive sahen. Die zwei größten **Einwanderungswellen** fanden im 19. und 20. Jh. statt. Bis 1890 kamen verstärkt Engländer, Iren, Deutsche und Skandinavier, zwischen 1890 und 1910 **vor allem süd-** und **osteuropäische Einwanderer**. Zwischen 1890 und 1991 sind knapp 60 Mio. Menschen aus Europa, darunter allein 8 Mio. Deutsche und 5,8 Mio. Italiener, eingewandert. In **New York** leben heute über 7 Mio. Menschen verschiedensten ethnischen und religiösen Ursprungs, darunter knapp 2 Mio. Schwarze, 1,2 Mio. Hispanics und 1,2 Mio. Juden.

Afroamerikaner

Der zweite prägende Faktor für die Bevölkerungsstruktur Nordamerikas war seit dem frühen 17. Jh. der **Import** von Tausenden von Sklaven aus **Schwarzafrika.** Heute leben in den USA rund 35 Mio. **Afroamerikaner**, was einem Anteil von etwa 12% der Gesamtbevölkerung entspricht, in **Kanada** hingegen nur knapp 200 000 **Afroamerikaner**. Sie sind fast ausnahmslos die Nachkommen jener ersten Afrikaner, die von 1619 an als **Sklaven** amerikanischen Boden betraten. Bis zum Verbot des **Sklavenhandels** 1808 gelangten einschließlich der Sklaven, die nach **Mittel- und Südamerika** gebracht wurden, wahrscheinlich ca. **10 Mio. Menschen** aus Afrika unfreiwillig in die »**Neue Welt**«, wobei rund ein Fünftel die Seereise

Pilgrim Fathers

Mit der Landung der 101 Pilgrim Fathers – Puritaner einer radikalreligiösen Bewegung, die sich zehn Jahre zuvor von der anglikanischen Kirche abgespalten hatte – am 21. November 1620 vor der Küste von Massachusetts verwirklichte sich der Traum der ersten Europäer von einem Land, in dem es weder wirtschaftliche Not noch religiöse oder politische Verfolgung geben sollte und in dem jeder frei leben konnte. Als die englischen Pilgerväter mit ihren Familien amerikanischen Boden betraten, war dies der erste Schritt zur endgültigen Besiedelung eines riesigen Landes, aus dem sich die größte Weltmacht entwickeln sollte.

Die meisten Amerikaner sind überzeugte Patrioten und stolz auf die Pioniertaten ihrer Vorväter.

Kolonisation

Im 17. Jh. ließen sich französische Händler im Landesinneren des heutigen Kanada nieder. Viele englische Kolonien entstanden an der Ostküste und an der Hudson Bay. Es kam zu Machtkämpfen zwischen England und Frankreich, die erst durch einen Vertrag (1763) geregelt werden konnten, bei dem Kanada und die Gebiete östlich des Mississippi an England fielen. Während Kanada erst 1848 politische Autonomie erlangte, dabei aber Teil der englischen Krone blieb, konnten sich die 13 amerikanischen Kolonien am 4. Juli 1776 nach dreijährigem Befreiungskampf von England lösen.

*Der mittlere Westen der USA ist im Vergleich zur Ostküste, zu **Florida** und **Kalifornien** nur relativ dünn besiedelt. Entsprechend geruhsam ist dort das Leben der Menschen. Hier ist auch die Countrymusic zu Hause, die in zahllosen Liedern – meist zu Gitarrenbegleitung – vom romantisch-verklärten Leben der »Lonesome Cowboys« am Lagerfeuer oder der Einsamkeit der Truckerfahrer bei ihren langen Fahrten über das endlos weite Land erzählt.*

nicht überlebte. Die meisten Sklaven waren Westafrikaner, oft von den Stämmen der **Ibo**, **Wolof**, **Ewe** und **Bambara**, die zunächst offiziell als »Hausdiener« angelernt werden sollten, ab 1660 jedoch vor allem in Virginia und Maryland offen zu Leibeigenen erklärt wurden. Bis 1790 waren 20% der Gesamtbevölkerung Afroamerikaner, von denen rund 60% auf den Baumwollplantagen der Weißen arbeiteten, was zur Folge hatte, dass Baumwolle bis 1850 bereits rund 50% des amerikanischen Exports ausmachte und somit eine der Grundlagen für den wirtschaftlichen Aufstieg der USA bildete. Zu Beginn des amerikanischen **Bürgerkrieges** 1861 gab es etwa 3,2 Mio. Sklaven, die mit dem Sieg der **Nordstaaten** 1865 unter **Abraham Lincoln** erstmals zu freien Bürgern wurden. Aufgrund der schlechten Lebensbedingungen der Afroamerikaner in den Südstaaten zum Ende des 19. Jh.s wanderten viele in den Norden und Osten ab. Bis in die 60er Jahre des 20. Jh.s gab es **Rassentrennung** in öffentlichen Transportmitteln. Gegen **Diskriminierung** und **Rassenhetze** setzte sich der schwarze **Theologe** und **Friedensnobelpreisträger Martin Luther King** ein, der 1968 einem Attentat zum Opfer fiel. Gegenwärtig ist die Wachstumsrate der Schwarzen doppelt so groß wie die der Weißen.

Hispanics

Der amerikanische »Schmelztiegel« wurde in den letzten Jahrzehnten durch **lateinamerikanische Einwanderer** vor allem aus **Puerto Rico**, **Mexiko** und **Kuba** bereichert, sodass **Spanisch** nach **Englisch** mittlerweile zur zweitwichtigsten Sprache geworden ist. Die lateinamerikanische Bevölkerung in Nordamerika wird als **Hispanics** bezeichnet. Teilweise bereits gemischt mit **Weißen** oder **Schwarzen**, haben sie sich ihre eigene »hispanische« Kultur bewahrt. Der verstärkte Zustrom führt in vielen großen Städten zur Bildung von Slums in den besonders von Hispanics bewohnten Gegenden. Ausweisung und Rücktransport von illegal einreisenden Lateinamerikanern sind mittlerweile eine der Hauptaufgaben der US-Grenzbehörden.

Asiaten

Nach zwei großen **asiatischen Einwanderungswellen** im 19. und 20. Jh. folgte zwischen 1980 und 1990 ein weiterer Zustrom vor allem an die **Westküste Nordamerikas** und nach **Kanada**. Davon stellen **Chinesen** und **Japaner** den größten Teil, gefolgt von Filipinos. Besonders in **Toronto** (Kanada), **San Francisco** und **New York** haben sich **große asiatische** Gemeinden gebildet.

Amische

In manchen Teilen der USA haben sich in weitgehend ursprünglicher Form **deutschstämmige Volkgruppen** erhalten, die meist aus religiösen Gründen aus Europa nach Nordamerika gekommen waren, etwa die Amischen, die mit 150 000 Mitgliedern heute in **Pennsylvania** und **Ohio** leben. Die Gemeinschaft der Amischen, deren Vorfahren vor 300 Jahren von Deutschland nach Nordamerika auswanderten, geht auf eine 1694 von Jakob Ammann gegründete Splittergruppe der Mennoniten-Täufergemeinschaft zurück (eine weitere Täufergruppe waren die **Hutterer**, die Europa ebenfalls wegen kirchlicher Verfolgung verließen). Die meisten Amischen sprechen bis heute einen alten **pfälzischen Dialekt**. Sie kleiden sich sehr einfach, wobei ausschließlich Haken und Ösen anstelle von Knöpfen verwendet werden. Die kinderreichen Amischen leben überwiegend als Bauern und Handwerker und verweigern den Gebrauch von jeglicher modernen Technik. Staatliche Unterstützung wird abgelehnt, in Notfällen hilft die

1 Nur wenige kanadische Eskimo (Inuit) im äußersten Norden des Riesenlandes pflegen noch die alten Traditionen.

2 In Tennessee wird der Whisky seit Generationen aus Malz gebrannt, der in den USA viel beliebter ist als die schottische Variante aus Getreide.

3 In den endlosen Weiten des mittleren Westens leben die meisten Menschen als Farmer und Viehzüchter.

4 Im Museum von Williamsburg zeigen nachgebaute Siedlungen, unter welch ärmlichen Bedingungen die Sklaven im 18./19. Jh. gelebt haben.

Oben: Ein Häuptling der Sioux, die heute mit 14 Stämmen und etwa 100 000 Stammesangehörigen zu einem der größten und bekanntesten Indianervölker Nordamerikas zählen.

Indianerreservate – Dritte Welt der USA

Heute stellen die Indianer 1% der nordamerikanischen Bevölkerung, und nur mehr 3% ihres einstigen Landes, verteilt auf knapp 270 Reservate, sind in ihrem Besitz. Im Vergleich zu ihrem früheren Leben als Jäger, Sammler und Bauern haben sich ihre Bedingungen durch die Herrschaft des »Weißen Mannes« drastisch verschlechtert.

Die Indianer, deren Name auf Kolumbus' Irrtum zurückgeht, als dieser nach seiner »Entdeckung« Amerikas 1492 glaubte, Indien erreicht zu haben, sind vermutlich vor 30 000 Jahren über die Beringstraße auf einer bis vor 10 000 Jahren bestehenden Landbrücke von Asien zuerst nach Nord-, später nach Südamerika eingewandert. Sehr unterschiedlichen Schätzungen zufolge betrug ihre Zahl im gesamten Amerika vor der Kolonisation durch die Europäer zwischen 15 Mio. und über 100 Mio. Menschen.

1990 wurden in den USA etwas mehr als 2 Mio. Indianer (Native Americans) einschließlich der ca. 35 000 Eskimo gezählt. Rund 600 000 Indianer und etwa 30 000 Eskimo leben in Kanada, wobei die Zahlen aufgrund der unterschiedlichen Erfassungsmethoden erheblich differieren. So bezeichnen sich zwar manche als Indianer, sind jedoch in keiner Stammesrolle eingetragen und werden dadurch auch nicht als Native Americans anerkannt. Besonders auffällig sind diese Angaben bei den Cherokees, zu denen sich über 300 000 Menschen zählen. Somit wären sie heute der größte US-amerikanische Indianerstamm, in der Stammesrolle sind aber nur etwa 70 000 Mitglieder eingeschrieben.

Aktuelle Statistiken hinsichtlich der Lebenserwartung wie auch der medizinischen Versorgung, der Ausbildung, der Arbeitslosigkeit und der Wohnverhältnisse belegen, dass die Indianer in den USA, dem Land mit dem weltweit höchsten Bruttosozialprodukt und siebtreichste Industrienation der Erde, die am meisten diskriminierte ethnische Gruppierung sind, wobei sich vor allem die Lebensbedingungen der Reservat-Indianer durchaus mit den Verhältnissen in Dritte-Welt-Ländern vergleichen lassen. Es hat sich gezeigt, dass in vielen Reservaten bis zu 75% der Indianer

Stolz und würdevoll präsentiert sich dieser Umatilla-Indianer bei der Stammesversammlung.

Rechts: **Nach langem Schweigen vertreten die Indianer heute ihre Interessen sehr selbstbewusst.**

unterhalb der Armutsgrenze leben. In manchen Regionen sind bis zu 90% arbeitslos und somit auf staatliche Hilfe angewiesen. Das liegt meist daran, dass es in den Reservaten kaum oder keine Industrie gibt oder sich dort nur solche Industriezweige ansiedeln, die wegen ihrer Umweltbelastung oder sonstiger Gefahren für die Anwohner keinen anderen Standort finden. So sind etwa 80% aller Nuklearbetriebe in unmittelbarer Nähe von Reservaten zu finden oder liegen direkt in Indianergebieten.

Trotz oder wegen der unzureichenden sozialen, medizinischen und wirtschaftlichen Bedingungen haben die Ureinwohner Nordamerikas viele Rituale ihrer Vergangenheit bewahrt und weiter kultiviert. So werden nach wie vor alljährlich Powwows abgehalten. Ursprünglich hatte ein Powwow eine soziale Bedeutung. Da die amerikanischen Ureinwohner in kleinen nomadisierenden Klans lebten (und damit auch ihre natürlichen Ressourcen schonten), fanden sich die unterschiedlichen Stämme alljährlich zu einem großen Treffen zusammen. Während die Häuptlinge die Stammesangelegenheiten berieten und regelten sowie wirtschaftliche und politische Verbindungen knüpften, wurden diverse Feste abgehalten und Zeremonien durchgeführt. Traditionelle Riten wie der Sonnentanz, die Übernahme von Patenschaften oder ein feierlicher Akt indianischer Namensgebung prägten diese regelmäßigen Zusammenkünfte.

Mehr denn je wollen heute die Indianer Nordamerikas an ihre Traditionen anknüpfen, um ihre Identität zu stärken, und das Powwow stellt in diesem Zusammenhang eine wichtige Ausdrucksform indianischer Kultur dar. Es ist die Zeit der Begegnung, der Freundschaft und des gegenseitigen Respekts, begleitet von symbolträchtiger Musik und ritualisierten Tänzen. Wichtigstes Instrument ist hierbei die Trommel, die die Verbindung zu den Ahnen herstellt.

Heutzutage unterscheidet man drei Arten von Pow Wows: Beim prachtvollen Wettbewerbs-Pow Wow werden die schönsten Kostüme und besten Tänzer prämiert. Diese Form des Powwow ist auch eine touristische Attraktion und damit Einnahmequelle. Das spirituelle Powwow ist ein religiöses Forum, bei dem verschiedene Heilungsrituale durchgeführt und die Geister befragt werden.

Ein Powwow lassen sich auch weit entfernt lebende Stammesmitglieder nicht entgehen.

Beim sozio-kulturellen Powwow geht es um den sozialen und kulturellen Austausch zwischen den verschiedenen Stämmen. Allen drei Formen ist der Tanz, eine bevorzugte indianische Ausdrucksform, gemeinsam. Beim Sonnentanz, einem tagelangen Reinigungstanz, bei dem die Tänzer Schmerzen, Hunger, Durst und Müdigkeit ausgesetzt sind, soll die Askese Visionen erzeugen, die bei der Lösung von Problemen und im Zusammenhang mit spirituellen Fragen helfen. Auch heute sind Demut vor der Natur und Respekt vor den Geistern das Ziel jedes Powwows.

Federschmuck und Kriegsbemalung

Die Ehrung alter Bräuche und die Rückbesinnung auf traditionellen Körperschmuck sind wesentliche Momente eines neuen Selbstverständnisses der Indianer Nordamerikas.

Bei den Treffen der nordamerikanischen Indianer, den Powwows, stehen Tanzwettbewerbe und Gemeinschaftstänze im Zentrum, die aus einstigen Zeremonialtänzen und rituellen Handlungen anlässlich von Jagd- und Kriegsvorbereitungen oder Heilungszeremonien entstanden sind. Die Tänze sowie Kleidung und Schmuck stammen zumeist aus den Kulturen der Prärie- und Plains-Indianer, deren Erscheinungsformen zu Symbolen einer panindianischen Identität wurden.
Bei allen Indianergesellschaften kam der Bemalung von Gesicht und Körper große Bedeutung zu. Sie war eine Art Zeichensystem: Farben und Muster gaben Auskunft über Herkunft, sozialen Status und Verdienste bei Jagd und Krieg. Darüber hinaus war die Bemalung Bestandteil religiöser Zeremonien und diente auch dazu, individuelle spirituelle Erfahrungen zu dokumentieren. Die Bemalung konnte ornamental oder gegenständlich sein. Allerdings gab es strenge Vorgaben. Bestimmte Motive und Farben durfte nur verwenden, wer auch das Recht dazu erworben hatte. Das Motiv der Hand etwa kennzeichnete einen sehr tapferen Krieger, einen, der »den Feind mit der Hand berührt hat«. Die Bedeutung der Farben war nicht bei allen Völkern gleich. Rot galt jedoch vielfach als heilige Farbe. Die Farbe des Blutes stand für die Erde und für Lebensfreude sowie für Krieg, Erfolg und Triumph. Schwarz war die Farbe des Todes, Blau wurde mit Niederlagen verbunden, und Weiß symbolisierte Glück und Frieden. Neben der Bemalung spielte bei festlichen Anlässen der Kopfschmuck aus Federn, Pferdehaar, Stachelschweinborsten oder Tierfell eine große Rolle. Insbesondere Adlerfedern galten im Plainsgebiet als Auszeichnung für heldenhaftes Verhalten.

Links: Gesichtsbemalung war bei den Indianern Nordamerikas einst weit verbreitet – eine Tradtition, die heute vor allem bei Powwows gepflegt wird.

Rechts: Ein Junge mit kunstvoller Gesichtsbemalung und einem Haarschmuck aus Stachelscheinborsten bei einem Powwow in Grand Prairie in Texas

*In **New Orleans** mit seinem französisch anmutenden Südstaatencharme liegen die Wurzeln des Jazz, der sich gegen Ende des 19., Anfang des 20. Jh.s aus der traditionellen Musik der Afroamerikaner – Blues, Gospel, Spirituals und Ragtime – entwickelt und sich von dort aus verbreitet hat. Berühmte Interpreten waren Louis Armstrong und die Sängerin Billie Holliday, die mit ihrer Musik das heiter-melancholische Lebensgefühl der Südstaaten weltweit bekannt machten.*

Nachbarschaft oder das amische Hilfswerk. Sie bekleiden keine öffentlichen Ämter, beteiligen sich nicht an Wahlen und leisten auch keinen Wehrdienst. Laut Statistik leiden die Amischen seltener an Zivilisationskrankheiten. Ihr stabiles Familienleben beruht auf dem eisernen Gesetz einer lebenslangen Partnerschaft, die tiefe Frömmigkeit bildet die Grundlage ihres Alltagslebens.

Indianer Nordamerikas

Der Anteil der **Indianer** an der Gesamtbevölkerung Nordamerikas beträgt heute in den USA knapp 1%, in Kanada rund 3%, wobei sich allein die kanadischen Indianer auf rund **660 Stämme** und **Stammesgruppen** verteilen. In Büchern und Filmen romantisch verklärt, war ihr Leben jedoch, zumindest seit der europäischen Besiedlung, ein harter Überlebenskampf..

Die 5 Zivilisierten Nationen

Um 1830 wurden die Creek, Cherokee, Choctaw, Chickasaw und Seminolen aus ihrer Heimat im Südosten der USA in das Indianerreservat nach Oklahoma zwangsumgesiedelt. Dort konstituierten sie sich als die so genannten »Fünf Zivilisierten Nationen«, gaben sich eine Verfassung und schufen sich weitere eigenständige politischen Organe. Dazu gehörte nicht nur ein intertribaler Stammesrat, sondern auch eigene Polizeitruppen und ein vorbildliches Schulsystem. Mit der Abschaffung der indianischen Selbstregierungen durch den US-Kongress 1898 endete die Ära der »Fünf Zivilisierten Nationen«.

Tlingit

Die rund **10 0000 Tlingit**, deren Siedlungsgebiet einst von **Südalaska** bis nach **Nordkalifornien** und den vorgelagerten Inseln reichte, zählen zur Gruppe der **Nordwestküste-Indianer**, zu denen auch die Nootka und Haida gehören. Ihre Sprache, die 1990 noch von etwa 1500 Menschen beherrscht wurde, gehört zur **Na-Déné-Sprachfamilie**. Typisches kulturelles Merkmal der Tlingit waren die kunstvoll geschnitzten, bis zu 15 m hohen **Wappenpfähle (Totempfähle)** mit stilisierten Tiermotiven, die nur von **Meisterschnitzern** angefertigt werden durften.

Kwakiutl

Die rund 5000 **Kwakiutl** in British Columbia (Kanada) sind Nordwestküste-Indianer und unterteilen sich in 30 Stämme. Sie waren Meister der Holzverarbeitung. Die spektakulärsten Objekte sind kunstvoll geschnitzte und bemalte Totempfähle, Kanus und Masken. Die südlichen Kwakiutl sind besonders für ihre **Tseyka-Tänze** oder **Winterzeremonien** bekannt, in denen Geschichten der Vorfahren nacherzählt werden. Dabei tragen die Tänzer hölzerne **Vogelmasken**. Eine Besonderheit der Nordwestküste-Indianer war das **Potlatch**-Fest, eine Art Geschenkwettbewerb. Hierbei wurden aus Prestigegründen materielle Güter in teils ruinösem Maßstab verschenkt.

Chippewa (Ojibwa)

Eines der größten Indianervölker sind die **Chippewa (Ojibwa)**, von denen rund 60 000 in den **USA** (**Montana**, **North Dakota**, **Minnesota**, **Wisconsin**, **Michigan**) sowie etwa 150 000 in **Kanada** (Ontario, Manitoba, Saskatchewan) angesiedelt sind. Ihre Sprache gehört zu den **Algonkin-Sprachen**. Die Chippewa lebten einst in verstreut liegenden kleineren Siedlungen in **Wigwams** (Algonkin: »Wohnung«), oval oder rund angelegten Zelten aus elastischen Buchen- oder Birkenstämmen.
Bis heute hat sich die traditionelle Jagd erhalten, ebenso die Herstellung von Ahornsirup und das Sammeln von Wildreis. An der zwei- bis fünftägigen **Midewin-Zeremonie** nehmen auch heute noch die Geheimbünde der Medizinmänner und -frauen teil.

In den Südstaaten der USA leben viele Afroamerikaner in ärmlichen Verhältnissen.

Crow

Die rund 7000 Angehörigen der **Crow** (Eigenbezeichnung: Absaroka), die eine **Sioux-Sprache** sprechen und zu den Plains- und Prairie-Indianern gehören, leben heute in Reservaten im **südlichen Montana**. Einst die größten Feinde der Sioux, standen sie 1876 auf General Custers Seite bei dessen Kampf gegen den **Sioux-Häuptling Sitting Bull** am **Little Bighorn**. Bei den Crow haben sich zahlreiche alte Traditionen erhalten wie der alljährliche **Sonnentanz** oder die Praktiken der **Medizinmänner** und **-frauen**. Viele Crow sprechen noch ihre eigene Sprache.

Irokesen

Rund 30 000 Menschen zählt der Verbund der sechs **Irokesenstämme Mohawk**, **Cayuga**, **Seneca**, **Onondaga**, **Oneida** und **Tuscarora** im nordöstlichen Teil der USA und in Kanada. Das Gebiet der **Onondaga** im Staat New York ist bis heute souverän, sodass keine US-Behörde die Grenze ohne Einverständnis des **obersten Häuptlings** (Tadodaho) übertreten darf. In den Gemeinden steht auch heute noch mitten im Dorf ein Langhaus für **politische** und **religiöse Versammlungen.** Der Zusammenschluss der Irokesen, ein **politisches Bündnis** innerhalb der Indianervölker, das mit zum Vorbild für die **US-amerikanische Verfassung** wurde, erfolgte nach langen Stammesfehden zwischen 1400 und 1600.

Sioux

Die 14 Stämme der Lakota (auch: Dakota, Nakota) mit heute über 100 000 Menschen leben überwiegend in **Reservaten** in **Minnesota, North- und South Dakota, Nebraska und Montana**. Sie sind das größte und bekannteste Vok aus der Sprachfamilie der Sioux. »Sioux« ist eine Verkürzung des Chippewa-Begriffs **»Nadoweis-siw«** (»Kleine Schlangen«), das zuerst zu **Nadouessioux**, später zu Sioux verballhornt wurde. Zu den wichtigsten traditionellen Zeremonien gehören spirituelle Reinigungsrituale, der **Sonnentanz** beim jährlichen **Powwow** und die **Pfeifenzeremonie**, wobei der Rauch die Verbindung zur geistigen Welt darstellt.

Der Sonnentanz

Alljährlich unterzogen sich die Krieger der Plains- und Prärie-Indianer einem qualvollen Ritual, das der Fruchtbarkeit und der Welterneuerung dienen sollte: dem Sonnentanz. Nach einem reinigenden Schwitzbad durften die Teilnehmer die Hütte mit dem »Sonnenpfahl« betreten. Dann wurden ihnen Hautschlaufen in Brust und Rücken geschnitten, in die wiederum mit Lederriemen versehene Holzpflöcke gesteckt wurden. Zum Klang der Trommeln bewegten sich die Tänzer dann vier Tage und Nächte im Kreis. Hunger, Durst und Erschöpfung bewirkten Trancezustände und Visionen.

Blackfeet

Die rund 20 000 **Blackfeet** (»Mokassins, die schwarz von Prärieasche sind«) leben im Grenzgebiet zwischen **Nordmontana** und **Südalberta**, haben jedoch nichts zu tun mit den Blackfoot, einem Lakota-Sioux-Stamm. Die Blackfeet waren einst typische Vertreter der Plains-Indianer und lebten von der Bisonjagd. Heute ist der Tourismus eine wichtige Einnahmequelle.

*»**Little Tokyo**« in Los Angeles ist nur ein Beispiel für eines der vielen Stadtviertel in zahlreichen amerikanischen und kanadischen Großstädten, wo Emigranten eines Landes eine nationale Community mit engem Zusammenhalt bilden. Andere heißen »**Little Italy**« (New York) – dort leben viele italienischstämmige Amerikaner – oder »**Little Havanna**« (Florida), wo sich die Kubaner angesiedelt haben. Große »Chinatowns« gibt es in San Francisco und im kanadischen Vancouver.*

Cheyenne

Die heute ca. 50 000 (zusammen mit den Arapaho) **Cheyenne** (»Volk der fremden Sprache«), unterteilen sich in eine nördliche Gruppe in **Montana** und in eine südliche in **Oklahoma** und sprechen eine **Algonkin-Sprache**. Einst sesshafte Bauern in **Minnesota**, wanderten sie im 18. Jh. zu den **Great Plains**, wo sie als Büffeljäger lebten.

Navajo

Von den rund 220 000 **Navajos** (auch Navaho, Eigenbezeichnung: Diné = Volk), deren Sprache zu den **Athapasken-Sprachen** gehört, sind etwa 160 000 in Reservaten in **Nordost-Arizona**, **Colorado**, **Utah** und **New Mexico** angesiedelt. Dort hatten sie sich um 1400 von **Kanada** kommend niedergelassen. Heute verfügen die Navajos über eigene Schulen und seit 1969 auch über eine eigene Universität, in denen neben der **Navajo-Sprache** die alten Traditionen vermittelt werden. Dazu gehört vor allem das überlieferte Wissen der **Schamanen**, in deren Heilzeremonien neben den **Heilgesängen** (Chants) auch in den Sand gemalte Bilder mit Motiven von Heilpflanzen und mythischen Ereignissen eine wichtige Rolle spielten.

Apache

»**Apache**« ist die Sammelbezeichnung für sechs Indianerstämme (u.a. Jicarilla, Mescalero, Kiowa), die der **athapaskischen Sprachgruppe** angehören. Die einst umherstreifenden **Bisonjäger** leisteten unter ihren legendären Anführern Cochise und Geronimo lange erfolgreich Widerstand, bevor sie 1886 in **Reservate** in Arizona abgedrängt wurden, wo heute noch rund 25 000 von ihnen leben.

Shoshone

Als Indianer der **uto-aztekischen Sprachfamilie** lebten die **Shoshone** früher in den Bergen von **Wyoming und Montana** sowie in **Utah, Nevada** und **Oregon.** Die westlichen Shoshone wurden einst als **»Digger-Indianer«** bezeichnet. Nach der Übernahme des Pferdes um 1700 spezialisierten sich die Shoshone wie ihre bedeutendste Untergruppe, die Comanche, auf die Bisonjagd und übernahmen viele Kulturelemente der Plains- und Prärie-Indianer. Eine wichtige Rolle, etwa bei der herbstlichen Hasen- und Antilopenjaged, hatten Medizinmänner und Schamanen inne. Heute leben 6000 Shoshone und 5000 Comanche in Reservaten.

Hopi

Die etwa 10 000 **Hopi** (»Friede«), die als einziges indianisches Volk nie einen Vertrag mit der US-Regierung geschlossen haben, leben im Gebiet der drei **Mesas** in **Nordarizona** und gehören zu den Pueblo-Indianern, die in Lehmbauten wohnen. Jeder Klan hat eine mündlich überlieferte Geschichte, wobei die ältesten Klans, die aus dem Gebiet der **Anasazi** im Norden und Osten ins heutige **Hopi-Land** kamen, in der Hierarchie am höchsten stehen. Jeder Klan ist verantwortlich für die Erhaltung eines bestimmten Teils des **traditionellen Wissen,** wie etwa für die Durchführung der **Kachina-Tänze**.

Cherokee

Mit 300 000 Angehörigen sind die **Cherokee** eines der größten Indianervölker der USA. Einst waren sie eine der »**Fünf Zivilisierten Nationen**«. Sie sprechen eine **Irokesensprache** und sind in matrilinear strukturierte Klans unterteilt. Die Cherokee leben heute überwiegend in **Oklahoma** und **North Carolina**. 1824 erfand der **Cherokee Sequoyah** eine Schrift mit 86 Zeichen.

1 **Der traditionellen Lebensart der Cowboys fühlen sich viele Amerikaner nach wie vor verbunden.**

2 **Die Amischen lehnen strikt die »Segnungen« der modernen Zivilisation ab und wurden dadurch zur Touristenattraktion.**

3 **Aufgrund ihres antiquierten Erscheinungsbildes wirken die Amischen wie Fremde inmitten des »American Way of Life«.**

4 **Wildpferde, einst die Lebensgrundlage der Indianer, werden heute von weißen Cowboys mit dem Lasso gefangen.**

*Die 30 000 **Cuna**, bei denen der Mann nach der Heirat in den Haushalt der Frau zieht, leben im Küstengebiet von **Panama** und auf den vorgelagerten San-Blas-Inseln. Eine Tradition der Cuna-Frauen ist das Tragen von Nasenringen.*

Bevölkerung Mittelamerikas

In den zu Mittelamerika gehörenden Ländern **Mexiko, Belize, Guatemala, Honduras, El Salvador, Nicaragua, Costa Rica und Panama** sowie auf den östlich vorgelagerten Inseln der Karibik leben rund 170 Mio. Menschen. Die größte Bevölkerungsgruppe in **Mexiko** und **Zentralamerika** stellen die **Mestizen**, in **Guatemala** sind **Indianer** vorherrschend, in **Costa Rica Weiße**. Auf den Inseln gibt es kaum mehr Einwohner indianischen Ursprungs, der Hauptteil der Bevölkerung besteht dort aus **Schwarzen** und **Mulatten**. In **Kuba** und **Puerto Rico** bilden die **Weißen** die Mehrheit. Auch Inder und Chinesen haben sich in der Karibik niedergelassen.
In Mittelamerika haben sich zahlreiche Völker und Rassen gemischt. So finden sich dort **Mestizen,** Mischungen zwischen Weißen und Indianern, ferner **Mulatten**, die Nachkommen eines schwarzen und eines weißen Elternteils, und **Zambos**, Sprösslinge aus indianisch-schwarzen Verbindungen. »**Kreole**« ist ursprünglich die Bezeichnung für die romanisch-europäischen Einwanderer Lateinamerikas (»**weiße Kreolen**«), in **Brasilien** bezeichnet dieser Begriff allerdings die **Nachkommen** der aus Afrika stammenden **Sklaven** (»**schwarze Kreolen**«).

Weiße

Im spanisch sprechenden Mittelamerika besteht die weiße Bevölkerung vorwiegend aus den Nachfahren von Spaniern, die als Angehörige der einstigen Kolonialmacht Spanien nach Mittelamerika gekommen waren, aber auch aus Zuwanderern aus **Europa** (etwa Großbritannien) und den **USA**.
Während Nordamerika nach seiner »Entdeckung« vor allem durch die Besiedelung durch **Engländer** und **Franzosen** geprägt wurde, gerieten Mittel- und Südamerika Anfang des 16. Jh.s unter den Einfluss der **Spanier** und **Portugiesen**: 1510 erfolgte die Unterwerfung **Panamas** bzw. 1519–21 der mexikanischen **Azteken** durch den Spanier **Hernan Cortés. Pedro de Alvarado** eroberte **Guatemala** und **El Salvador**. **Francisco Pizarro** bezwang in **Südamerika** das peruanische **Inkareich**, und **Pedro de Valdivia** eroberte das heutige **Chile**. Bereits 1500 hatte **Pedro Cabral Brasilien** für **Portugal** in Besitz genommen, das dann wie auch die übrigen Kolonialmächte von den reichen Bodenschätzen seiner Kolonien profitierte. Deren Ausbeutung war jedoch nur durch die Arbeitskraft der in großer Zahl importierten afrikanischen Sklaven möglich, während die Ureinwohner rasch dezimiert wurden.

Garifuna (Schwarze Kariben)

Die etwa 80 000 Garifuna in Belize, Guatelama, Honduras, Nicaragua und den USA entstanden im 17. Jh. durch die Vermischung entflohener westafrikanischer Sklaven mit den Kariben-Indianern der Antilleninsel St. Vincent. Sie sprechen eine Mischung aus indianischem Araukanisch, afrikanischem Yoruba, Swahili und Bantu sowie spanischen, englischen und französischen Elementen. Die Garifuna haben viele Traditionen beibehalten,so auch den Ahnenkult und die Besessenheitsrituale. Sie glauben, dass erzürnte Ahnengeister die Verursacher von Krankheit, Unfall und Tod sind. Nach afrikanischer Tradition wird dann ein Voodoo-Ritual abgehalten. Dabei wird der Medizinmann zu rhythmischer Musik in Trance versetzt und von den Ahnengeistern ergriffen.

Obstverkäuferin am Strand von Cartagena in Kolumbien.

Zapoteken

Die meisten der rund 500 000 **Zapoteken** (Eigenbezeichnung: Penizaa = »Wolkenvolk«) leben im Osten des südmexikanischen Bundesstaats **Oaxaca**, wo sie in den Städten überwiegend als Händler, auf dem Land vor allem als Bauern (Kaffee, Zuckerrohr, Weizen) und Handwerker (Weberei, Töpferei) leben.
Um etwa 500 v. Chr. begründeten die Zapoteken, deren Sprache eng mit der **mixtekischen** verwandt ist, auf dem **Monte Albán** (Taniquiecache) im Zentrum des **Oaxaca-Tals** einen Staat, der zum kulturellen und politischen Mittelpunkt von **Südmexiko** wurde. Überreste ihrer alten Hochkultur sind u. a. etwa 300 Steinplatten mit Abbildungen von so genannten »**Tänzern**« (Danzantes), die vermutlich rituell getötete Gefangene darstellen, sowie zahlreiche Steinblöcke mit einer **Hieroglyphenschrift**, die als früheste Schrift Mittelamerikas gilt.

Nahua

Die heute rund 2 Mio. **Nahua** (»Sprecher der klaren Sprache«) stellen den größten indianischen Bevölkerungsanteil Mexikos. Ihre Sprache, das **Nahuatl** (»wohlklingend«), wird einschließlich mehrerer Dialekte von 1,5 Mio. Menschen gesprochen und war die literarische Sprache der **Azteken** zur Zeit der **Conquista**, wie auch zahlreiche Schriften aus der frühen Kolonialzeit belegen.
Wegen der hohen Arbeitslosigkeit sind viele Nahua inzwischen in die Städte abgewandert, die ländliche Bevölkerung lebt nach wie vor überwiegend vom Maisanbau. Besondere religiöse Verehrung bei den Nahua genießt die **Jungfrau von Guadalupe**, die der Legende nach bei ihrer Erscheinung Nahuatl gesprochen haben soll.

Mixteken

Die etwa 300 000 **Mixteken** (aztekisch: »Volk des Wolkenlandes«, Eigenbezeichnung: Nuudzavui = »Regenvolk«) leben in **Nord- und Ostoaxaca** sowie im Süden von **Puebla** in Mexiko. Ihre Lebensgrundlage sind neben der Landwirtschaft (Mais, Bohnen, Kürbis) Fischfang und Handwerk (Töpfern, Weben, Flechten). Viele Mixteken tragen heute noch die typische Tracht – die Frauen meist lange **Tunikas** (Huipil) und **Schals** (Rebozos), die Männer weiße Baumwollhosen.
Die Mixteken traten zum ersten Mal 692 mit der Gründung ihrer Hauptstadt **Tilantongo** nordwestlich von **Monte Albán** in Erscheinung. Nachdem sie ab dem 8. Jh. die Herrschaft über die Zapoteken gewonnen hatten, entstand im 11. Jh. die **Mixteca-Puebla-Kultur** mit großen Kunstwerken im Bereich der Mal-, Keramik- und **Goldschmiedekunst**. Ein weiteres kulturelles Merkmal der Mixteken sind ihre ungewöhnlichen **Mosaikarbeiten**, die in prächtigen Fürstengräbern im Oaxaca-Tal gefunden wurden. Eigene Überlieferungen aus der Zeit zwischen 1000 und 1520 wurden in acht **Faltbüchern** (Codices) mit kunstvoll bemalten Hirschledereinbänden festgehalten, die Einblicke in das Leben der Herrscherfamilien geben, einschließlich Heiratspolitik, militärischer Konflikte und religiöser Zeremonien.

Tarasken

Rund 150 000 **Tarasken** (Eigenbezeichnung: Purépecha) leben heute im vulkanischen Bergland des westmexikanischen Bundesstaates **Michoacán**. Ihre Sprache (taraskisch) gehört zu keiner lokalen Sprachfamilie, weist jedoch gewisse Ähnlichkeiten mit dem **Quechua** auf, dessen Verbreitung von **Ecuador** und **Kolumbien** bis nach **Nordargentinien** und **-chile** reicht, sodass die Tarasken möglicherweise aus Südamerika zugewandert sein könnten. Als einziges mexikanisches Volk, das niemals von den **Azteken** beherrscht wurde, leben die Tarasken heute vor allem von Landwirtschaft (Mais, Kürbis, Bohnen), Kleintierhaltung und Handwerk, wobei die Menschen in den abgelegenen Dörfern ihre traditionelle Lebensweise noch weitgehend beibehalten haben.

Otomi

Das Siedlungsgebiet der heute rund 350 000 **Otomí** (Eigenbe-

*Der Name **Quechua** (Eigenbezeichnung: Runa Simi) bezeichnet keine eigene Volksgruppe, sondern allgemein die Sprache sowie die indianische Bevölkerung der Hochanden in Bolivien, Peru, Nordchile und Nordargentinien.*

Die Quechua sprechen zwar unterschiedliche Dialekte, haben aber ähnliche wirtschaftliche und kulturelle Strukturen. In Höhenlagen über 4000 m ist ihre Lebensgrundlage ausschließlich die Viehhaltung (Alpacas, Lamas, Schafe).

zeichnung: Nahñu) erstreckt sich über die mexikanischen Bundesstaaten **Puebla und Hidalgo sowie Mexiko-Stadt**. Ihre Sprache (Otomí-Pame) gehört zur **Oto-Mangue-Sprachfamilie**, allerdings haben sich die Otomí so weitgehend an die übrige mexikanische Landbevölkerung angepasst, dass viele heute nur noch Spanisch beherrschen. Die Otomí leben mehrheitlich in verstreut liegenden Dörfern und Kleinstädten überwiegend vom Ackerbau (Mais, Bohnen, Chili, Kürbis, Weizen, Gerste), daneben auch von der Viehzucht (Ziegen, Schafe, Schweine, Hühner) und dem Verkauf von handwerklichen Erzeugnissen (Web-, Keramik- und Korbflechtarbeiten). In manchen Dörfern ist noch das **Compradazgo-System** üblich, eine Art Patenschaft innerhalb zweier Familien mit der Verpflichtung zu uneingeschränkter gegenseitiger Hilfe.

Maya

Zu den **Maya**, deren Kultur zwischen 200 und 900 ihre Blütezeit erlebte und die als die am höchsten entwickelte des ganzen amerikanischen Kontinents gilt, gehören zahlreiche Volksgruppen mit heute 2,5 Mio. Menschen. Aufgrund der sprachlichen und kulturellen Unterschiede unterscheidet man zwischen den **Hochland-Maya**, die vor allem im mexikanischen **Chiapas**, in **Südguatemala** und im westlichen **El Salvador** leben (u.a. **Tzotzil, Mam, Kekchi, Quiché und Cakchiquel**), und den **Tiefland-Maya**, zu denen – mit einer kulturellen Sonderstellung – die **Huaxteken** an der Golfküste Mexikos zählen sowie die **Mayeros, Macehuales** und **Lakandonen** auf der mexikanischen **Yucatan-Halbinsel**, die die eigentlichen Maya-Sprachen (Maya'tan) sprechen, außerdem die **Tiefland-Maya** in **Belize**, im nördlichen **Guatemala** und in **Honduras**. Während sich die Tiefland-Maya überwiegend vom Brandrodungsfeldbau ernähren, ist die Lebensgrundlage der Hochland-Maya der Anbau von Mais, Bohnen und Kürbis, außerdem gelten sie als begabte Handwerker (Weberei, Töpferei), die bereits in frühkolonialer Zeit zahlreiche Wirtschaftsbeziehungen zu den nicht-indianischen Händlern und Handwerkern unterhielten. Obwohl seit langem christianisiert, sind in vielen Dörfern der Hochland-Maya noch gewählte **Bruderschaften** (Cofradias) für die religiösen Feste zuständig, die von zahlreichen vorchristlichen Vorstellungen wie Geisterglauben geprägt sind.

Bevölkerung Südamerikas

Durch die **Konquistadoren**, die spanischen und portugiesischen Eroberer, die im 16. Jh. in der südlichen Hälfte des amerikanischen Kontinents einfielen, wurde die indianische Urbevölkerung stark zurückgedrängt, ihrer Ressourcen beraubt und grausam unterdrückt. Schon bald setzte die Einfuhr afrikanischer **Sklaven** ein. **Schwarze** und **Mulatten** leben heute vor allem in **Brasilien** und den tropischen Küstengebieten. Rasch kam es zu einer starken Mischung der Bevölkerung, vor allem in **Venezuela**, **Kolumbien**, **Ecuador**, **Paraguay** und **Chile**. Eine **indianische Mehrheit** haben nur noch **Bolivien** und **Peru**. Heute stellen die Weißen die Mehrheit der Bevölkerung in **Brasilien**, **Uruguay** und **Argentinien**. Mitte des 19. Jh. wanderten viele Europäer, vor allem **Spanier**, **Deutsche**, **Italiener** und **Polen** sowie **Asiaten** (**Japaner** und **Inder**), ein. Landflucht führt zu einer zunehmenden Verstädterung – in Südamerika gibt es **über 30 Millionenstädte**, davon allein 10 in **Brasilien**.

Indianer Südamerikas

Heute leben die Ureinwohner Südamerikas, die **Indianer**, unvermischt vor allem in Kolumbien, im mittleren und nördlichen **Andenhochland** (Ecuador, Peru, Bolivien) sowie im Regenwaldgebiet von **Amazonien**.

1 Zahlreiche Indianer, die in die Städte abgewandert sind, leben heute als Kleinhändler.

2 Am 12. Dezember wird in Mexiko das Fest der Jungfrau von Guadalupe gefeiert, der Schutzpatronin des Landes. Dabei mischen sich christliche und präkolumbische Traditionen.

3 Farbenprächtige Szene vom Fest der Jungfrau von Guadalupe.

4 Guatemala ist stark indianisch geprägt. Diese Nebej-Indianer tragen die für Mittelamerika typischen bunt gestreiften Ponchos und Kopfbedeckungen.

Karneval in Brasilien

Der brasilianische Karneval ist unvergleichlich! Nirgendwo auf der Welt sind die Kostüme prächtiger, die Umzüge aufwendiger, die Rhythmen heißer und die Menschen ausgelassener.

Der rauschhafte Ausnahmezustand, in dem sich Rio de Janeiro, Salvador da Bahia und andere brasilianische Städte im Karneval befinden, dauert nur wenige Tage. Denn an Aschermittwoch ist alles vorbei. So hat es die katholische Kirche im Mittelalter mit der Einführung der Fastenzeit bestimmt und damit auch den Grundstein für das tolle Treiben gelegt. Denn vor dem Fasten sollten die Gläubigen noch einmal alle »fleischlichen« Bedürfnisse ausleben dürfen. Nach Brasilien kamen sowohl der Katholizismus als auch der Karneval mit den portugiesischen Kolonialherren. Erstmals wurde 1723 von wildem Treiben in den Straßen berichtet. Im 19. Jh. haben sich dann die heute charakteristischen Formen des brasilianischen Karnevals herausgebildet, mit europäischen Gepflogenheiten wie Bällen und Umzügen auf der einen Seite und afrobrasilianischen Musik- und Tanztraditionen andererseits.

Auch wenn zunehmend über Kommerzialisierung geklagt wird, ist der Karneval noch immer ein echtes Volksfest. Für die Mittelschicht und besonders für die Leute aus den Armenvierteln zählt er zu den Höhepunkten des Jahres. So bereiten sich in Rio Tausende das ganze Jahr über in »ihrer« Sambaschule auf den Auftritt bei der mehrtägigen Parade im Sambódrom vor. Der größte Straßenkarneval der Welt – und für manche auch der »natürlichere« – findet mittlerweile in Salvador da Bahia statt. Er dauert sechs Tage und sechs Nächte. Trommlergruppen und riesige Lautsprecherwagen, die Trio Eléctricos, versetzen mit ihrem mitreißenden Sambareggae über eine Million Menschen in Sambaschwingungen.

Links: Die Sambaschulen scheuen weder Arbeit, noch Kosten, um bei der Parade im Sambódrom von Rio de Janeiro mit fantasievollen Kostümen zu punkten. Denn zum Schluss wird ausgezählt und eine »Escola« als Sieger gekürt.

1 Viel nackte Haut – auch das gehört zum Karneval von Rio!

2 Trommeln geben den Sambarhythmus vor: beim Straßenkarneval in Salvador da Bahia.

1

2

Die Yanomami – Überleben im Regenwald

Seit Jahren bemühen sich zahlreiche Menschenrechts- und Umweltorganisationen um das Überleben der Yanomami-Indianer, die durch wirtschaftliche Interessen immer mehr in Gefahr geraten, ihren angestammten Lebensraum zu verlieren. Ihre außergewöhnlichen Gesellschaftsstrukturen und ihre weitgehend authentischen Traditionen und Bräuche machen sie unter den Amazonas-Indianern zu einem beliebten Forschungsobjekt für Ethnologen und Linguisten.

Die Yanomami, das wohl bekannteste Volk des Amazonas-Regenwaldes, leben in der gebirgigen Grenzregion von Venezuela und Brasilien, ihr Gebiet ist etwa so groß wie die Schweiz. Auf der brasilianischen Seite, im Norden des Bundesstaates Amazonas, leben knapp 10 000 Stammesangehörige, etwa ebenso viele sind es auf venezolanischer Seite. Damit sind sie numerisch das größte Volk im Regenwald Amazoniens.
Die venezolanischen Yanomami (»Hausbewohner«) wohnen in Runddörfern mit etwa 250 Menschen, die jeweils aus einer großen, gemeinschaftlich genutzten kreisförmigen Pultdachanlage (Shapono) bestehen. Außer vom Anbau von Kochbananen und Maniok leben die Yanomami von der Jagd, dem Fischfang und dem Sammeln von Wildpflanzen. Da der Boden im Regenwald jedoch über längere Zeit nur begrenzt nutzbar ist, ziehen die Dorfbewohner alle drei bis vier Jahre an einen anderen Ort.
Nach der Erschließung des Yanomami-Territoriums in den 1950er Jahren, der in den 1970er Jahren zahlreiche Niederlassungen der staatlichen Indianerbehörde und der Bau einer großen Bundesstraße folgten, kamen zahlreiche Yanomami durch eingeschleppte Krankheiten (Grippe, Tuberkulose, Malaria, Masern) ums Leben; heute sind je nach Region 70 bis 90% der Yanomami an Malaria erkrankt.
Seitdem 1980 auf der brasilianischen Seite ihres Gebiets Gold, Uran und andere Bodenschätze entdeckt wurden, wird ihr Land jedes Jahr von Tausenden von Goldgräbern (Garimpeiros) heimgesucht, die nicht nur das Wild verjagen, sondern mit dem zum Auswaschen des Goldes benötigten Quecksilber auch die Flüsse und das Grundwasser verseuchen.

Ein Kriegszug wird sorgfältig vorbereitet, wozu auch eine Furcht einflößende Aufmachung gehört.

Die Yanomami-Indianer haben eine eigenständige mythische Vorstellungswelt entwickelt, nach der die Lebensgeister (»Hekura«) in der Brust der Männer wohnen und jeweils mit einem bestimmten Totemtier verbunden sind, das für Leben, Unfälle, Krankheit und Tod verantwortlich ist. Stirbt ein Stammesmitglied, werden nach der Verbrennung des Toten die Knochen fein zermahlen in einer Kalebasse mit Bananensuppe vermischt und von den Angehörigen verzehrt. Anschließend erfolgt ein Rachefeldzug, falls der Tote Opfer einer kriegerischen Auseinandersetzung war.
Eine alte Tradition ist auch das Fest der Pijiguao-Palme, zu dem verbündete Stammesgruppen eingeladen werden und das oft auch als Anlass für einen Kriegszug gegen feindliche Stämme genutzt wird, um möglichst viele Frauen zu rauben.

*Die Maká gehören zur Gruppe der **Gran-Chaco-Indianer**, die insgesamt 19 Völker mit etwa 100 000 Menschen und sieben Sprachen umfassen und deren Siedlungsgebiet sich über das Steppengebiet (»Gran Chaco«) von Paraguay, Argentinien und Bolivien erstreckt. Anders als die übrigen indianischen Völker dieses Siedlungsraumes, deren Lebensgrundlage vor allem Ackerbau ist, leben die Gran-Chaco-Indianer heute als Jäger, Fischer und Sammler von Wildfrüchten und -pflanzen.*

Cauca

Zur Gruppe der heute noch rund 200 000 Cauca-Indianer, die im gebirgigen Hochland von **Südwestkolumbien** leben und seit Beginn der 1970er Jahre zu den aktivsten Mitgliedern der kolumbianischen Indianerbewegung gegen die Übermacht der weißen Großgrundbesitzer zählen, gehören die **Paez**, **Yanacona** und **Inga** sowie die eng verwandten **Guambiano**, **Coconúco** und **Totoró**. Ihre Lebensgrundlage ist neben der Viehhaltung (Hühner, Schweine, Pferde, Kühe) vor allem der Anbau von Kartoffeln und Mais für den Eigenbedarf. In niedrigen Lagen werden auch Weizen, Maniok, Zuckerrohr, Kaffee und Ananas für den Verkauf kultiviert, wobei die Felder in der Regel nach dem Rotationsprinzip bewirtschaftet werden.
Trotz ihrer unterschiedlichen Sprachen – neben Spanisch werden **Quechua**, **Paez** und **Guambiano** gesprochen – sind die Cauca-Völker kulturell eng miteinander verbunden. Eine Gemeinsamkeit ist vor allem der Glauben an eine Ober- und Unterwelt mit verschiedenen Göttern, die sich ihrer Vorstellung nach auch in bestimmten Gebieten der sichtbaren Welt aufhalten und respektiert werden müssen, um die Harmonie zwischen Menschen und Göttern zu erhalten. Eine große Rolle spielt dabei der Medizinmann, der, angeregt durch das rituelle Kauen von **Coca-Blättern,** zum Mittler zwischen den Welten wird und als einziger die verbotenen sakralen Bezirke betreten darf, um dort die Heil- und Ritualpflanzen zu sammeln.

Guajíro

Das Siedlungsgebiet der rund 130 000 **Guajíro-Indianer** liegt auf der gleichnamigen Halbinsel, die zum größeren Teil zu **Kolumbien**, zum kleineren Teil zu **Venezuela** gehört. Die **Guajíro**, die in verstreut liegenden Kleinsiedlungen oder Einzelgehöften wohnen, leben überwiegend von der Viehhaltung (Rinder, Pferde, Esel, Schafe), wobei die Größe der Herde den gesellschaftlichen Status bestimmt. Darüber hinaus spielt die Landwirtschaft (Mais, Bohnen, Maniok, Kürbis) eine gewisse Rolle, die jedoch wegen der Dürre meist nur einige Monate im Jahr möglich ist, sodass inzwischen viele Guajíro in die Stadt (vor allem nach Maracaíbo) abgewandert sind.
Die traditionelle Gesellschaftsordnung der Guajíro, in der früher die **Polygynie** üblich war, beruht auf der Zugehörigkeit zu einem der **30 Klans**, die jeweils einem **Totemtier** zugeordnet sind und unterschiedlichen gesellschaftlichen Status repräsentieren, wie beispielsweise der **Jaguar-Klan** (Ulíana), der besonders hohes gesellschaftliches Ansehen genießt. Eine wichtige Rolle spielen die **Medizinmänner** und **-frauen**, die auch als **Priester** und **Traumdeuter** fungieren.

1

2

Saramacca

Die rund 20 000 **Saramacca** in den Regenwäldern von **Surinam** und **Französisch-Guyana** sind nur eine der negroiden Volksgruppen dieses Gebiets, andere sind die **Djuka**, **Auca**, **Boni**, **Matawai** und **Paramacca**, die sich jedoch sprachlich und kulturell von den **Saramacca** unterscheiden. Als Nachfahren afrikanischer Sklaven, die im 17. und 18. Jh. von den Plantagen der Großgrundbesitzer in die Regenwälder flohen, konnten sie ihre Unabhängigkeit wegen des nur schwer zugänglichen Siedlungsraumes bis heute weitgehend bewahren.
Die Saramacca, die wie die übrigen negroiden Völker dieses Gebiets auch als »**Buschneger**« (bzw. Maroons oder Marrons) bezeichnet werden (im Gegensatz zu den **schwarzen Kreolen** als den Nachkommen freigelassener Sklaven), sprechen **Saramacca-tongo** (Deepi-Takhi), die Sprachen der übrigen Maron-Gruppen sind Dialekte der **Taki-Taki-Sprache**, die viele englische Idio-

3

1 **Kinderarbeit ist bei den Indianern in Ecuador oft wirtschaftliche Notwendigkeit.**

2 **Wie der Tango zu Argentinien, so gehört der Samba, dessen Rhythmen auf der Musik der einstigen westafrikanischen Sklaven beruhen, zur brasilianischen Populärkultur.**

3 **Millionen Touristen kommen jedes Jahr zum Karneval nach Rio, wo in tagelangen Umzügen spektakuläre Kostüme getragen werden. Die Sambaschulen setzen das ganze Jahr über all ihren Ehrgeiz daran, bei der Prämierung der besten Kostüme vorne zu liegen.**

Mit dem Inti-Raymit-Fest im peruanischen ***Cusco*** *nahe des Machu Picchu verbindet sich die Erinnerung an die glorreiche Vergangenheit des einstigen Inka-Reiches, das als die letzte große andine Hochkultur vor der spanischen Conquista gilt.*

me enthält und zugleich Verkehrssprache von Surinam ist.
Lebensgrundlage der Saramacca sind vor allem Brandrodungsfeldbau und Reisanbau. Die Dorfgemeinschaften, deren Gesellschaft matrilinear strukturiert ist, werden von einem Häuptling regiert (Gran Man), der auch die Aufgaben des Priesters erfüllt. Dazu gehört neben der Aufbewahrung des so genannten **Erdmutter-Schreins** vor allem der Ahnenkult. Der religiösen Überzeugung der Saramacca nach werden durch **Hexerei** böse Geister hervorgerufen, die deshalb streng verboten ist.

Xukuru

Die heute rund 7000 **Xukuru-Indianer** leben im Nordosten von **Brasilien** im Bundesstaat **Pernambuco**, ihre Sprache gehört zur Familie der **Macro-Gê-Sprachen**. Die **Xukuru**, die meist in kleineren Dorfgemeinschaften leben, ernähren sich von der Landwirtschaft (Bohnen, Mais, Süßkartoffeln, Maracujá) und der Viehzucht (Kühe, Schweine, Ziegen), viele arbeiten auch auf den **Fazendas** der Großgrundbesitzer, wobei sie seit Jahren um die Rückgabe zumindest eines Teils ihres früheren Landbesitzes kämpfen.
Obwohl seit langem christianisiert, sind die Xukuru noch von ihren traditionellen religiösen Vorstellungen geprägt, zu denen neben dem obersten Gott **Tupã** und der Erdmutter **Tamain** auch die Göttinnen des Waldes und die Geistwesen gehören. Die Götter und Ahnen werden durch den rituellen **Toré-Tanz** geehrt, bei dem die am ganzen Körper bemalten Tänzer Gewänder aus Mais- oder Palmstroh tragen, die mit zahlreichen bunten Vogelfedern verziert sind. Eine wichtige Rolle spielt außerdem der **Schamanenpriester** und Heiler (Pajé).

Gê

Zu den **Gê**, deren Siedlungsgebiet sich über die Bergregionen mehrerer ostbrasilianischer Bundesstaaten erstreckt und die wegen ihrer ähnlichen Dialekte und Kulturformen zu einer Gruppe zusammengefasst werden, gehören u.a. die rund 2000 **Kayapó** und die **Timbira** mit etwa 15 verschiedenen Untergruppen, zu denen auch die rund 1000 **Canela** zählen, sowie die Gruppen der **Suyá**, **Xerente** und **Xavante**. Lebensgrundlage der Gê-Völker ist überwiegend die Landwirtschaft (Maniok, Süßkartoffeln, Mais, Yams, Kürbis, Bohnen, Erdnüsse, Parannüsse), daneben wird auch Jagd mit Pfeil und Bogen betrieben. Traditionelle Wohnform der Gê-Indianer sind die kreisförmig angelegten Dörfer mit ihren **Giebeldachhäusern**, wobei in der Mitte jeweils ein Männerhaus steht. Die Gê-Gruppen haben eine Dualorganisastion entwickelt; oft sind die Dörfer in Hälften mit zwei Häuptlingen unterteilt.

Xukuru

Zur großen Gruppe der **Tukano-Indianer**, die im südöstlichen **Kolumbien** und im nordwestlichen **Brasilien** beheimatet sind, zählen mehr als 20 Stämme mit teilweise unterschiedlichen Sprachen, aber ähnlicher Kultur. Dazu gehören mit insgesamt ungefähr 12 000 Stammesangehörigen die **Winá** (Desana), **Baniwa** und **Tariana** sowie als größte Gruppe die eigentlichen Tukano (Eigenbezeichnung: Dakséa). Sie leben überwiegend vom **Brandrodungsfeldbau** (Maniok), von der Jagd und dem Fischfang, daneben werden auch Wildpflanzen gesammelt. Das spirituelle Oberhaupt der Tukano ist der **Medizinmann** (Yai), der in den religiösen Zeremonien, bei denen auch Drogen eine wichtige Rolle spielen, die Verbindung zwischen den Menschen und den Pflanzen und Tieren herstellt.

Das freie Leben der Gauchos wird in vielen Liedern besungen.

Munduruku

Die **Munduruku**, deren Zahl bis vor 100 Jahren etwa 40 000 betrug, durch eingeschleppte Krankheiten jedoch auf heute etwa 1500 reduziert wurde, leben auf mehrere Dörfer verteilt in der **Mato-Grosso-Hochebene** im östlichen **Brasilien.** Ihre Sprache gehört zur **Tupí-Sprachfamilie**. Außer vom Anbau von Maniok und zahlreichen anderen **Kultur- und Heilpflanzen** leben sie von der Jagd, dem Fischfang und dem Handel mit Kautschuk und Fellen. Bis zum Beginn des 20. Jh.s galten die Munduruku als gefürchtete Krieger mit straff organisiertem **Militärapparat**.
Nachdem die Munduruku die europäischen Besatzer zunächst erbittert bekämpft hatten, verbündeten sie sich gegen Ende des 18. Jh.s mit den **Portugiesen**, die ihnen die angestammten Territorialrechte sicherten. Als Gegenleistung hierfür gingen sie mit befreundeten **Indianergruppen** auf **Sklavenjagd** gegen verfeindete Stämme.

Caraya

Die rund 2000 **Caraya** (Eigenbezeichnung: Yña = »Mensch«) leben in Zentralbrasilien auf der weltweit größten Flussinsel **Bananal** im **Rio Araguaia**. Als Flussindianer mit eigener Sprache, die sich keiner lokalen Sprachfamilie zuordnen lässt, ist ihre Lebensgrundlage überwiegend Fisch- und Schildkrötenfang sowie das Sammeln von Schildkröteneiern, Muscheln und Krebsen.

Gauchos

Der Begriff »Gaucho« wurde in der Ebene des Rio de la Plata in Argentinien, Uruguay und Brasilien geprägt und bedeutet in der Sprache der Mapuche und Quechua »Waise«. Nach einer anderen Deutung stammt er ab von »guahu-che«, was etwa »Leute, die traurig singen« heißt. Etwa 1 Mio. Gauchos leben als Saisonarbeiter in der argentinischen Pampa rund um Buenos Aires, im südargentinischen Patagonien und im nördlichen Corrientes. Als Nachfahren von Mestizen mit spanischen Wurzeln sind sie das Symbol für Freiheit schlechthin. Im 17. Jh. wurden sie noch als Viehdiebe verachtet, die zu Pferd durch die Pampa zogen. Dort weideten Tausende halbwilder Rinderherden, die Fleisch, Leder und Fett lieferten. Als die Pampa im späten 18. Jh. besiedelt wurde, übernahmen die Gauchos bei den weißen Farmern (Estancieros) Arbeiten, die zu Pferd möglich waren. Im argentinischen Unabhängigkeitskrieg zu Beginn des 19. Jh.s spielten sie aufgrund ihrer Ortskenntnisse eine bedeutende Rolle. Wichtigstes Arbeitsgerät war das Lederlasso (Bola), an dessen Ende ein Stein befestigt war. Das ungebundene Leben der Gauchos änderte sich erst mit der Erfindung der Kühlsysteme, als die Haltbarmachung und damit der Verkauf von Fleisch möglich und zahlreiche Städter in die Pampa gelockt wurden.

Xingu-Indianer

Am Oberlauf des Flusses Xingu befindet sich das 1961 gegründete Reservat »Parque Indigéna do Xingu«. Es entstand aus einem Zusammenschluss von 16 Indianerstämmen der Xingu-Region, die sich hier auf der Flucht vor Siedlern im Lauf der Jahrhunderte einfanden. Ihre ursprüngliche Zahl ging durch Epidemien auf heute etwa 2500 zurück. Die Xingu-Indianer haben bis heute ihre Stammesorganisation bewahrt, ihr Kontakt mit der Zivilisation ist begrenzt. Ein Beispiel einer traditionellen Zeremonie ist das »Kwarup-Fest« zu Ehren der Verstorbenen.

*Die **Yagua** leben im Regenwaldgebiet am Oberlauf des Amazonas und seiner Nebenflüsse. Sie gehören zu einer der größten und am weitesten verbreiteten Sprachgruppen Lateinamerikas, den Kariben. Dazu zählen heute insgesamt rund 25 000 Menschen, die sich auf etwa 20 Stämme verteilen. Die traditionelle Lebensgrundlage der Yagua ist neben der Jagd vor allem das Sammeln von Wildpflanzen. Nicht wenige arbeiten inzwischen auch für weiße »Padrones«.*

Außerdem gelten die Caraya als begabte Kunsthandwerker, die ihre Erzeugnisse heute auch als Souvenirs an die Touristen verkaufen – vor allem die von den Frauen hergestellten voluminösen **Tonpuppen** (Litjoko) und große Holzmasken, die der wichtigste Bestandteil ihrer traditionellen **Maskentänze** sind.

Jívaro

Zur Gruppe der fünf indianischen **Jívaro-Völker** mit insgesamt rund 70 000 Menschen gehören die kulturell und sprachlich eng verwandten **Jívaro** (Eigenbezeichnung: Shuara), **Achuara**, **Aguaruna**, **Huambisa** und **Mayana**. Sie leben im tropischen **Regenwald** an den Osthängen der Anden von **Ecuador** und **Peru** und ernähren sich außer von der Landwirtschaft auch von der Jagd auf Kleintiere, wofür noch das Blasrohr und das Pfeilgift **Curare** verwendet werden. Zur traditionellen Kultur der Jívaro-Stämme gehörten noch bis in die 1950er Jahre die **Schrumpfkopftrophäen**. Diesem Brauch lag die Vorstellung zugrunde, dass schwere Krankheiten, Unfälle oder ein plötzlicher Todesfall durch Hexerei verursacht werden. Deshalb musste der Schuldige getötet und seine beim Tod aus dem Körper austretende **Racheseele** (Muisak) im daraufhin präparierten Schrumpfkopf (Tsantsa) gebannt werden.

Chiriguano

Das Siedlungsgebiet der heute etwa 40 000 **Chiriguano**, deren Sprache zur Familie der **Tupí-Guaraní-Sprachen** gehört, erstreckt sich über **Südostbolivien**, **Nordargentinien** und **Nordparaguay**, wo sie auch »**Guarayos**« heißen.
Sie gelten als die besten Maisbauern der **Andenregion**. Darüber hinaus leben sie von der Viehzucht (Schafe, Hühner, Pferde, Rinder) und sind bekannt für ihre handwerklichen Fähigkeiten, vor allem für ihre Hängematten, Textil- und Keramikerzeugnisse, die wegen ihrer Farben und Formen zu den schönsten in ganz **Lateinamerika** gehören. Wegen der ungünstigen wirtschaftlichen Verhältnisse sind jedoch viele Chiriguanos inzwischen zur Abwanderung in Städte oder zur **Saisonarbeit** auf den **Haziendas** der Großgrundbesitzer gezwungen.

Aymara

Mit rund 1,2 Mio. Menschen stellen die **Aymara** ca. 20% der **bolivianischen Bevölkerung**, etwa weitere 800 000 **Aymara** leben in **Peru** überwiegend im Hochland rund um den **Titicaca-See**, der zu beiden Ländern gehört. Aufgrund von Wohnsitz und sozialen Strukturen lassen sich die Aymara in ländliche und in städtische Gruppen unterteilen. Die Aymara des Altiplano betreiben bis zu einer Höhe von 4000 m noch Landwirtschaft (u.a. Kartoffeln, Gerste), außerdem halten sie Lamas, Alpacas und Schafe.

Mapuche

Der größte Teil der ungefähr 500 000 **Mapuche** (»Menschen des Landes«), die auch als **Araukaner**, **Huiliche** oder **Picunche** bekannt sind, lebt in **Chile** südlich von **Concepción**, dazu 20 000 Mapuche in **Südargentinien**. Ursprünglich in der Region um **Santiago de Chile** beheimatet, widersetzten sich die Mapuche im 15. Jh. zuerst der Invasion der **Inka**, Anfang des 16. Jh. auch der wachsenden Übermacht der Spanier, indem sie nach **Argentinien** auswanderten. Dort hatten sie als legendäre **Reiterkrieger** und hervorragende **Viehzüchter** erheblichen Einfluss auf die dortige indianische Bevölkerung. Erst Ende des 19. Jh.s wurden die Mapuche durch die ihnen weit überlegene argentinische Militärmacht unterworfen.

1 **Ein entbehrungsreiches Leben führen die Quechua auf 4000 m Meereshöhe im kargen Hochland von Peru.**

2 **Eines der traditionellen Schönheitsattribute bei Amazonas-Indianern ist die Lippenscheibe, wie hier bei einem Raoni-Häuptling aus Brasilien.**

3 **Die Gesichtsbemalung zeigt auch bei südamerikanischen Indianern den sozialen Status eines Stammesangehörigen an.**

4 **Bei den Suya im brasilianischen Mato Grosso soll die kriegerische Aufmachung der Männer Angst und Respekt einflößen.**

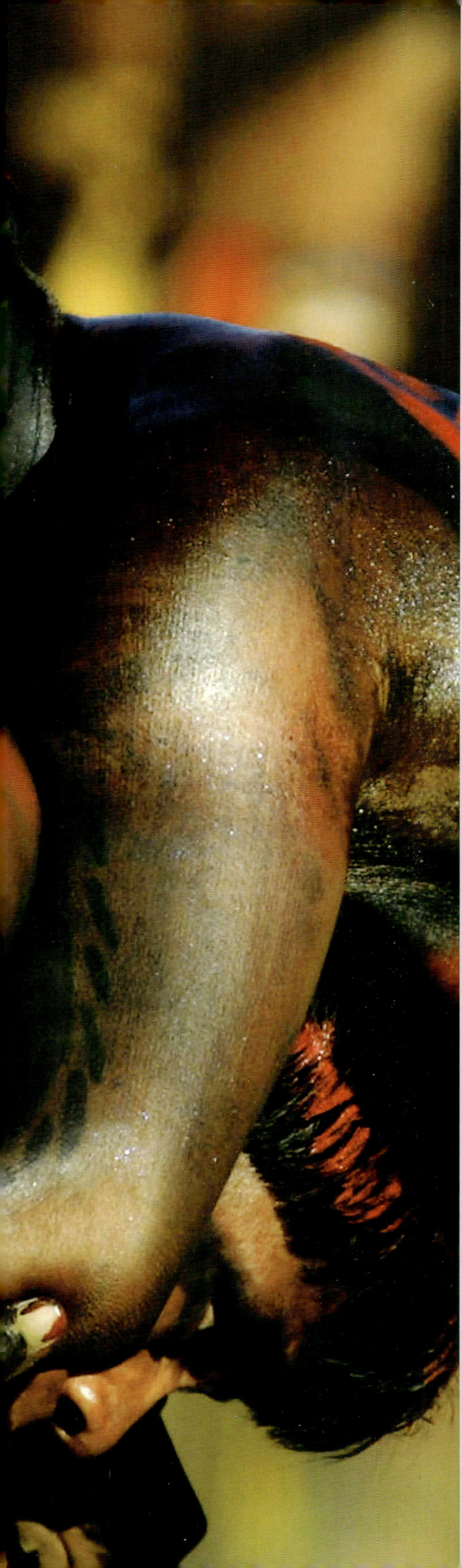

Die Feste der Xinguanos

Die Indianer am Oberlauf des Río Xingú haben sich trotz westlicher Einflüsse ihre kulturelle Identität bewahrt.

In dem ältesten Indianer-Reservat Brasiliens, dem 1961 gegründeten »Parque Indígena do Xingu«, leben heute 14 indigene Völker. In den Jahrhunderten seit dem Eindringen der Europäer waren sie aus verschiedenen Landesteilen auf der Flucht vor Siedlern in die Region am Oberlauf des Río Xingú geflohen und bilden heute eine relativ homogene Gemeinschaft, die sich auf Handelsbeziehungen, Heiraten und gemeinsame Feste gründet.

Zu wichtigen Zeremonien lädt ein Dorf Gäste aus anderen Dörfern ein. Am Beginn einer Feier findet oft der rituelle Ringkampf »huka-huka« statt, bei dem die jungen Männer ihre Kräfte messen. Eine der bedeutendsten Zeremonien ist das Kuarup-Fest, das zwei Tage dauert. Es ist ein Fest der Erinnerung an die Toten des vergangenen Jahres. Dazu werden die »Kuarup-Bäume« gefällt, die bemalt und mit Federn geschmückt im Dorf aufgestellt werden. Sie stellen die Toten dar. Anschließend finden Kampfspiele, Tänze und ein Festmahl statt. Bei der Feier werden auch die Heranwachsenden in die Erwachsenenwelt aufgenommen. Am Ende symbolisiert die Präsentation von Samen der Pequifrucht durch ein Mädchen den Sieg des Lebens über den Tod. Wichtigstes Ereignis der Frauen ist das Yamarikumá-Fest. Sie bemalen sich dabei wie die Männer, tragen Federschmuck und führen Ringkämpfe aus. Der rituelle Rollenwechsel basiert auf einem Mythos, nach dem sich einst die Frauen, verärgert über die Männer, in Geistwesen verwandelten und die Aufgaben der Männer übernahmen. Bei Festen wie auch im Alltag spielt die Körperbemalung eine große Rolle. Farben und Motive kennzeichnen den Status einer Person und bilden darüber hinaus eine Verbindung zur übernatürlichen Welt.

Links: Junge Männer beim Huka-huka-Ringkampf

1 Das Spiel der »heiligen Flöten« begleitet bestimmte Handlungen beim Kuarup-Fest

2 Ringkampf der Frauen beim Yamarikumá-Fest.

3 Zwei Männer beim Kuarup-Fest: Die Muster der Bemalung verweisen auf Tiergeister.

1

2

3

Die Kayapó in Ostbrasilien zeichnen sich durch eine komplexe Sozialstruktur aus, die sie auch durch den Körperschmuck sichtbar machen. Neben der Bemalung dient auch der Federschmuck der Männer zur Klassifizierung innerhalb der Gemeinschaft.

Stichwortverzeichnis

BILDNACHWEIS

Abkürzungen:
C= Corbis
DFA = Das Fotoarchiv
G = Getty
P = Premium

Einband vorne: Mauritius/AGE (großes Bild); o. l. Bilderberg; 2. v. o. Paysan; 3. v. o. Shirley; 4. v. o. Premium; 5. v. o. NN; 6. v. o. Pictor; 7. v. o. DFA/Schmidt; hinten: Focus/Pascal/maitre (großes Bild); o. l. Tony Stone Bilderwelten; 2. v. o. P/Trans-World-Photos; 3. v. o. Interfoto/Schano; 4. v. o. P/Brandenburg/Minden.
2/3 C/Remi Benali, 4/5 P/Frances/Stock Images; 6/7 Philips; 8/9 G/Paul Chesley; 10/11 Maurice Leigheb; 12/13 C/P. Corral Vega; 14/15 laif/Heeb; 16/17 L. Riefenstahl Production; 18/19 G/Stone; 20/21 C/P. Tweedie; 22/23; Robert Estall Agency/ C. Beckwith & A. Fisher; 24/25 C/D. Lainé; 26/27 P/Stock Images; 28/29 Okapia; 30.p AKG; 30. 1 Schapowalow/Nebbia/Rosenfeld, 31.p Schapowalow/Nebbia/Rosenfeld; 31. 1 Schapowalow/ Nebbia/Rosenfeld; 31. 2 P/Philips; 31.3, 4 Schapowalow/Hilmer/Sander; 32/33 laif/Zanetti; 33 DFA/Morris; 34.p IFA/Diaf; 35.p DFA/Schmid; 35.1 NN; 35.2 Schapowalow; 35.3 DFA/Schmid; 35.4 NN; 36.p Schapowalow/Sperber; 36.1 DFA/Babovic; 37.p Schapowalow/Fahn; 37.1 DFA/Riedmiller; 37.2 DFA/Lansner; 37.3 Müller; 37.4 Hollenbach; 38/39 laif/Jürgen Modrow; 39.1 Hartmut Krinitz; 39.2 laif/Karl Heinz Raach; 39.3 laif/Hartmut Krinitz; 39.4 laif/Jürgen Modrow; 39.5 Karl Heinz Raach; 40.p Mayer, 40.1 Riedmiller; 41.1 laif/Kohlbecker; 41.2 Ebert; 41.3 Huber; 42.1, 2, 3 Huber/R. Schmid; 42.4 IFA/NOK-Photo; 42.5 Huber/R. Schmid; 42/43 laif/Caputo; 44.p DFA/Tack; 44.1 Schapowalow/Bukowski; 45.p IFA/Comnet; 45.1 Schapowalow/Moser; 45.2 DFA/Zippel; 45.3 DFA/Scheibner; 45.4 DFA/Babovic; 46.1, 2 Schmid; 47.p Schmid; 47.1 Krist, 47.2 IFA/Welsh, 47.3 IFA/Aberham; 48.p DFA/Christoph; 48.1 DFA/Christoph; 49.p Stark; 49.1 Horwarth; 49.3 Hollenbach; 49.4 Schapowalow/Sperber; 50/51 laif/Boening; 51.1 laif/Celentano; 51.2 laif/Boening, 51.3 Corbis/Maze; 51.4 Huber/laif; 52/53 Walker; 53 NN; 54.p NN; 54.1 laif/Boisseaux/Chical; 55.1 Okapia/Lade; 55.2 NN; 55.3 laif/Gartung; 56.1 DFA/N. Wheeler; 56.2 laif/Caputo; 56/57 C/P. Word; 58.p laif/ Osang; 58.1 DFA/Christoph; 59.p Schapowalow/ Birkholz; 59.1 DFA/Christoph; 59.2 Focus/Maitre/Kosmos; 59.3 DFA/Christoph; 60 C/Penn; 61.1 C/Penn; 61.2 C/Penn; 62.p laif/Riehle; 62.1 Bilderberg/Bannister; 63.p Schapowalow/Ponzio; 63. 1 Schapowalow/Atlantide; 63.2 Schapowalow/Sander; 63.3 Schapowalow/Kölsch; 63.4 P/Mobley/NGS; 64.1 C/Mcdonald; 64.2 C/J. McDonald; 64/65 laif/Riehle; 66.1 laif; 66.2 Uluntuncok; 66.3 Uluntuncok: 66.4 Mauritius/Visa Images; 67.5 laif/Neumann; 67.6 Uluntuncok; 67.7 Shirley: 67.8 P/Matthews; 68 Mauritius/Pigneter; 69.1 1aif/Huber; 69. 2 FAN/Schindel; 69.3,4,5 laif/Uluntuncok; 69.6 Focus/Pascal/Maitre; 69.7 laif/Gartung; 69.8 Focus/Pascal/ Maitre; 69.9, 10, 11, 12, Uluntuncok; 69.13 Pix/Aberham; 69.14 laif/RFA/Boissaux/Chical; 69.15 Uluntuncok; 70.16 Uluntuncok; 70.17 Emmler; 70.18 laif/Riehle; 70.19 Uluntuncok; 70.20 Emmler; 70.21 FAN; 70.22, 23 Uluntuncok; 70.24 laif/Gartung; 70.25 DFA/Christoph; 70.26 laif/Uluntuncok; 70.27, 28 Emmler; 70.29 laif/Riehle; 70.30 Focus/Gelte; 71 laif/Emmler; 72.p1 p2 Schapowalow/Nacivet; 72.1 laif/Emmler; 73.p P/Pat de la Harpe/Anka Agency; 73.1, 2 Schapowalow/ Ponzio; 73.3 Schapowalow/Nebbia; 73.4 Schapowalow/Luchs; 74 laif/Emmler; 75.1 Focus/ Bradshaw; 76.p laif/Krause; 76.1 DFA/Cristofori; 77.p P/Trans-World-Photos; 77.1 Mauritius/AGE; 77.2 P/Novitz; 77.3 DFA/Lansner; 77.4 laif/Krause; 78/79 laif/Shabi; 79.1 C/P. Souders; 79.2 C/A. Gyori/SYGMA; 79.3 C/S. Vannini; 80.p, 80.1 laif/ Krause; 81.1 P/Trans-World Photos; 81.2 laif/Huber; 81.3 DFA/Christoph; 81.4 laif/Huber; 82.p, 1 DFA/Stark, 83.p DFA/Klatchko; 83.1 P/Buss; 83.2 Schapowalow/Hilmer; 83.3 DFA/Schmidt; 83.4 DFA/Christoph; 84/85 G/M. Stenzel; 85.1 G/Bushnell/Soifer; 85.2 laif/Sinopix; 85.3 laif/Aurora; 85.4 G/Freeman; 85.5 laif/Engelhorn; 86/87 DFA/ Jongen; 86.1 P/NGS; 86.2 P/Held; 87.1 Schapowalow/Lindsay; 87.2 P/Shanka/Stock Image; 87.3 P/NGS; 88.p1, p2 Schapowalow/Lutgen, 88.1 Schapowalow/Blume; 89.1 DFA/Riedmiller; 89.2 P/Buss; 89.3 Interfoto/Schano; 90.1 Pictor; 90.2 P/Stanfield/NGS; 90.3 P/Held/Stock Image; 90.4 DFA/Stock Image; 90.5 P/Cobb/NGS; 90.6 P/Stanfield/NGS; 90.7 P/Held/Stock Image; 90.8 DFA/Christoph; 90.9 DFA/Riedmiller; 91.10 Stone/Hellier; 91.11 Chesley; 91.12 Mauritius/Visa Images; 91.13 Pictor; 92 Stone/ De Vore; 93.1. Laif/Krause; 93.2 Stone/Chesley; 93.3 NN; 93.4 NN; 94/95 NN; 96.p DFA/Stark; 96.1 Schapowalow/Benaji; 97.p DFA/Stark, 97.1, 2 DFA/Christoph, 97.3 DFA/Schmidt; 98.p Schapowalow/Reichelt; 98.1 DFA/Lansner, 99.p DFA/Portnoy; 99.1 Schapowalow/Komine, 99.2, 3 Schapowalow/ JBE, 99.4 Schapowalow/Höffken; 99.5 DFA/Müller; 100/101 Bilderberg; 101 Focus/Nichols; 102.p P/Ellis; 102.1 Bilderberg; 103.p Schapowalow/ Beisert; 103.1 Mauritius/SST; 103.2 DFA/Wheeler; 103.3 Bilderberg/Burkhard; 103.4 Schapowalow/Pratt; 103.5 P/Ellis; 104/105 C/ B. Krist; 105.1 G/Arnesen; 105.2 G/Stone; 105.3 C/Krist; 106.p P/Chesley/NGS; 106.1 P/Raymer/NGS; 107.p, 1, 2, 3 laif/La Roque; 108/109 laif/Heeb; 109.1 laif/Rapho; 109.2, 3 laif/Hahn; 109.4 laif/Hauser; 110/111 Mauritius/Drecoll; 110.1 Transglobe/Dr.R.König; 111.1, 2, 3 P/Ellis/Minden, 112.p DFA/Wheeler; 112.1 Transglobe/Ryman; 113.p1 DFA/Stark; 113p2 laif/Emmler; 113.1 Mauritius/AGE; 113.2 P/Stock Image, 113.3 P/Grunewald; 114.1 Bilderberg/Burghardt; 114.2 Bannister; 115.1 NN; 115.2 NN; 116.1 Paysan; 116.2 Focus/Abbas/Magnum; 116.3 laif/Riehle; 116.4 Focus/Maitre/Odyssee; 116. 5 Bilderberg/ Aurora/Azel; 116.6 Bilderberg/Aurora/Caputo; 117.1 Paysan; 117.2 laif/Emmler; 118 Mauritius/AGE; 119.1 Bavaria/Ballmann; 119.2 Mauritius/Benelux Press; 119.3 Mauritius/AGE; 119.4 Mauritius/Poehlmann; 120/121 Focus/Harvey/ Magnum; 121.1 Transglobe/Globe Press; 122.p P/Philips, 122.1 P/NGS; 123.p DFA/Tack; 123.1 Mauritius/Rosing; 123.2 DFA/Tack; 123.3 P/NGS; 123.4 DFA/Wheeler; 124/125 P/Brandenburg/ Minden; 124.1 A.M.Gross; 125.1,2 Schapowalow/Sperber; 125.3 DFA/Krist; 126/127 C/P. Turnley; 127 C/L. Hebberd; 128.p DFA/Krist; 128.1 P/Olson/NGS; 129.p laif/Piepenburg, 129.1 Schapowalow/Sperber; 129.2 P/NGS; 129.3 Schapowalow/Nowak; 129.4 P/Kimball; 130.p1, p2 laif/Gonzalez; 130.1 Mauritius/Mac Laren; 130.p DFA/Christoph; 131.1 P/Frederikson; 131.2, 3 laif/Gonzalez; 131.4 Schapowalow/Hiller; 132/ 133 G/Torelli; 133.1 C/Reuters; 133.2 laif/Piepenburg; 134.1 P/Pecha; 134.2 Focus/Delevingue; 135.p Mauritius/Torino; 135.1 P/Pecha; 135.2 laif/Piepenburg; 135.3 laif/Hahn; 136.p1, p2 laif/ Gonzalez; 136.1 P/Zaska; 137.p DFA/Gil, 137.1 DFA/Lentz; 137.2 Focus/Delevingue; 137.3 DFA/ Meyer; 137.4 Focus/Ferorelli; 138/139 C/Reuters; 139.1 C/Reuters; 139.2 Alamy/Brazil Photos/Ricardo Beliel; 139.3 DFA/C. Mayer; 140/141 DFA/ Claus Mayer.

IMPRESSUM

© 2006 Verlag Wolfgang Kunth GmbH & Co KG, München
Innere Wiener Straße 13
81667 München
Telefon +49.89.45 80 20-0
Fax +49.89.45 80 20-21
www.kunth-verlag.de

ISBN 3-936368-24-4

Text: Monika Sattrasai, Monika Baumüller, Eckhard Schuster, Michael Kaiser

Projektleitung und Koordination: GeoGraphic Media GmbH, München
Redaktion: Michael Kaiser; Eckhard Schuster; Büro Norbert Pautner; Paxmann/Teutsch Buchprojekte
Umschlag: Um|bruch, München
Reinzeichnung: Dorothea Happ, München
Litho: Fotolito Varesco, Auer (Italien)

Printed in Slovakia